山西省哲学社会科学后期资助课题"失地农户可持续生计评价研究"（2019D004）资助

SHIDI NONGHU SHENGJI ZHUANXING
JIQI YINGXIANG YINSU YANJIU

失地农户 生计转型 及其影响因素研究

苏永伟／著

中国财经出版传媒集团
经济科学出版社
Economic Science Press

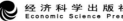

图书在版编目（CIP）数据

失地农户生计转型及其影响因素研究/苏永伟著.
—北京：经济科学出版社，2019.8
ISBN 978 – 7 – 5218 – 0885 – 8

Ⅰ. ①失…　Ⅱ. ①苏…　Ⅲ. ①农户经济 – 研究 – 中国
Ⅳ. ①F325. 1

中国版本图书馆 CIP 数据核字（2019）第 202493 号

责任编辑：张　燕
责任校对：齐　杰
责任印制：邱　天

失地农户生计转型及其影响因素研究

苏永伟　著

经济科学出版社出版、发行　新华书店经销

社址：北京市海淀区阜成路甲 28 号　邮编：100142

总编部电话：010 – 88191217　发行部电话：010 – 88191522

网址：www. esp. com. cn

电子邮件：esp@ esp. com. cn

天猫网店：经济科学出版社旗舰店

网址：http://jjkxcbs. tmall. com

固安华明印业有限公司印装

710×1000　16 开　14.5 印张　230000 字

2019 年 10 月第 1 版　2019 年 10 月第 1 次印刷

ISBN 978 – 7 – 5218 – 0885 – 8　定价：65.00 元

（图书出现印装问题，本社负责调换。电话：010 – 88191510）

（版权所有　侵权必究　打击盗版　举报热线：010 – 88191661

QQ：2242791300　营销中心电话：010 – 88191537

电子邮箱：dbts@ esp. com. cn）

前　言

本书在借鉴国内外相关成果的基础上，以失地农户生计转型及其影响因素为主线，通过对湖北省襄阳市、黄冈市、江西省九江市等地的实地调研，充分把握失地农户的生计资本、生计策略状况，在此基础上，分析总结失地农户采用的生计模式类型、失地农户生计模式转型的特征以及生计模式转型对生计结果的影响；选用 Logit 模型对失地农户生计模式转型的影响因素进行实证检验；最后根据前文得出的研究结论，提出相应的对策建议。

全书研究内容可分为三个部分。第一部分为导论和第一章，属总论部分。本部分首先分析选题背景和研究意义，从农户可持续生计研究和农户生计转型研究两方面对国内外文献进行综述，明确研究目标与研究内容，阐释研究方法与技术路线；其次，指出本书研究所需的数据来源，介绍本书可能的创新点和研究局限；再其次，对失地农户、生计、生计模式、生计转型等核心概念进行界定；最后，阐述本书研究的理论基础，包括可持续生计理论、农户行为理论和生计脆弱性理论。第二部分为第二章至第五章，是本书的核心部分。本部分首先介绍样本选取基本情况，然后依次从自然资本、人力资本、物质资本、金融资本、社会资本等方面对失地前后农户的生计资本变化情况进行分析，在此基础上，归纳总结产生这些变化的主要原因；其次，依次从劳动力投入策略、土地利用策略、生产投入策略以及消费策略等方面对失地前后农户的生计策略转变情况进行分析；再其次，在以上研究内容的基础上，介绍农户生计模式的划分依据以及失地前后农户生计模式的分类，对失地农户生计模式转型特征进行分析，通过构建计量模型分析失地农户生计模式转型对其生计结果的影响；最后，进行失地农户生计模式转型影响因素的理论分析，选用 Logit 模型对失地农户生计模式转型的影响因素进行实证检验。第三部分为第六章，是得出结论与提出建议部分。本部分首先对本书的主要研究结论进行总结，并基于研究结论，提出相应的对策建议。

全书的研究结论主要有：第一，失地程度促进了农户生计模式的转型。第二，失地农户生计模式转型因生计资本而异。第三，失地农户的生计结果因其生计模式而异。第四，经济发展水平影响失地农户生计模式转型的进程。第五，极少数农户失地前后生计模式未发生转型。第六，一些因素影响失地农户生计可持续的实现，这些因素包括：失地农户对自身的生计问题没有合理和长远的规划；在为失地农户购买养老保险方面，农户自身和用人单位均不够积极主动。对策建议包括：一是提高失地农户非农就业水平。具体来看，应对失地农户做好"分类管理、分类培训"工作，在此基础上，为这些失地农户做好就业推荐工作。二是千方百计提高农户农业生产的收入。为此，应对这些农户经营、管理农业活动提供技术指导，同时要引导农户选择名、特、优品种。三是想方设法改善失地农户的生计结果。四是多渠道解决农户生计转型的资金需求。五是大力提高失地农户的社会保障水平。为此，政府应对失地农户获得的征地补偿款的合理分配、使用进行引导，应加大对失地农户开展保险普及的宣传力度，应引导和鼓励失地农户购买商业养老保险，应根据条件变化适当提高农村养老保险标准，应监督检查养老保险政策的执行情况。

本书可能的创新点有以下四点。

（1）从失地这一成因出发研究农户的生计转型问题。在农户生计转型方面，大量学者开展了相关研究并取得了富有价值的研究成果。但同时也发现，鲜有文献研究因失去土地农户发生的生计转型问题。因此，本书将研究对象选定为因失去土地而需要进行转型的农户，并将他们失地前和失地后的生计模式进行对比，从而发现其中的差异和规律，为政府提供补偿和完善相关政策提供依据。

（2）依据失地程度来分析失地农户生计模式转型的特征。本书根据被调研农户失地的比例将失地农户划分为四种类型，在此基础上，分别对每一种类型农户的生计模式转型特征进行归纳总结，并比较分析不同类型农户生计模式转型特征的共性和差异，为有针对性地提出促进失地农户生计模式顺利转型的对策建议提供依据。

（3）将失地程度作为控制变量来考察失地农户生计模式转型对生计结果的影响。因失地程度不同，失地农户在失地后生计模式的选择就不同，相应地，他们在选择不同生计模式后所产生的生计结果也就不同。因此，本书将失地程度引入失地农户生计模式转型对生计结果影响的计量分析中，结果表明，失地程度对失地农户的生计结果产生一定的影响。

（4）将外生变量纳入失地农户生计模式转型影响因素的计量模型中。在农户生计转型的文献中，绝大多数学者将内生变量作为影响生计转型的主要因素来进行研究，忽略了外生变量的影响，如城镇化率、距离城镇的远近等。为此，本书除了考察生计资本对失地农户生计模式转型的影响外，还特别将城镇化率、与县（区）中心的距离等外在因素纳入计量模型，以全面考察和把握失地农户生计模式转型的影响因素。

本书的不足之处有：一是在样本区域方面，主要选取了湖北省黄冈市、襄阳市、江西省九江市来进行调查，这些城市均属于我国的三四线城市，而缺乏对一二线城市近郊的农户调查样本，故在样本的全面性方面有所欠缺，导致评价和测度结果具有局限性。二是在样本农户获取方面，由于失地前已经采用纯非农生计模式的农户大都外出务工，故我们在暑期开展实地调研时无法对他们进行入户调查，结果使得这部分农户的获取数量较少，从而对分析结果可能会产生一定的影响。为此，我们在今后的研究工作中，可利用农民工春节返乡，通过电话与他们预约或直接电话调查等途径和方式对这部分农户开展调查，以获取更为全面的样本。

在本书编写过程中，中南财经政法大学的陈玉萍教授、丁士军教授、吴海涛教授、陈池波教授、郑家喜教授、严立冬教授均提出了宝贵的修改意见和建议，在此一并表示感谢！由于水平有限，书中错误在所难免，欢迎广大读者批评指正。

苏永伟

2019 年 7 月

目　　录

导　论

第一节　选题背景和研究意义

一、选题背景

我国城市化率在 2016 年已达到 57.35%（国家统计局，2017），比 1999 年提高了 26 个百分点。在城市化进程的推动和驱使下，我国失地农民每年以 300 多万人的速度在增加（中国社科院，2011）。这一变化一方面为我国城市经济发展创造了有利条件；但另一方面由于失去了维持传统生计的"命根子"——土地，使得失地农户的生计模式与失地前相比发生了较大的变化，广大的失地农户正在经历生计模式的转型。那么，失地前后农户的生计模式发生了怎样的变化？失地农户生计模式转型的特征有哪些？生计模式的转型对失地农户的生计结果有何影响？哪些是促使失地农户生计模式转型的关键因素？为促使失地农户生计转型顺利进行，应提出哪些对策建议？这些问题能否得到合理解决，事关我国农民生产生活的改善以及城乡社会和谐稳定和全面建设小康社会目标的实现。

李永友和徐楠（2011）、黄建伟（2011）、陈占锋（2013）、张萌（2016）均指出，在实现现代化的时代潮流中，越来越多的农村土地转化为城市建设用地，从而推动了工业化和城镇化的发展。上述学者的研究表明，失地农户为我国工业化和城镇化的发展做出了卓越贡献。但在工业化和城镇化过程中，由于主观和客观等诸多原因，导致失地农户的生计问题遇到了前所未有的挑战，广大失地农户迫于生计不得不重新选择生计模式，进而出现生计模式的转型。因此对失地农户的生计模式转型及其影响因素进行研究，并根据研究结论提出相应的对策建议，有利于失地农户生计问题的更好解决，也有利于失地农户可持续生计的实现，最终将有利于失地农民更好地融入城市生活，推动城乡一体化，构建社会主义和谐社会①。

关于失地农户生计问题，国内外学者已做了大量研究，取得了丰硕的研究成果。但通过对这些文献的梳理发现，国内外学者对不同区域、不同失地程度农户生计转型的比较研究显得较为单薄。为此，本书在对湖北省和江西省农户实地调研的基础上，将地区差异、失地程度引入失地农户生计转型问题的研究中。本书首先分析失地农户的生计资本与生计策略状况，并给出失地农户生计模式的划分依据，阐述失地农户生计模式转型的特征；其次，考察并比较分析不同区域、不同失地程度的失地农户生计模式转型对生计结果的影响；再其次，实证检验失地农户生计模式转型的影响因素；最后，提出相应的对策建议，以促进失地农户生计转型的顺利进行，最终实现失地农户的生计可持续。

二、研究意义

根据调研，农户在失去土地后，传统的生计模式遭到重创，如果农户的生计不能顺利转型，将严重影响到失地农户原有生活水平不降低、长远生计有保障的发展目标。从整体上看，农户失去土地后，选择的生计模式和失地前相比均发生了较大的变化，生计模式呈现出多样化的发展趋势，但同时在生计问题上面临的不确定性因素也更多，这对于失地农户生计模式的成功转型构成了不利影响。那么失地后农户采用的生计模式主要有哪几种？失地农户生计模式转型的特征有哪些？失地农户生计模式转型的影响因素有哪些？

---

① 王春玲：《城市化进程中失地农民可持续收入增长难问题研究——以兰州市为例》，载于《特区经济》，2015年第12期。

应提出怎样的对策建议，才能促进失地农户生计模式转型的顺利进行。

鉴于此，对失地农户的生计转型及其影响因素进行研究，具有重要的理论和现实意义。

（一）理论意义

第一，有助于丰富和完善失地农户生计问题的理论成果。根据对相关文献资料的检索，目前学者们对失地农户生计问题的研究主要是基于英国国际发展部（DFID）1999 年提出的可持续生计分析框架来开展的。这为研究失地农户的生计问题提供了重要的理论方法支持，但在这些研究文献中，对不同区域失地农户生计转型问题的比较研究以及对失地农户生计转型影响因素的考察，还显得较为单薄。为此，本书在把握湖北省和江西省两大区域失地农户生计资本与生计策略的基础上，总结失地农户的主要生计模式，检验失地农户生计模式转型对生计结果的影响，测度失地农户生计模式转型的影响因素，以补充和完善这方面的研究内容。

第二，有助于为研究失地农户生计转型问题提供新的研究视角。在本书研究中，重点突出了失地程度这一变量对失地农户生计模式转型的影响。这为学者们进一步研究失地农户的生计转型问题，提供了新的视角和研究思路，从而可以更为全面、更为准确地测度或考察失地农户的生计转型问题。

（二）现实意义

第一，失地农户生计问题关乎社会稳定。基于文献梳理和实地调研，我们发现农户失去土地的原因主要有城镇建设、道路建设、工业建设、学校建设等方面，当农户失去土地后，由于生计模式转型等问题导致自身的生计问题和失地前相比发生了很大变化，在这种情况下，如果不采取切实有力的措施，促进失地农户生计模式的有序转型，保持失地农户的生计可持续性，就会出现社会动荡，也不利于和谐社会建设和全面建成小康社会目标的实现。因此，通过对失地农户的生计转型及其影响因素进行考察，并提出相应的对策建议，有利于失地农户生计可持续的实现。

第二，为失地农户的生计转型提供合理建议措施有利于"三农"问题的根本解决。农户作为广大农村最主要的经济活动主体与最基本的决策单位，其生计水平直接关系到我国"三农"问题的解决与否。但近年来，随着工业化和城镇化进程的不断加快，我国失地农户规模越来越大。由于失地后，农户的生计模式和失地前相比发生了很大变化，同时遇到的生计问题更多，严重影响了失地农户的生计水平和生计可持续，也为根本解决"三农"问题产生了不良影响。因此，通过考察不同调研区域失地农户的生计转型问题并进行比较研究，进而提出合理的政策措施，以期提升失地农户的整体生计水平，积极促进"三农"问题的根本解决。

第二节　国内外文献综述

一、失地农户可持续生计研究

国内外大量学者对失地农户可持续性生计问题开展了研究，并取得了较为丰硕的研究成果。

（一）国外相关研究文献

基于可持续生计分析框架，国外学者关于失地农户可持续性生计的研究可以从失地对农户生计资本的影响、失地对农户生计策略的影响、失地对农户生计结果的影响、失地农户生计重建等方面来阐述。

1. 关于失地对农户生计资本的影响研究

凯隆德（Kironde，2002）指出，政府通过极低或零补偿的方式征用农民土地，导致许多农民形成无地耕种的局面，因而对失地农户的物质资本产生影响。贝里（Berry，2001）认为，由于土地产权和利益分配的不公平，导致穷人财富加快向富人转移，从而对失地农户的金融资本产生影响。马巴古恩耶（Mabogunje，1992）指出，国有土地产权限制了私有经济的发展，加上在实际操作过程中还会面临操作程序不透明等问题，降低了土地投资的积极性，进而对农户生计资本的增加产生不利影响。

2. 关于失地对农户生计策略的影响研究

在这方面，学者们的研究表明农户失地后，其生计策略总体上呈现出非农化、多样化发展的趋势。哈特（Hart，1973）指出，农户失去土地后，可以在城市中从事小商小贩、修理铺、各式各样的服务业及没有许可的出租车等非正式经济，帮助其养家糊口。切尼亚（Cernea，1998）基于墨西哥的调查发现，当地 60.8% 的因水库建设而失地的农户转而依靠从事水产业谋生。

3. 关于失地对农户生计结果的影响研究

在这方面，不同的学者从不同的角度进行了研究，并给出了不同的观点。以哈蒙德夫妇为代表的传统观点认为圈地运动使农户失去了土地，这会加剧贫困和乡村中的不平等。但也有学者认为圈地运动也有它的积极作用，它使失地农户获得了新的发展机遇和额外的工作机会。约瑟夫和迈克尔（Joseph and Michael，2011）基于尼日利亚的调查发现：一些失地农户认为商业化农业项目造成的失地对当地有积极影响，如农场雇用当地人，为当地提供电、移动电话、水井等，以改善当地的基础设施服务水平，但也有一些农户认为自己因失地而获得的征地补偿太少，希望能获得更多的货币补偿。维沙尔（Vishal，2009）对印度的研究还发现很多农户将征地补偿款用来购买耐用商品，增加了过度消费，同时还滋生了懒惰和酗酒的恶习。

4. 关于失地农户生计重建问题的研究

针对失地农户的风险和生计重建问题，塞尼亚和麦克道尔（Cernea and McDowell，1998）提出了一个 IRR 理论模型，该模型认为，农户生计重建主要包括重建土地和就业，重建住房、社区和社会服务，以及重建社会包容等。朴商道（2007）介绍了韩国政府对失地农户的诸多政策，包括社会保障、科技农业教育及金融贷款政策等，并和中国的农地征收政策做了比较。斯好莱（Schoneveld，2008）运用 Sen 的能力方法分析框架对印度的失地农户问题研究后指出，失地农户生计重建的关键决定因素包括补偿水平、收入创造活动的种类、人力资源、生存策略和社区自助组织等。

（二）国内相关研究文献

国内学者对失地农户可持续性生计问题的相关研究可以从以下三个方面进行总结和分析：一是构建失地农户可持续生计分析框架的研究；二是对失地农户可持续生计的实证分析；三是实现失地农户生计可持续的对策研究。

1. 构建失地农户可持续生计分析框架的研究

（1）对可持续生计内涵的理解。

我国对失地农户可持续生计问题的研究始于 21 世纪初，但"可持续生计"这一概念早在 20 世纪 80 年代世界银行的《世界发展报告》以及世界环境和发展委员会的报告中就有所涉及，其后又经历 1992 年联合国环境和发展大会、1995 年哥本哈根社会发展世界峰会和北京第四届世界妇女大会对这一概念进行了讨论。中国社会科学院社会政策研究中心课题组（2004）在斯库恩斯（Scoones，1998）的基础上阐述了"可持续生计"的含义："个人或家庭为改善长远的生活状况所拥有和获得的谋生能力、资本和有收入的活动。"可以看出，可持续生计是以个人或家庭为基本研究单元，立足于长远，并通过获得谋生能力和收入，以实现改善生活状况的目的。鉴于这一定义比较准确地概括出可持续生计的本质和内涵，许多学者都认同并引用这一定义，如王文川和马红莉（2006）、孙绪民和周森林（2007）、刘家强等（2007）、刘晓霞和汪继福（2008）、赵曼和张广科（2009）、黄建伟等（2009）、黄建伟（2011）、丛晓文（2012）、杨琳琳和李静（2013）、郭玲霞（2014）、代富强（2015）、陈胜东和孔凡斌（2016）。

从上述分析可看出，学术界对于"可持续生计"内涵的理解，有着较为一致的看法，且给出的定义能较为准确地描述出可持续生计的本质和特征。在这一方面学术界的研究已经比较成熟，后续研究应该在理解"可持续生计"内涵的基础上来展开，并以失地农户为研究对象具体地界定失地农户可持续生计的内涵和特征。

（2）失地农户可持续生计分析框架。

关于失地农户可持续生计分析框架，国内学术界主要是基于英国国际发展部所建立的可持续生计分析框架（DFID，1999），即"生计五边形"来进行分析和探讨。该分析框架以农户为基本研究单元，将影响农户生计的五种资本（自然资本、物质资本、人力资本、资金资本和社会资本）组合成一个"生计五边形"，并通过"生计五边形"形状的变化来考察失地农户的可持续生计变化情况。

这一分析框架较为全面、直观和动态地考察了农户在失去土地后五种生计资本的变化状况，进而通过五种生计资本的组合测度出农户在失去土地后的可持续生计变化情况，因而在国内研究中得到较为广泛的应用，一些研究还提出了修正。王文川和马红莉（2006）围绕影响失地农户生计的这五类资本进行分析后得出在当前城市化进程中失地农户的生计实际上是不可持续的结论。成得礼（2008）利用成都、南宁两地调研数据，通过考察五类生计资本的变化来考察和分析失地农户的可持续生计状况，并得出失地后农户可持续生计的实现将面临更多困难的结论。刘晓霞和汪继福（2008）基于五类生计资本分析得出，失地农户缺乏可持续生计的资本基础、职业竞争能力、社会认可度、文明底蕴支撑等，导致失地农户生计出现不可持续性。吴海涛和丁士军（2013）在对农户生计分析框架回顾的基础上得出了失地农户生计脆弱性的结论。郭玲霞（2014）分析了农户失地后不同生计资本组合下可能出现的生计产出及响应，并得出由于各种资本均较弱的农户占大多数，因此失去土地对他们维持可持续生计是一种严重威胁。黄建伟等（2009）在成得礼（2008）等研究的基础上，对 DFID 模型（1999）进行了适当的修正，他根据农户失地后面临的"五失"境遇，即失地、失业、失保障、失权益、失身份，构建了由生计资本、生计政策和生计能力组合而成的分析框架，并提出要实现失地农户的可持续生计，必须依靠农户和政府双方的共同努力。丁士军等（2016）在可持续生计框架的基础上，利用因子分析及因子综合得分方法，从水平和结构两个维度对征地前后农户的生计资本状况进行评价。宁泽逵（2017）基于可持续生计框架，利用陕西长武县巨家镇 339 个农户的调研数据，考察信息化对集中连片特困区农户可持续生计的影响，分析得出结果：家庭信息化可以显著改善物质资本、金融资本和社会资本；农村社区信息化对自然资本、物质资本有显著的正向影响，但却对社会资本和人力资本有显著的负向贡献。何仁伟等（2017）指出，在可持续生计视角下中国农村贫困治理的核心问题是生计资产的增加和生计策略的优化。从上述分析可看出，国内学术界对于失地农户可持续生计的分析基本是在 DFID 模型（1999）基础上来进行，认为自然资本、人力资本、物质资本、资金资本和社会资本是影响失地农户可持续生计的关键因素，并利用这五种生计资本组合形式的变化，来探讨失地农户可持续生计的不同结果。在此基础上，构建各种生计资本的具体测度指标并利用新的农户调查数据对该分析框架进行补充完善，可以较为准确地分析出失地农户可持续生计的变化情况。

2. 对失地农户生计可持续问题的实证分析

失地农户的生计可持续主要是受到五类生计资本的影响和制约。围绕这五类生计资本，国内学术界把农户失去土地后的生计可持续问题归结为农户失去土地后就业能力不足、获取收入困难、权益维护不力、社会保障不健全等方面。

（1）失地农户就业能力方面的研究。

马弛等（2004）、吴春和朱美玲（2012）等发现失地农户自身非农产业就业技能掌握不足且就业观念转变较慢，加上非农产业吸纳劳动力的能力有限和政府政策制定及落实不到位等原因，导致失地农户就业能力开发不足。高君和汪清（2010）以杭州市为例，分析得出在城市化进程中，失地农户的就业状况呈现出三个方面的特征，分别是较为严重的失业问题、较为普遍的就业不充分和较少的就业渠道；并且从失地农户自身和就业政策两个方面阐述了产生上述特征的原因。陈浩和陈雪春（2013）在对长江三角洲858个农户进行调研的基础上，研究了在城市化进程中失地农户的就业分化问题，具体是从失地前后农户的就业模式分化、失地前后农户的非农职业层次分化等方面进行具体分析，得出未来可能会出现年龄较大、文化程度较低、健康水平低下的失地农户与文化程度较高和健康水平良好的失地农户之间的长期收入差距扩大的现象，进而导致这两类失地农户在社会保障水平方面的巨大差距，最终形成两个截然不同的社会群体。阳盼盼（2014）考察和研究了少数民族失地农户的就业问题，并得出由于农户对农业生产依赖度过高、农户非农产业就业技能过低、政府政策不够和落实不力等原因，导致少数民族失地农户就业困难。也有学者从就业能力构成角度分析失地农户的就业能力问题，李国梁（2014）指出，个体特征、组织机制和外部环境是就业能力构成的三个要素，但由于失地农户自身原因和失地补偿安置政策落实不到位，导致失地农户非农就业能力普遍较差，并容易形成"就业安置——失业——再就业——难就业"的生计困境。吴翠萍（2013）分析了失地女性的就业问题，她指出，失地女性在就业过程中除了要受自身条件、家庭分工的影响之外，还要承担社会就业性别歧视等问题，因此失地女性的不充分或不完全就业更为普遍。崔宝玉和谢煜（2015）认为，土地征用只会影响到农业劳动供给而不会影响到非农劳动供给，农民不会因为土地被征用而减少非农劳动供给，因此土地征用并不会显著影响非农就业的"人口红利"。王瑛等（2018）在获取兰州市安宁区4个村220个农户调研数据的基础上，分析了目前影响失地农户就业行为空间的主要因素包括收入、交通、教育、医疗等基础服务设施的完善程度。

（2）失地农户获取收入方面的研究。

收入是失地农户赖以生存和发展的重要物质基础。但在失去土地后，农户以土地为基础的收入来源也随之被切断，加上失地农户普遍存在的就业不充分和就业不稳定问题，导致失地农户的收入状况波动很大，严重影响了失地农户可持续生计的实现。

马弛等（2004）指出，农户失地后，虽然其进城务工概率增大了、收入来源更加多元化了，但由于不同工作性质和工作岗位的差异，导致失地农户收入的不稳定因素增多，且失地农户之间的收入水平差距拉大。陈浩和陈雪春（2013）指出，和失地前相比，失地后农户的非农收入结构发生了显著变化，即增加了土地征用补偿这一收入来源，同时由于就业岗位的变化，也会导致其工资收入水平发生变化，并且还分析了土地征用对不同失地农户群体的差异性影响，征地补偿在短期内对中低收入群体农户的收入水平有一定的改善作用，特别是对于低收入群体的收入改善作用明显，同时征地补偿还使得高收入群体比例发生显著增长，贫富差距进一步拉大。宋建辉等（2014）以天津市为例，探讨了失地农户的收入问题。他们通过对失去土地前后农户的收入情况变化、支出情况变化进行对比分析后得出：失地后农户的收入和消费水平确有提升，但这种提升是暂时性的，如果不增强这些农户的就业技能和转变就业观念，收入和消费水平的提升难以长久。张科静等（2014）在对湖北、江西、云南3省共计723个失地农户的调研数据分析的基础上得出，失地后农户的收入并没有出现同质化变动的规律；同时他们还专门针对失地女性的收入状况进行研究，结果发现，失地后女性的就业形势和就业能力开发更为严峻，因此势必导致失地女性的收入变化更大，从而不利于家庭和谐稳定。崔宝玉等（2016）基于倾向得分匹配（PSM）方法来估算土地征用对失地农户收入的影响，结果发现土地征用具有农户总收入效应和非农收入效应。丁士军等（2017）基于调研数据，考察城镇化进程中失地农户的收入流动性，分析失地农户收入流行性的影响因素，结果得出，不同类型的家庭禀赋因素对失地农户收入流动性的影响存在异质性，同时，征地后农户经济风险和健康风险对农户收入流动性具有明显的冲击。

（3）失地农户权益维护方面的研究。

失地农户中相当一部分人的相关利益未得到合理有效及时的补偿，使得他们中的大多数人沦为"失业"者，成为社会的一个弱势群体。因此，国内学术界围绕失地农户的权益维护问题，开展了较为深入的研究。李善山（2006）、罗文春和李世平（2011）认为，失去土地后，农户在权益维护方面的问题集中表现在三个方面：一是因土地出让金税费高导致失地农户实际得到的征地补偿款偏少；二是因再就业困难导致失地农户可持续生计难以实现；三是因体制不健全导致失地农户缺乏相应的社会保障。王俊凤（2012）指出，随着我国城市化的快速推进，越来越多的农户失去了赖以生存的土地，并在失去土地后，自身的权益严重受损，主要表现在：一是农户在土地转让过程中参与者的主体地位缺失；二是因获得较少的征地补偿款导致农户的财产权利受损；三是因失地农户非农就业能力低和利益保障机制不完善导致农户的基本生活保障没有着落。杨钢桥等（2016）以湖北省和湖南省部分县区为例，研究了不同类型农户的权益诉求问题，研究发现，各类农户对经济权益的诉求强度最大，而排在第二位至第四位的依次是政治权益诉求、社会文化权益诉求、生态环境权益诉求。

（4）失地农户社会保障方面的研究。

我国失地农户在社会保障权实现方面，还存在诸多问题。刘家强等

（2007）在对成都市失地农户调研的基础上发现，新征地农户参加社会保险的比率明显高于已征地农户参加社会保险的比率，这一方面反映出政府及相关管理部门对失地农户的社会保障问题越来越重视，但同时也反映出我国对失地农户所建立的社会保障制度不完善、不健全，尤其是对于先失去土地的这部分农户来说损失更大。张燕等（2009）研究武汉城市圈建设中失地农户社会保障后指出，伴随着征地进程的加快和征地范围的扩大，失地农户逐渐沦为城市中的弱势群体，这也决定了这些农户社会保障权的实现存在如下困境：一是失地农户因为身份原因，在城市工作中经常遭遇"同工不同酬"的歧视；二是在"土地换投资"这种补偿方式下，由于所获得的失地补偿款较少，因而失地农户在项目总投资中只是小股东，再加上项目经营还具有一定的风险，致使失地农户的利益和社会保障实现存在较大的不确定性。王冶英和赵娟（2012）在对我国沿海地区失地农户社会保障现状进行分析的基础上指出，我国失地农户社会保障法律制度存在以下缺失：一是相关法律法规和制度不健全；二是现有征地补偿标准过低，农户难以实现应有的效益和保障；三是现有的社会保障体系不完善，失地农户"老有所养""老有所依"的目标难以实现；四是失地农户再就业困难重重，可持续生计实现难度加大。而钟俊生等（2014）的研究则指出，目前我国失地农户的社会保障覆盖面较窄，农户利益受损的现象较为严重，严重影响农户社会保障权的实现。何艳冰等（2017）认为，可通过完善农户社会保障体系，以降低失地农户的社会脆弱性。

3. 实现失地农户生计可持续对策的研究

针对失地农户在实现可持续生计过程中存在的问题，国内学术界围绕失地农户就业能力提升、收入获取、权益维护和社会保障等方面也提出了诸多有价值的对策和建议。

（1）针对失地农户就业能力方面的对策建议。

马弛等（2004）提出了三条有效措施和途径，积极解决失地农户的就业问题：一是积极探索和创新就业模式，如可采取"就业＋社保"等模式，即对于那些年龄较大、文化程度较低的失地农户群体，因他们的就业竞争力过低，有必要向他们提供适当的保障扶持就业，甚至将这部分劳动力全保起来，使其合理退出劳动力市场，这样既可缓解所有失地农户的就业压力，又解决了这部分就业困难群体的后顾之忧。二是多给予失地农户受教育和参加培训的机会。三是加大对失地农户的就业信息服务力度。高君和汪清（2010）也提出了类似的建议，同时还需要通过完善失地农户就业制度，建立健全失地农户资产建设制度等途径，做好失地农户的就业问题。吴春和朱美玲（2012）以乌鲁木齐市新市区为例，探讨和分析了失地农户的就业问题。他们认为除了要完善相关法律法规和提升失地农户的就业技能外，还需要政府加大对失地农户的就业安置和扶持力度，并完善相应的就业保障综合措施。陈浩和陈雪春（2013）在对不同类型失地农户的就业行为分析后得出失地农户就业存在分化现象。他们特别强调对年龄偏大、体弱多病且就业能力差的这些极度弱势失地农户群体，更要加大社会保障与就业扶持力度。崔宝玉和谢煜（2015）强调我国正处在社会保障制度的深刻转型期，为此，应平衡好保障制度的福利功能和劳动供给功能，以完善失地农户劳动力的配置与管理。王瑛等（2018）指出，可通过提高被征地农户的补偿收入、完善基础设施服务来扩大失地农户的就业行为空间选择。

（2）针对失地农户获取收入方面的对策建议。

有些学者从失去土地后农户从事职业的变化，来分析这种变化对农户收入的影响，并给出相应的对策建议，如马弛等（2004）指出，失地后农户从事职业的不同和收入来源的多元化，更容易出现失地农户之间收入的两极分化，因此应加大对失地农户就业技能的培训和就业理念的引导，以实现失地农户收入的稳定性并逐步缩小失地农户间的收入差距。陈浩和陈雪春（2013）认为，在失地农户的就业模式和就业岗位越来越多元化的情况下，应更加注重提升失地农户的工资性收入，才能实现其收入的稳定并有助于实现可持续生计。有些学者从失地农户的收入结构来进行重点分析，如宋建辉等（2014）提出，只有努力增加失地农户的各种收入，包括征地补偿性收入、社会保障性收入、就业工资性收入以及财产性收入，才能切实提高失地农户的收入水平，为可持续生计的实现奠定基础。还有学者基于影响失地农户收入流动性的主要因素来提出对策建议，如张科静等（2014）基于多项选择（Multinomial Logistic）模型分析后得出了影响失地农户收入流动性的主要因素，其中受非农劳动力状况和人力资本这两种因素的影响最为显著，为此提出了相应的对策建议，即要给予失地农户更多的非农就业机会、努力提升失地农户的非农就业技能等，以期最大限度提升失地农户的收入水平。崔宝玉等（2016）指出，应通过多元化收入来源等措施提高被征地农户增收能力和收入水平。丁士军等（2017）强调，应增强失地农户经济资本和社会资本，防范农户经济风险和健康风险，以降低农户异质性对收入流动性的影响。

（3）针对失地农户权益维护方面的对策建议。

国内学术界主要是期望通过法律法规、制度和机制的建立健全和完善，来做好失地农户的权益维护工作，如李善山（2006）指出，应通过完善相应的制度和机制，以保护失地农户的合法权益。罗文春和李世平（2011）提出，应适当提升土地征收补偿标准；建立和完善失地农户的社会保障制度；给予农户依据其宅基地用益物权（即非所有人对他人之物所享有的占有、使用、收益的排他性的权利）取得收益的权力等措施，对失地农户的权益进行维护。王俊凤（2012）认为，应从根源上寻求保护失地农户合法权益的路径和措施。为此，她提出两点措施和建议：一是改革现有农地制度，对政府在征地过程中的角色和职责进行重新定位；二是在征地过程中充分遵从和考虑农民意愿，切实维护失地农户的合法权益。张等文和管文行（2014）针对在城市化进程中我国失地农户的权益流失严重的问题，指出应通过给予失地农民市民的身份和待遇，加大政府对失地农户权利的保护力度，增强失地农户维权意识等措施，最大限度减少失地农户的权益流失行为。杨钢桥等（2016）强调，必须充分尊重并保护好农户各方面的权益，包括经济权益、政治权益、社会文化权益和生态环境权益。

（4）针对失地农户社会保障的对策建议。

国内学术界从不同的角度和依据不同的问题，提出了做好失地农户社会保障工作的不同对策建议。刘家强等（2007）提出四点主张和建议：一是对农村现有的土地产权制度进行改革；二是提高农村公共产品的服务质量；三是建立健全相关制度与监督机制；四是注意各项制度之间的配套和衔接。张燕等（2009）在刘家强等建议的基础上，提出要做好失地农户社会保障工作，还应努力从多种渠道筹集农村社会保障资金，充分调动农户参加社会保障的积极性，充分发挥社会保障对失地农户的重要作用。王冶英和赵娟（2012）

重点研究了沿海地区失地农户的社会保障问题，她们提出可通过三种办法积极解决失地农户的社会保障问题：一是努力完善失地农户社会保障体系；二是规范失地农户社会保障基金的使用和管理；三是在失地农户中大力宣传和推行商业保险。钟俊生等（2014）指出，应积极发挥政府部门在失地农户社会保障制度建设、规范管理和财政监督等方面的重要作用，积极解决失地农户的社会保障问题。崔宝玉等（2016）指出，应通过多样化的社会保障制度，以避免被征地农户"失地失业"。

二、农户生计转型研究

经过对文献的检索，我们发现，专门针对失地农户进行生计转型问题研究的文献相对较少，但对于农户生计转型问题进行研究的文献较多，并形成了一系列的研究成果。

（一）国外相关研究文献

在农户生计转型驱动因素方面，杰弗里（Jeffrey Bury，2004）基于可持续生计分析框架分析了秘鲁卡哈马卡区农户的生计方式的转变，他指出该地区农户生计发生转变的主要原因来自两个方面，一是资源的不均匀分布；二是复杂的、不平衡的地理划分。在农户生计转型结果方面，志贺夫等（Shigaeve et al.，2007）基于吉尔吉斯斯坦的农户调查数据分析后得出，该地区农户有三种被认可的策略可以采用，分别是累计策略、防护策略和应对策略。因此，该地区农户在生计策略的转型上可积极采取这三种策略。在促进农户生计转型对策建议方面，马克·林登伯格（Marc Lindenberg，2002）认为，可通过降低农户面临的风险冲击及其脆弱性，来促进农户生计转型的顺利进行。

（二）国内相关研究文献

1. 农户生计转型驱动因素的研究

周建新和于玉慧（2013）强调，农户生计转型的驱动因素可从外部因素和内部因素两大方面来探寻。其中，外部因素包括自然环境、国家、市场以及科技等，内部因素主要是指农户生存和发展的需求。张芳芳、赵雪雁（2015）指出，农户生计转型的驱动因素包括环境背景变化、生计资本变化、政策与制度变化等方面。李树苗等（2010）强调家庭结构这一因素对农户生计转型的影响，他指出，不同家庭结构的农户在生计转型方面存在显著差异。信桂新等（2012）指出，农户居住生活方式和生计资产的变化将会直接或间接地引起农户生计转型。王娟等（2014a）指出，农户家庭资源禀赋的增加以及外在的影响可在一定程度上促进山区农户生计的转型，但山区农户人力资本的缺乏、基础设施的落后则会对其生计转型产生一定的阻力。吴海涛等（2015）指出，如果农户远离市场、交通不便，则农户的生计转型就会受到较多的限制。张银银等（2017）认为，人力资本提高有助于促进贫困农户从种养生计模式向种养以外的生计模式转型。

2. 农户生计转型结果的研究

周建新和张勇华（2008）基于江西某村的农户生计转型分析后得出，农户生计正在从以农耕为主、打工及看风水为辅的生计模式向农耕与旅游并重、打工与看风水为辅的生计模式转变。张丙乾等（2008）对赫哲族农户的生计模式考察后发现，在现代化思潮和商品经济的影响下，农户生计模式正在由传统的渔猎经济向耕耘自然的农业经济转变。周建新、于玉慧（2013）指出，在内外部因素的共同作用下，西双版纳老坝荷哈尼族农户正在由以种植旱谷为主的刀耕火种的生计方式向橡胶种植的生计方式转变。罗承松（2010）研究了苦聪人的生计模式转型，他指出，在政府帮扶以及市场经济的作用下，苦聪人的生计模式正逐步向适应市场经济要求的，市场竞争能力更强的生计模式转型。温士贤（2014）得出了和罗承松相似的研究结论，他指出，在市场化的推动下，怒族社会的生计方式正在由传统家庭生计方式向当地资源商品化以及外出打工等"找钱"的生计方式转型。吴海涛等（2015）基于滇西南山区少数民族农户的实地调查数据，分析得出，2002～2012年的10年间，山区少数民族农户的生计模式发生了大幅改变，整体的调整方向是粮食作物生产——偏粮食作物生产——偏经济作物生产——纯经济作物生产。张银银等（2017）得出，鉴于农业经营存在规模经济，故继续发展种养经营对失地贫困农户不一定是有效率的选择。赵立娟等（2017）经研究后发现，拥有较低自然资本和较高金融资本的农户倾向于混合型和务工型的生计策略，人力资本水平较高的家庭更倾向于采取混合型的生计策略，而不是农业型的生计策略。

3. 促进农户生计转型对策建议的研究

王娟等（2014b）针对山区农户生计转型问题分析后提出应开展有效的农业技术推广、积极培育市场主体、积累生计资源禀赋等措施，以做好山区农户生计转型工作。张银银等（2017）提出，可通过加大贫困农户培训、鼓励剩余农地自愿流转、发展多样化生计等措施，以促进失地农户生计转型的顺利推进。赵立娟等（2017）指出，失去土地后，农户从繁重的种植业活动中解脱出来，可以有更多的时间和精力从事非农生产活动，为此，应为农户从事非农生产活动创造更多的有利条件，以有助于农户的生计转型。

三、文献评述

目前，国内外学者在农户可持续生计以及农户生计转型方面，取得了一系列的研究成果，但上述研究在以下三方面还存在不足。第一，缺乏对不同区域、不同失地程度农户生计模式的比较研究和探讨，农户所处的区域和失地程度不同，则其选取的生计模式就会有所不同。那么，如何对不同区域、不同失地程度农户的生计模式进行比较研究，学术界的研究还不充分。第二，缺乏对不同失地程度农户生计转型结果的分析。农户采取不同的生计策略，其转型结果也会有很大差异。第三，缺乏对影响失地农户生计转型因素的研究。影响失地农户生计转型因素不仅与农户的生计资本有关，也与政府的政策、所在地经济发展的程度等因素有关。

第三节 研究目标、内容与研究方法

一、研究目标

本书以失地农户生计转型及其影响因素为研究对象，基于对湖北省和江

西省被选取农户调研、机构访谈取得的一手数据以及通过多种渠道获得的二手数据，考察失地农户生计资本的变化，分析失地农户生计策略的转变，总结失地农户生计模式转型的特征，测度失地农户生计模式转型对生计结果的影响，检验失地农户生计模式转型的主要影响因素，提出促进失地农户生计转型顺利进行的对策建议。

二、研究内容

第一，考察失地农户生计资本的变化情况。拥有一定的生计资本是失地农户维持生计的基础条件。本书分别从五大资本（自然资本、物质资本、人力资本、金融资本和社会资本）对失地前后农户的生计资本变化情况进行考察。

第二，分析失地农户生计策略的转变。由于农户在失地前后所拥有的生计资本状况发生了一定的变化，进而决定了这些农户在采取生计策略维持生计方面也会出现一定的变化。本书从不同区域、不同失地程度等方面对失地农户的生计策略转变情况进行分析。

第三，测度失地农户生计模式转型对生计结果的影响。生计结果与失地农户采取的生计模式密切相关，因而失地农户生计模式的转型必然会对其生计结果产生影响。本书将选取合适的计量模型，具体测度失地农户生计模式转型对生计结果的影响。

第四，检验失地农户生计模式转型的主要影响因素。在失地农户生计模式转型的诸多影响因素中，哪些因素对失地农户生计模式转型有着根本性、决定性的影响，本书将通过构建 Logit 模型对此进行实证检验。提出促进失地农户生计转型顺利进行的对策建议。

三、研究方法和技术路线

（一）研究方法

本书以失地农户生计转型及其影响因素为研究对象，以可持续生计理论、农户行为理论、生计脆弱性理论等为理论基础，并查阅大量的国内外关于失地农户生计问题研究的相关文献来开展研究工作。从相关文献演绎推理出本书的研究点，这是研究的起点。在研究方法上，将综合运用定性分析和定量分析相结合的方法，其中主要研究方法有以下四种。

1. 文献研究法

本研究建立在对相关文献进行充分总结回顾的基础上进行。本书研究文献主要来源于国内外数据库，其中，国外文献主要来源于 Springer 数据库、ScienceDirect（Elsevier）数据库，国内文献主要来源于中国知网和万方数据库以及相关的图书资料、政府及其有关管理部门文件。在文献查找方面，主要是利用农户、失地农户、生计、生计模式、生计转型等关键词进行检索获得文献，在此基础上进行梳理和分析。

2. 问卷调查法

为了了解失地农户生计转型及其影响因素的具体情况，特选择湖北省、江西省为例来开展调查研究，具体选择湖北省的黄冈、襄阳、江西省的九江作为重点研究样本，并通过座谈、问卷调查取得第一手的研究资料和研究数据。此外，还通过网络、图书、报纸、期刊等形式掌握本书研究所需要的资料。

3. 比较研究方法

比较研究方法对于探求事物发展的规律，寻找不同事物之间、同一事物不同时间点之间的异同点，具有重要作用。因此，本书研究中很多内容采用了比较研究方法，例如将失地前与失地后农户拥有的生计资本、采取的生计策略、采用的生计模式等状况进行比较研究，以得出更为真实、更为全面的研究结论。

4. 计量分析方法

为准确地测度失地农户生计转型对生计结果的影响以及考察失地农户生计模式转型的影响因素，特选用 Logit 模型、多元线性回归模型等来进行考察和分析，以得到更为可靠的研究结果。

（二）技术路线

本书主要围绕失地农户的生计转型及其影响因素进行研究，研究的技术路线如图 0 - 1 所示。

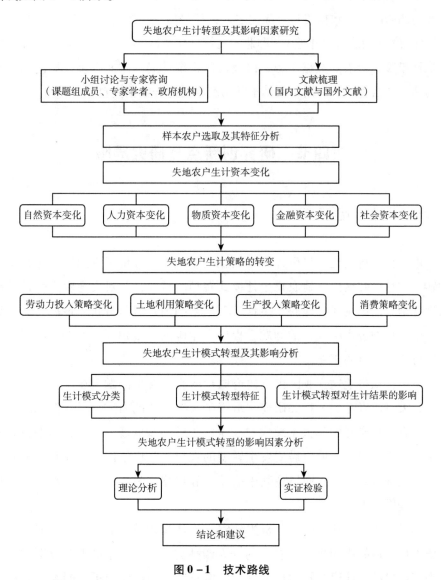

图 0 - 1　技术路线

19

四、数据来源

本书的数据主要来源于本课题组赴湖北省襄阳市、黄冈市、江西省九江市实地调研的一手数据资料。除此之外，还包括《中国统计年鉴》《中国农村统计年鉴》《湖北统计年鉴》《湖北农村统计年鉴》《江西统计年鉴》《江西农村统计年鉴》等宏观数据来源，以及从国家统计局、湖北省统计局网站及其子网站、江西省统计局网站及其子网站获取的部分数据资料。

第四节　研究创新点与研究局限

一、可能的创新点

本书在分析失地农户生计资本变化的基础上，分析了失地农户生计策略的转变，总结归纳出失地农户生计模式转型的特征，并对失地农户生计转型对生计结果的影响和失地农户生计转型的影响因素进行分析，最后针对失地农户生计转型过程中存在的问题，提出了相应的对策建议。本书在以下四个方面可能有一定的创新。

第一，从失地这一成因出发研究农户的生计转型问题。在农户生计转型方面，大量学者开展了相关研究并取得了富有价值的研究成果。但同时也发现，鲜有文献研究因失去土地农户发生的生计转型问题。因此，本书将研究对象选定为因失去土地而需要发生转型的农户，并将他们失地前和失地后的生计模式进行对比，从而发现其中的差异和规律，为政府提供补偿和完善相关政策提供依据。

第二，依据失地程度来分析失地农户生计模式转型的特征。本书根据被调研农户失地的比例将失地农户划分为四种类型，在此基础上，分别对每一种类型农户的生计模式转型特征进行归纳总结，并比较分析不同类型农户生计模式转型特征的共性和差异，为有针对性地提出促进失地农户生计模式顺利转型的对策建议提供依据。

第三，将失地程度作为控制变量来考察失地农户生计模式转型对生计结果的影响。因失地程度不同，失地农户在失地后生计模式的选择就不同，相应地，他们在选择不同生计模式后所产生的生计结果也就不同。因此，本书将失地程度引入失地农户生计模式转型对生计结果影响的计量分析中，结果表明，失地程度对失地农户的生计结果产生一定的影响。

第四，将外生变量纳入失地农户生计模式转型影响因素的计量模型中。在农户生计转型的文献中，绝大多数学者将内生变量作为影响生计转型的主要因素来进行研究，忽略了外生变量的影响，如城镇化率、距离城镇的距离等。为此，本书除了考察生计资本对失地农户生计模式转型的影响外，还特别将城镇化率、距县（区）中心的距离等外在因素纳入计量模型，以全面考察和把握失地农户生计模式转型的影响因素。

二、研究局限

本书的不足之处有以下两点。

第一，在样本区域方面，课题组主要选取了湖北省黄冈市、襄阳市、江西省九江市来进行调查，而这些城市均属于我国的三四线城市，而缺乏对一二线城市近郊的农户调查样本，故在样本的全面性方面有所欠缺，导致评价和测度结果具有局限性。

第二，在样本农户获取方面，由于失地前已经采用纯非农生计模式的农户大都外出务工，故课题组在暑期开展实地调研时无法对他们进行入户调查，结果使得这部分农户的获取数量较少，从而对分析结果可能会产生一定的影响。为此，课题组在今后的研究工作中，可利用农民工春节返乡，通过电话与他们预约或直接的电话调查等途径和方式对这部分农户开展调查，以获取更为全面的样本。

第一章　核心概念与理论基础

本章首先对失地农户、生计、生计模式、生计转型等关键概念进行界定；其次，介绍本书研究的理论基础，包括可持续生计理论、农户行为理论和生计脆弱性理论。

第一节　核心概念界定

一、失地农户

在对失地农户的概念界定之前，我们首先必须对农户的概念进行界定。从经济学角度讲，农户是集生产、消费于一体的一类微观经济组织。从社会学角度讲，农户又是以姻缘和血缘关系为纽带而建立起来的一类组织，农户是以家庭为基础的。因此，农户强调的是共同居住在一个地方、参加共同的经济活动、有共同的食物来源、拥有共同预算的社会组织。

根据以上定义，结合实地调研需要并为了便于统计分析，本书中农户人口的确定主要是以农村户口簿为依据，农户的家庭成员主要包括一起生活的人和在外从事非农行业的未婚子女。由农户的定义可以看出，共同居住、共同劳动、共同消费是农户的显著特征。而农户的劳动对象主要是土地，土地对农户不仅具有生产功能，还具有很强的保障功能。但随着工业化和城镇化的推进，大量的农村土地被征用。一旦农户失去土地，失地农户这一群体就随之产生。导致农户失去土地的原因是多方面的，大致可以分为以下三种情况：一是因城市化建设而失地，随着城市数量的增加和城市规模的不断扩张，必然导致大量土地被征用；二是因水库、发电站、道路交通等公共设施建设而失地；三是因生态环境恶化而失地，既包括因干旱、洪水、地震等自然灾害导致的农户失地，又包括因人为因素引起的环境恶化而造成的农户失地，例如煤炭塌陷区、资源枯竭性地区、核辐射污染地区等。

本书在进行具体分析时，将失地农户主要界定为由于第一种、第二种原因而引起的失地农户。

二、生计

"生计"一词是国内外学者在研究农户问题时经常用到的一个概念。关于生计，学术界大都采用钱伯斯和康威（Chambers and Conway，1992）对生计的定义，即生计是一种谋生的方式，且该方式是建立在自身能力、资本和活动基础之上的。基于这一定义，森（Sen，1997）强调了人的可行能力对其生计活动的重要性。这些能力包括自身的健康状况、决策能力、技能状况、参与社会互动的能力等多个方面。埃利斯（Ellis，2000）对此进行了进一步的补充和完善，他指出一种生计应该包括资本、行动以及可以获得这些资本、行动的途径，这一切组合在一起决定着个人或者家庭的生活状况。他同时还强调，生计会随着社会规范、社会事件以及相关制度背景的变化而变化，因此为减少生计风险，可采取多样化的生计策略。

从"生计"的概念表述中，我们可看出，钱伯斯和康威特别强调生计资本对其生计活动的影响，同时由于生计资本包含的内容很多，故可对此进行归类研究。为此，钱伯斯和康威（1992）将生计资本划分为有形资本（储备物和资源）和无形资本（要求权和可获得性途径）两大类。在此研究基础之上，斯库恩斯（1998）用经济学术语将生计资本分为四类，分别是自然资本、金融资本、人力资本和社会资本。此后，英国国际发展部（Department for International Development，DFID）于 1999 年在其提出的可持续性生计框架中，又将金融资本进一步细化为金融资本和物质资本两类，这样，生计资本具体可以分为自然资本、金融资本、物质资本、人力资本和社会资本五类。其中，自然资本指农户拥有的自然资源储备；人力资本包括健康、知识和技能、劳动能力、适应能力等；社会资本指人们可以用来实现生计目标的社会资源；物质资本包括支持农户生计所需要的基础设施和生产手段；金融资本指人们用来实现其生计目标的资金资源，包括现金、存款、贷出金额和收入等。对这五种资本来说，在实际分析时，可以分别用相应的指标来衡量，以较为全面地考察失地农户的生计资本状况。

农户为减少生计风险，可采取多样化的生计策略。而生计策略是由农户所掌握的生计资本决定的，即生计策略随生计资本的不同而不同。结合学者们的研究，我们认为，生计策略是指农户依据他们所拥有的各种生计资本以及其他外在社会经济指标的实际情况，最大化利用他们现有的这些资源，以维持、保障和改善他们生计的途径。失地农户的生计策略具体可以从劳动力配置策略、土地利用策略以及生产投入策略等方面来研究。劳动力配置策略可以从家庭农业生产、农业打工、非农打工、非农经营、家务等方面进行分析。土地利用策略可以从种植业和养殖业两方面来衡量，其中，种植业可以从户均粮食作物面积、户均经济作物面积、户均园艺作物面积来衡量；养殖业可以从猪养殖数量、鸡养殖数量、牛养殖数量等指标来衡量。生产投入策略可以从农户种植业生产投入和养殖业生产投入的变化来分析。

如果农户所掌握的生计资本种类越多，质量越好，则其在生计策略选择上就越灵活，同时抵御各种风险的能力就越强，相应地就会带来较好的收入和福利结果。

失地农户根据其掌握的生计资本状况来采取相应的生计策略，进而会出现相应的生计结果。生计结果是指失地农户采用一系列的生计策略后所带来的效果或结果。这些结果往往用一些福利指标来衡量，包括粮食自给程度、收入状况、贫困缓解程度、住房改善情况以及社会保障等。农户的生计结果与其采用的生计策略密切相关，这些结果可能是可持续的，也可能是不可持续的，并且还直接影响着再生产和扩大再生产过程。但是对于哪些方面的结果是可持续的，哪些方面的结果是不可持续的，以及如何测度结果的可持续性，理论界尚没有一个统一的方法和结论。

三、生计模式

生计模式是人们对其生计方式进行归纳总结的基础上提出来的，因而生计模式与人们所采用的生计方式密切相关。所谓生计方式是指人们在其价值观指引下，根据其所拥有的生计资本状况，结合所处的自然环境和社会环境等外在因素的不同来获取生存资料的行为方式。具体而言，人们会以自身拥有的生计资本为基本前提，并根据自然规律、环境变化和社会需求等实际情况的变化，决定土地、劳动力、资金、技术等生产要素的投入领域和投入数量，以获取自身所需的生存资料，从而构成人们经济活动的过程。因此，失地农户的生计模式是指失地农户在自身价值观的指导下，从自身拥有的生计资本状况出发，并充分考虑环境条件和社会需求等外在因素的变化，以选择满足自身生活需要和发展需求的全部活动形式与行为特征体系。

四、生计转型

人们出于生计所采用的生计方式并不是一成不变的，因而其生计模式也总是处于不断的变迁当中。具体来说，人们会根据其所处的自然环境、社会环境以及自身需求的变化，来调适和转变原有的生计方式，由此形成新的生计方式。由于生计方式对生计模式的影响，人们也要对其原有的生计模式进行调适和转变，最终将形成与新的自然环境和社会环境类型及特点相适应的新的生计方式。而这个调适和转变的过程，便是生计转型的过程。因此，失地农户的生计转型是指失地农户在面对自身赖以生存的资本、产业等环境或条件发生显著变化的情况下，调适和转变自身原有的生计方式，最终形成新的生计方式的行为。其结果是失地农户对农业生产与农村土地的依赖性逐渐由强变弱。

第二节 理论基础

一、可持续生计理论

"可持续生计"（sustainable livelihoods）这个概念最早出现于 20 世纪 80 年代末世界环境和发展委员会的报告中。在 1995 年社会发展峰会上通过的《哥本哈根宣言》指出，可持续生计是一种可以使所有男人和妇女通过自由选择的生产性就业和工作，以获得可靠和稳定的生计。纳列什·辛格和乔纳森·吉尔曼在《让生计可持续》中指出："消除贫困的大目标在于发展个体、家庭以及社区改善生计系统的能力"。斯库恩斯（1998）认为，如果某一种生计活动能够在较大的压力和冲击下得到恢复，但这种恢复的前提是不过度消耗其自然资源基础，且能维持或改善其能力和资本，那么这种生计活动就具有可持续性。目前，人们对可持续生计概念比较一致的看法是：可持续生计是指在脆弱性背景下，个人或家庭在面临来自自然、经济、社会等各种风险的情况下，拥有抵抗风险和灾害的能力，拥有长期稳定的利用各种资源的能力，且不会损害到这些资源的再生能力，无论是在短期，还是在长期的实践范围内，都能够不断地改善自身的生计水平。

关于可持续生计分析框架，目前主要有联合国开发计划署（UNDP，1995）、国际救助贫困组织（CARE，1994）以及英国国际发展部（DFID，1999）的三种可持续生计分析框架，但学术界运用最多的是 DFID 提出的可持续生计分析框架（唐丽霞等，2010）。

（一）联合国开发计划署的可持续生计分析框架

联合国开发计划署的可持续生计分析框架包含四大核心要素：有形资产、无形资产、生计方式和生计能力。其中，有形资产是指可储存的资源，无形资产是指可获取的资源（信息）。具体的分析框架如图 1-1 所示。

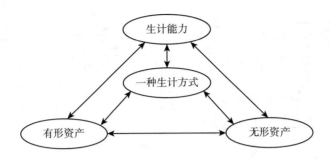

图1-1　联合国开发计划署的可持续生计分析框架

资料来源：赵锋，《可持续生计分析框架的理论比较与研究述评》，载于《兰州财经大学学报》，2015年第5期。

从图1-1可得到以下四种结果。一是失地农户依据自身所掌握的有形资产和无形资产决定采用某一种生计方式，在该种生计方式的影响和作用下，失地农户会形成一定的生计能力。二是生计能力反过来又会对生计方式、有形资产、无形资产产生影响。三是生计方式也会对有形资产、无形资产产生影响。四是有形资产与无形资产之间也有相互影响。

该分析框架特别重视研究穷人和弱势群体的生计可持续能力，因而对开展本书研究具有一定的指导意义。

（二）国际救助贫困组织的可持续生计分析框架

国际救助贫困组织是美国非政府组织性质的世界三大救助机构之一。该组织提出的可持续生计分析框架如图1-2所示。

从图1-2可以看出，该分析框架以农户作为研究对象，从左到右由生计内容、生计策略和生计产出三个模块组成，并且通过动态的、相互作用的模块，优化生计组合，以实现生计可持续发展的目的。其中，生计内容主要包括在自然灾害、脆弱性环境的影响下，农户所享有的自然资源、基础设施以及所面临的经济、文化、政治环境。生计策略是一个循环的过程。首先，农户在完成一定量的生产和收入活动后可获得一定的生计资产，包括人力资产、社会资产、经济资产等；其次，为了实现或者满足自身的消费活动，农户之间需要交换和转化自身所拥有的资产；最后，经过资产的交换和转化活动后，

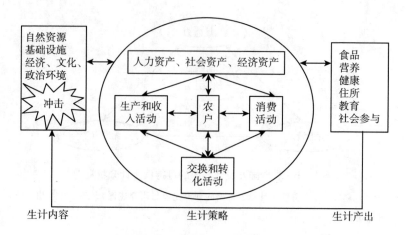

图 1 - 2   国际救助贫困组织的可持续生计分析框架

资料来源：赵锋，《可持续生计分析框架的理论比较与研究述评》，载于《兰州财经大学学报》，2015 年第 5 期。

农户可以满足一定的物质和精神需要，同时为了追求更高层次的物质和精神需要，农户需要进行下一轮的生产和收入活动。生计产出主要以各个方面的安全性来衡量，包括食品安全、营养安全、健康安全、住所安全、教育安全以及社会参与安全等。

国际救助贫困组织强调可通过个人激励和社会激励相结合的方式，来提高弱势群体的生计可持续能力。因而，对本书研究如何提升失地农户的生计可持续能力具有一定参考价值。

（三）英国国际发展部的可持续生计分析框架

英国国际发展部提出的可持续生计分析框架是近年来学者们研究可持续生计问题的主要理论基础。具体的分析框架如图 1 - 3 所示。

从图 1 - 3 可以看出，该分析框架由五大要素组成，分别是脆弱性环境、生计资本、结构与过程转变、生计策略、生计输出（生计结果）。其中，脆弱性环境包括冲击、趋势以及季节性等；生计资本包括人力资本、社会资本、物质资本、金融资本和自然资本；结构与过程转变包括政府管理水平、私人财产、法律、政策、文化、制度等；生计策略是个人或家庭依据前面三种核

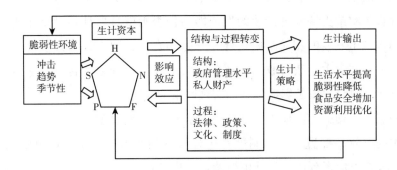

图 1－3　英国国际发展部的可持续生计分析框架

资料来源：赵锋，《可持续生计分析框架的理论比较与研究述评》，载于《兰州财经大学学报》，2015 年第 5 期。

心要素而采取的行动策略；生计输出，即生计结果，是个人或家庭采取一定的生计策略后所得到的结果，包括生活水平提高、脆弱性降低、食品安全增加、资源利用优化等。在这五大要素中，生计资本是最为核心的要素。

在该分析框架中，五大要素之间的关系是：农户基于客观存在的脆弱性环境，在生计资本与政策和制度的相互影响下，根据其拥有的生计资本的实际状况，并结合自身的偏好和周围环境的驱动，决定其采用的生计策略；在这样的生计策略实施后，会带来相应的生计结果；当生计结果改变后，又会带来农户生计资本的变化，即生计结果对生计资本有反馈作用，而结构与过程因素改变后，也会对农户所面临的脆弱性环境产生影响。

该框架较为合理地阐述了个人或家庭生计活动的变化以及影响个人或家庭生计活动可持续的主要因素，因而在学术界得到了较为广泛的应用。我国大量学者也运用此框架来研究失地农户的生计可持续问题，并结合具体实践，提出了失地农户的生计可持续的定义。即失地农户的可持续生计是指失地农户家庭在丧失了土地这一基本生计保障的条件下，为改善未来长远的生活状况所拥有和获得的谋生能力、资产和有收入的活动。其中包含以下三个关键特征：一是可持续性，即失地农户的生计方式在时间上应当是可延续的，不会因发展环境、条件的变化而陷入生计困境；二是生活状况的持续改善，即失地农户的生计绝不能停留在时间上的简单延续，更不是以短暂的货币补偿来取代长久政策支持或者持续的发展能力，否则就是生计相对恶化或坐吃山空，陷入城市发展的相对贫困边缘；三是融合性，即生计不仅包含了传统意义上的挣钱、谋生、获得收入，还包括失地农民生计方式转变的适应，价值观、文化的融合，以及影响生计的宏观政策的完善等。

根据上述理解，失地农户的生计可持续主要取决于三方面因素：一是生计资本的有效率配置；二是制度对生计资本的影响；三是生计风险的防范。对此，我们可以得到以下生计可持续理论模型：

$$SL = I \times f(H_c, F_c, S_c, P_c, N_c) - I \times g(R, V) \qquad (1-1)$$

其中，I 代表制度因子，为外生变量；f 表示生计资本函数，g 表示脆弱环境、风险的函数；H_c，F_c，S_c，P_c，N_c 依次表示人力资本、金融资本、社会资本、物质资本以及自然资本；R 表示风险因素，V 表示脆弱环境。

只有出现 $SL > 0$ 时，失地农户生计才有可能进入持续发展的境况。

由此我们可以形成以下四个方面的认识：一是资本可以通过组合和积累实现升值；二是生计资本的投入、组合和积累形成生计结果；三是不同的生计组合形成不同的生计策略，不同的生计策略又导致不同的生计结果；四是不管是哪一种生计策略均受到社会、政策、市场等因素的影响，因此应充分重视政府在失地农户实现生计可持续方面的重要作用。

二、农户行为理论

农户是我国农村经济的微观基础。农户行为有投资行为、经营行为、生产行为、消费行为、决策行为等多种类型。关于农户行为理论，目前学术界的研究主要分为三派：一是以美国著名经济学家、诺贝尔经济学奖得主西奥多·舒尔茨为代表的理性小农学派；二是以苏联著名经济学家恰亚诺夫为代表的组织生产学派；三是以加州大学洛杉矶分校的黄宗智为代表的历史学派。

（一）理性小农学派

西奥多·W. 舒尔茨在 1964 年出版了《改造传统农业》。在这一著作中，他指出经营传统农业的农户和企业家一样具有经济理性，他们也注重收集市场信息，以做出自己的生产经营决策行为，一旦有好的投资机会和有效的刺激，农民将会采取行动，并取得好的收益。因此，西奥多·W. 舒尔茨并不认为农户是懒惰的、愚昧无知和不思进取的，而是具有经济理性的"经济人"。波普金（Popkin，1979）在其《理性小农》中支持和强化了西奥多·W. 舒尔茨的观点和主张。他强调，小农能够做出使自身利益最大化的生产经营决策，同时在生产分配上也很少出现明显的低效率，因此，小农是理性的经济人。波普金还指出，对传统农业的改造不应该削弱农户的生产组织能力和自由市场体系，而应该充分发挥市场这只"看不见的手"的作用，以确保市场体系中小农生产经营所需生产要素的充足供应。

（二）组织生产学派

恰亚诺夫基于对十月革命前俄罗斯农庄经济的研究指出，农户的生产方式基本上依靠的都是自身的劳动力，而不是雇佣劳动力；农户的生产目的也主要是为了满足自身的消费，而不是追求利润最大化，因此他认为小农农场基本上是一种家庭劳动力农场。[①] 由恰亚诺夫的理论我们可以得出：农户是基于自身消费需要而不是市场需求来决定生产；农户在生产过程中投入的是自身劳动力，因此这部分投入也不计入成本；农户是否进行生产主要取决于劳动强度，如果是在农户可以忍受的劳动负荷内，农户就会积极生产以满足自身消费需要，否则生产活动就会停止。这与市场经济条件下农户生产决策主要取决于利润和成本的考虑完全不同。

（三）历史学派

黄宗智基于对中国农户行为的研究后指出，小农既是追求利润的生产者，

---

① A. 恰亚诺夫：《农民的经济组织》，中央编译出版社 1996 年版。

还是维持家庭生计的生产者，更是遭受剥削的生产者。他认为，农户生产经营的方式不同，则对其进行分析的模式就应该不同。具体来说，有大量生产剩余的经营式农场适合用资本主义的分析模式；挣扎在贫困边缘的雇农和佃农适合用马克思主义的分析模式；而能够自给自足的自耕农则适合用实体主义的分析模式。另外，黄宗智还基于1949年以前中国华北平原和长江三角洲几个世纪的农业发展情况进行分析后指出，中国农业有两大特征：一是"没有发展的增长"；二是"过密型的商品化"。同时他还认为，过密型的商品化不仅与小农生产不会冲突，反而还会强化家庭式的再生产。[①]

以上三种流派从不同角度，依据不同的理论基础，对农户的生产经营行为进行了分析，并得出了相应的结论。应该说，这些结论在不同的历史时期、不同的生产经营条件下，都有其存在的合理性。本书所要研究的是失地农户的生计转型问题，那么，农户在失去土地后，面对自身的生计问题，应作出怎样的生计策略、生计模式决策，这些都和农户的行为密切相关。因此，本书研究可以基于农户行为理论进行分析。

三、生计脆弱性理论

脆弱性是和风险紧密相连的。在此基础上，英国学者罗伯特·钱伯斯（Robert Chambers）于20世纪80年代基于内外两个角度最早建立了"内部—外部"脆弱性分析框架，其中，外部是指可能会对个人或家庭生计能力产生影响的外界风险、冲击和压力，内部是指可能会对个人或家庭的生计结果产生重要影响的个体或家庭在应对风险冲击时的方法和能力。该分析框架告诉人们，要想提高抵御外部风险的能力，个人或家庭必须增加内在的资产积累和配置。同时，政府也应该出台积极的公共政策以降低农户生计风险发生的概率。[②] 世界银行认为，脆弱性是由于遭受风险而使得个人或家庭的财富损失

---

① 黄宗智：《华北的小农经济与社会变迁》，中华书局2000年版。

② Robert Chambers. Editorial Introduction：Vulnerability，Coping and Policy ［J］. Institute of Development Studies Bulletin，1989（2）.

或者使其生活质量下降到某一社会公认的水平之下的可能性。从中可以看出，脆弱性的存在是由于风险的产生和冲击，同时由于不同的个人或家庭在面对风险冲击时，采取的措施和行为有所不同，进而导致不同的生计结果（李小云等，2007）。莫泽（Moser，1998）特别强调资产和能力在抵御个人或家庭所面临的生计风险方面的重要作用，他指出一个家庭所拥有的生计资本越多，则其面临的生计脆弱性越低，反之，则其面临的生计脆弱性越高。他还提出在分析脆弱性时，不仅要确定个人或家庭面临哪些威胁，更要分析个人或家庭如何运用生计资本来应对这些威胁。

德尔康（Stefan Dercon，2001）指出，风险、脆弱性和贫困是紧密相关的，并提出了"风险—脆弱性—贫困"分析框架。该框架以家庭为基本分析单元，从资产、产出和能力三个维度进行分析。其中，资产包括人力资产、物质资产、金融资产以及社会资产等；产出包括行动的回报、资产积累的回报、储蓄、信贷和投资回报、转移性收入等；能力包括消费能力、营养提升能力、健康能力、获取教育的能力等。但同时农户在其生产和生活过程中，还面临着诸多风险，这些风险不仅有来自自然环境方面的，还有来自市场方面的，更有来自公共政策和社会制度方面的。同时德尔康还指出，农户家庭的生计状况是否脆弱是由遭受的风险冲击大小和处理应对风险的能力决定的。

第二章 失地农户生计资本变化

本章首先介绍样本选取基本情况，然后在获取样本数据的基础上，依次对失地农户的自然资本、人力资本、物质资本、金融资本以及社会资本情况进行考察，以较为准确地把握失地农户的生计资本状况。

第一节 样本选取基本情况

本节先交代样本选取依据，然后介绍样本农户区域分布情况，接着说明样本农户选取地区基本情况，最后介绍样本农户选取地区土地征用及补偿政策情况。

一、样本选取依据

对于我国多达上千万户的失地农户来说，我们很难对其生计转型问题进行逐一考察。为此，我们只能通过从规模庞大的失地农户中抽选出一部分作为样本，并根据样本的考察来推断和把握失地农户的生计转型状况。这里，样本的选取是至关重要的，如果样本选取不合理，则根据样本考察的结果来对总体进行推断就存在很大的偏差性，甚至会出现错误的推断。那么，怎样才能抽选到合理的样本呢？根据统计学中介绍的样本选取要求，样本选取必须充分考虑样本的代表性和有效性。

有着"九省通衢"之称的湖北近年来经济发展迅速，2016 年地区生产总值（地区 GDP）总量已达到 32297.9 亿元，位居全国第七位。随着近年来经济发展提速以及实施的"一主两副"（即以武汉为主中心，襄阳、宜昌为副中心）发展战略和武汉"1+8"城市圈①建设的逐步推进，湖北省因城市化和工业化进程加速而导致的失地农户数量越来越多，他们所面对的生计问题和生计难题变得越来越突出，进而对其生计转型有重要影响，故选取湖北省来研究失地农户的生计转型问题代表性较强。江西省属于我国经济欠发达地区，在城市化率指标方面，与发达地区存在较大差距，但同时也说明江西省在城市化问题上还有较大提升空间，江西省可以在城市化进程方面加速推进。从地理位置上看，江西省毗邻我国经济总量第一大省广东，由于空间距离较近以及工资水平较高等因素的驱使，使得江西省内大量因城市化而失地的农户人口前往广东从事非农打工，以维持自身的生计问题，因此，研究江西省失地农户的生计转型问题对我们充分认识正处于城市化快速推进时期地区的农户生计问题有重要指导意义。基于以上分析，选取湖北和江西这两个省份研究失地农户的生计转型问题具有较强的代表性。在湖北省内部，襄阳市是湖北发展的副中心城市之一，在中共湖北省委、湖北省政府的支持和政策的推动下，近年来襄阳市工业化和城镇化进程明显加快，因而失地农户规模越来越大且面临较为突出的生计问题。黄冈市是武汉"1+8"城市圈的重要组成部分，由于黄冈还是传统的农业大市，故农户对土地的依赖性更强，农户失去土地后其自身面临的生计可持续压力更大。九江市是江西省的"北大门"，近年来随着大工业、大物流、大旅游以及城市大建设等发展战略的快速推进，失地农户规模快速增加，因而产生的生计问题也越来越多。基于此，本书选择湖北省襄阳市、黄冈市以及江西省九江市来研究失地农户的生计转型问题具有较强的代表性和说服力。

在具体调研时，为保证数据的可获得性和有充分的代表性，特选取襄阳市襄城区、黄冈市罗田县、九江市庐山区（现濂溪区）、九江市经济开发区的失地农户进行重点调研。

---

① 武汉"1+8"城市圈又称"大武汉都会圈"，是指以中部最大城市武汉为圆心，覆盖黄石、鄂州、黄冈、孝感、咸宁、仙桃、潜江、天门等周边 8 个大中型城市所组成的城市群。

二、样本农户区域分布情况

结合问题研究需要，课题组利用 2013 年和 2015 年两个暑期时间，对湖北省襄阳市襄城区的尹集乡尹集村、白云村、卧龙镇毕庙村，黄冈市罗田县的凤山镇丰衣坳村、栗林咀村、六十石村、平湖乡平湖村，江西省九江市庐山区（现濂溪区）的虞家河乡鲁板村、五里街道前进村、五里街道五里村，九江市经济开发区的永安乡爱国村、永安乡爱民村、永安乡官湖村、向阳街道赛城湖垦殖场农业分场共计 8 个乡镇（街道）、14 个行政村、781 个农户进行了实地调研，获得了大量第一手的调研数据。具体样本区域的分布情况如表 2 - 1 所示。

表 2 - 1　　　　　　　　　样本区域的分布情况

区县	乡镇	村	样本数（户）	合计（户）
襄阳市襄城区	尹集乡	尹集村	128	327
		白云村	61	
	卧龙镇	毕庙村	138	
黄冈市罗田县	凤山镇	丰衣坳村	27	160
		栗林咀村	77	
		六十石村	9	
	平湖乡	平湖村	47	
九江市庐山区（现濂溪区）	虞家河乡	鲁板村	57	142
	五里街道	前进村	29	
		五里村	56	
九江市经济开发区	永安乡	爱国村	92	152
		爱民村	13	
		官湖村	36	
	向阳街道	赛城湖	11	
总计			781	781

资料来源：根据调研资料整理所得。

三、样本农户区域基本情况

（一）湖北省襄阳市基本情况

襄阳市位于湖北省西北部，是中共湖北省委、湖北省政府确立的省域副中心城市。襄阳市版图面积 1.7 万平方公里，下辖 3 个县级市、3 个县、3 个城区和 3 个经济开发区。2016 年襄阳市全年实现地区生产总值 3694.5 亿元，按可比价格计算，增长 8.5%；地方公共财政预算收入 320.7 亿元，下降 5.4%；全社会固定资产投资 3188.6 亿元，增长 18.7%；社会消费品零售总额 1325.3 亿元，增长 13.7%；外贸出口 166609 万美元，下降 22.8%；城镇常住居民人均可支配收入 28794 元，增长 9.6%；农村常住居民人均可支配收入 14762 元，增长 8.1%。2016 年襄阳市实现农业经济稳步发展。全年粮食产量 500.1 万吨，下降 1.0%。

（二）湖北省黄冈市基本情况

黄冈市位于湖北省东部，黄冈市版图面积 1.74 万平方公里，下辖 1 个区、2 个市、7 个县和 1 个县级龙感湖农场。2016 年黄冈市全年实现地区生产总值 1726.17 亿元，按可比价格计算，增长 7.6%；地方公共财政预算收入 119.52 亿元，增长 11.3%；全社会固定资产投资 2041.65 亿元，增长 13.4%；社会消费品零售总额 973.94 亿元，增长 10.6%；外贸出口 60155 万美元，增长 4.4%；城镇常住居民人均可支配收入 24796 元，增长 9.62%；农村常住居民人均可支配收入 11076 元，增长 8.04%。2016 年末耕地面积 548.61 万亩，实现粮食产量 290.82 万吨，建成千亩以上现代农业示范园 128 个。

（三）江西省九江市基本情况

九江市位于江西省北部，是江西省省域副中心城市，赣、鄂、皖、湘四省交界处。九江市版图面积 1.88 万平方公里，下辖 4 个市辖区，9 个市辖县，代管 2 个县级市（瑞昌市、共青城市），代管庐山风景名胜管理局。2016 年九江市全年实现地区生产总值 2096.13 亿元，比上年增长 9.4%；地方公共财政预算收入 260.52 亿元，增长 5.4%；全社会固定资产投资 2428.58 亿元，比上年增长 14.6%；社会消费品零售总额 656.78 亿元，比上年增长 13.0%；外贸出口 284.31 亿元，下降 6.7%；城镇居民人均可支配收入 30011 元，比上年增长 8.6%；农村居民人均可支配收入 12157 元，增长 9.1%。全年粮食产量 172.59 万吨，增长 4.1%。

2016 年，全市规模以上农业企业 546 家，其中国家级龙头企业 5 家，省级龙头企业 84 家，市级龙头企业 299 家。实现销售收入 941.8 亿元，同比增长 11.1%。新增农产品中国驰名商标 1 个，江西著名商标 9 个，有机食品 8 个，绿色食品 8 个，无公害农产品 31 个。农民专业合作社发展到 5507 家，农业产业化带动农户 114 万户（次），农户从事农业产业化经营户均增收 2616 元。

四、样本农户区域土地征用及补偿政策情况

（一）湖北省襄阳市失地农户土地征用及补偿政策情况

本课题组对襄阳市失地农户的调研是 2013 年暑期进行的。根据对襄阳市的失地农户调研以及对政府相关部门的了解，襄阳市对土地被征农户采取的是货币补偿＋社会保险安置的方式。襄阳市失地农户具体的土地补偿安置标准是依据湖北省人民政府出台的《湖北省人民政府关于公布湖北省征地统一年产值标准和区片综合地价的通知》执行。地上附着物补偿因各县、市、区的不同而不同，具体到襄州区的地上附着物补偿是依据襄州区于 2012 年由区物价局、建设局、土地局和房屋管理局联合出台的《关于调整我区集体所有土地上建（构）筑物等地上附着物拆迁补偿标准的通知》文件据实补偿。

经过调研我们发现，襄阳市对于征地补偿款的发放，并不是采取一次性全额发放的形式，而是按照年度分期发放。其中，对于水田的补偿标准明显

要高于旱地，具体为水田的补偿标准为 600 元/亩/年，而旱地只有水田的一半，补偿年限从 2013 年到 2028 年，且要求征地补偿款每年增长 5%。对于园地，只补偿已经上种的树木，具体补偿标准为大树一棵 50 元，小树一棵 10 元。对果树的补偿标准相对较高，具体为一棵 100 元。对于以地上建（构）筑物为代表的地上附着物，襄阳市主要是根据其结构、等级以及是否需要另批宅基地安置等来给予补偿的。例如，对于襄阳市区框架结构的地上附着物，如果需要另批宅基地安置的，征收补偿标准为 860 元/平方米；如果不需要另批宅基地安置，而是以实物还房或货币补偿安置的，征收补偿标准则按 1140 元/平方米来计算。对于砖混结构的地上附着物，则视具体等级的不同而给予相应的征地补偿，但从平均来看，如果需要另批宅基地安置的，征收补偿标准为 462.75 元/平方米；而不需要另批宅基地安置、采用实物还房或货币补偿安置的，征收补偿标准为 705 元/平方米。对于砖木结构的地上附着物，从平均来看，需要另批宅基地安置与不需要另批宅基地，以实物还房或货币补偿安置，这两种安置方法的征地补偿标准分别为 357.75 元/平方米和 544.5 元/平方米。

综上可以看出，在地上附着物征地补偿方面，给予框架结构的地上附着物的征地补偿最高，给予砖混结构的征地补偿次之，而给予砖木结构的征地补偿最低。同时，襄阳市还新建了多套还建房，以解决失地农户的住房问题。具体安置面积是 33 平方米/人，且每户只能享有一套还建房。但给予农户的还建房面积若超出规定标准，则要按照 1600 元/平方米的价格来购买，若面积不足规定标准，则给予 800 元/平方米的补贴。

此外，襄阳市还出台了《襄阳市区被征地农民就业培训和社会保障暂行办法》，该办法规定了征地补偿费的使用问题，其中特别规定征地补偿费主要是用于缴纳被征地农民的养老保障费用，如果还有结余则由个人和集体按国家有关规定进行分配。

（二）湖北省黄冈市失地农户土地征用及补偿政策情况

本课题组对罗田县失地农户的调研是 2015 年暑期进行的。罗田县隶属于湖北省黄冈市，因此罗田县所实施的失地农户土地征用及补偿政策，主要是依据黄冈市出台的相关政策而定的。黄冈市在征地补偿安置途径方面采取的是货币安置与社会保险安置相结合的途径。具体的土地补偿安置标准是依据湖北省人民政府出台的《湖北省人民政府关于公布湖北省征地统一年产值标准和区片综合地价的通知》（以下简称《通知》）执行。在这份《通知》内容中，进一步调高了湖北省征收集体土地的综合补偿标准，平均标准由原来的每亩26496元，调整到每亩32990元，提高6494元，涨幅24.5%。同时，《通知》还指出新一轮征地补偿标准是征收集体土地的综合补偿标准，由土地补偿费和安置补助费两部分组成（不含青苗补偿费、地上附着物补偿费），这两项标准因被征土地位置和面积不同而有所不同。《通知》要求，各地应按照省国土资源厅同期发布的征地补偿安置倍数、修正系数及青苗补偿标准确定不同地类的补偿费用。为防止因实施新标准引发矛盾，《通知》规定，新一轮征地补偿标准实施前已依法批准征地，且地方人民政府已制定并公告征地补偿安置方案的，补偿标准按公告确定的标准执行；未制定并公告征地补偿安置方案的，按新征地补偿标准执行。地上附着物补偿由各县市区人民政府自行确定。

对于罗田县来说，为了服务于罗田经济发展和城镇化建设，从2003年起，罗田县国土部门就开始争取土地整理项目，先后争取到多个国家土地整理项目和省级土地整理项目，先后实现对凤山、白庙河、大河岸等乡镇多达万亩土地的整理工作。经过整理，这些土地范围内的田、水、路、林、村实现了综合整治，土地整治工作受到了国土局及县人大的积极肯定。同时罗田县国土局还完成了数次招商引资工作，并修建了武英高速公路及多条乡镇公路，为罗田经济发展铺平道路。

为了给罗田经济发展创造更好、更多的资源条件，同时也为了更大程度上发挥这些土地的价值和使用效率，罗田县国土资源部门近年来出台了众多政策文件对土地征用进行规范管理，并对被征地农户的补偿安置给出了明确办法。仅2015年上半年，就出台了第1号、第2号、第3号、第4号、第5号、第6号征地补偿安置方案公告。在这些公告中，对土地征收范围、征地补偿安置标准、农业人员安置办法等事项进行了明确规定。在这些方案公告中，土地征用涉及最多的乡镇之一是凤山镇，因此本调研小组选择凤山镇作为主要调研对象，并辅之以平湖乡平湖村的调查是切实可行的，并具有较强的代表性。

根据调研，罗田县的征地补偿标准按照各个村庄所在的区片来制定，一类区片的补偿标准最高，二类区片的补偿标准次之，三类区片的补偿标准最低。本课题组所调研的栗林咀村、丰衣坳村、六十石村属于一类区片，补偿标准相对较高，具体是：耕地为 35200 元/亩；菜地、果园、茶园、精养鱼池均为 38270 元/亩；林地为 28160 元/亩；未利用地为 17600 元/亩。而所调研的平湖村属于三类区片，补偿标准相对较低，具体是：耕地为 30800 元/亩；菜地、果园、茶园、精养鱼池均为 33880 元/亩；林地为 24640 元/亩；未利用地为 15400 元/亩。地上附着物根据市场价格另行据实补偿。农业人员的安置办法有：一是农业人员实行货币安置（安置补助费支付给被征地单位落实安置农业人员）；二是本次被征地农民纳入社会养老保险范围，一次性缴纳的社会养老保险金由政府、集体、个人按比例共同分担。集体承担部分从土地补偿费中支付，个人承担部分从征地安置补助费中支付。

综上可以看出，罗田县为加速经济发展，加快了城镇化建设和招商引资进程，征收了农户大量的土地。被征土地在服务罗田经济发展的同时，由于农户失去了赖以生存的土地，其可持续生计问题变得越来越突出。因此，对政府及相关管理部门来说，规划和利用好土地、解决好失地农户的就业和社会保障问题，进而实现失地农户生计的可持续性，这对于罗田整体经济的长远发展是至关重要的。

（三）江西省九江市失地农户土地征用及补偿政策情况

本课题组对九江市失地农户的调研是 2013 年暑期进行的。根据调研，九江市被调研农户接受政府补偿安置的方式均是货币补偿安置，在征地补偿款支付上采取的是一次性付清的方式。这与湖北省襄阳市在征地补偿安置方面有很大的不同。而支付给被征地农户的征地补偿费是由土地补偿费、安置补助费、青苗补偿费和社会保障费四项构成的。具体来说，九江市政府根据所征土地的地理位置的不同来给予相应的征地补偿。如对于九江市庐山区（现濂溪区）五里村和前进村来说，这两个村所处的地理位置为九江市城区，征地补偿标准相对较高，如果征收的是水田、菜地、果园、鱼塘等，则给予45200元/亩的补偿款；但如果是旱地、宅基地和林地等，则只能给予28000元/亩的征地补偿款。鲁板村的征地补偿标准居中，对于水田、菜地、果园、鱼塘等，均是给予39500元/亩的补偿款；而对于旱地、宅基地和林地等，给予的征地补偿款标准是24000元/亩。爱国村、爱民村、官湖村的征地补偿标准相对较低，对于水田、菜地、果园、鱼塘等，均是给予32400元/亩的补偿款；而对于旱地、宅基地和林地等，则只能给予24000元/亩的征地补偿款。

根据被调研的样本农户的数据显示，大多数失地农户所获得的征地补偿款在10万元以下，甚至有很大一部分失地农户获得的征地补偿款在5万元以下，这一比重占到九江市所有被调研农户的42.86%，而能够获得5万~10万元、10万~20万元、20万元以上这三种不同档次的征地补偿款的失地农户占比分别为20.07%、21.77%和15.30%。

对于房屋被征用的农户，主要采取的是"拆一还一"的方式，统一安置在"农民公寓"内，具体的安置标准是40平方米/人。但对于由于一些农民公寓尚未交付使用，失地农户无法搬迁进来这种情况，政府则提供8元/平方米/月的租房补贴。

对于失地农户的社会保障工作，九江市政府要求，各区（县）应结合当地实际，积极探索并采取留地安置、社保安置、就业方式等多种形式，不断完善失地农民的社会保障体系。同时要加强对失地农民社会保险基金的收缴和管理工作，为失地农户的生计可持续提供制度保障。

第二节　失地农户自然资本变化

根据学者们的研究，农户的自然资本主要是用农户家庭拥有的土地资源面积来反映。根据调研数据，失地前后被选取农户家庭户均拥有的土地资源面积变化情况如表2－2所示。

表 2 - 2   各区域农户家庭户均拥有的土地资源面积变化

区域	土地资源面积（亩）		变动幅度（%）
	失地前	失地后	
襄阳市	11.58	2.85	-75.39
黄冈市	3.53	0.96	-72.81
九江市	4.94	0.61	-87.65
全部样本	7.53	1.62	-78.49

注：土地资源面积是指农户家庭拥有的水田、旱地、园地、林地、养殖水面的面积之和。
资料来源：根据调研数据整理所得。

由表 2 - 2 可知，失地后和失地前相比，不论是襄阳市、黄冈市，还是九江市，被选取农户家庭户均土地资源面积均发生了大幅度的减少。具体来说，襄阳市被选取农户家庭由失地前的 11.58 亩减少到失地后的 2.85 亩，减少幅度达到 75.39%；黄冈市被选取农户家庭由失地前的 3.53 亩减少到失地后的 0.96 亩，减少幅度达到 72.81%；九江市被选取农户家庭由失地前的 4.94 亩减少到失地后的 0.61 亩，减少幅度高达 87.65%；在以上变化趋势的作用下，全部样本农户家庭的土地资源面积由失地前的 7.53 亩减少到失地后的 1.62 亩，减少幅度为 78.49%。从绝对值来看，襄阳市被选取农户家庭在失地前和失地后户均拥有的土地资源面积分别为 11.58 亩和 2.85 亩，均高于黄冈市和九江市。

在三大被调研地区中，失地后九江市农户的土地资源面积减少幅度最大，原因可能与九江市被调研农户距离城镇更近，开发区、工业园区、经济适用房建设所需土地规模较大有关。相比之下，失地后黄冈市农户的土地资源面积减少幅度最小，原因可能与黄冈市被调研农户中有一部分处于远城区，一方面土地相对分散，另一方面因发展和建设需要征收的土地相对较少有关。

在表 2 - 2 的基础上，为了进一步分析失地前后农户家庭拥有的不同类型土地资源的变动情况，本节依次从失地前后农户家庭拥有的耕地、园地、林地、养殖水域等方面全面介绍失地前后农户家庭的自然资本变化情况。

一、失地前后农户耕地变化

被选取农户家庭的耕地由水田和旱地两部分组成。经过对调研数据的整理，我们得到失地前后襄阳市、黄冈市、九江市以及全部样本农户家庭户均拥有的耕地面积变化情况，如图 2 - 1 所示。

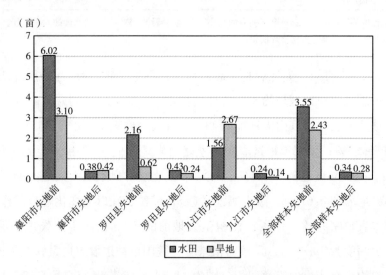

图 2 - 1　襄阳市、黄冈市、九江市及全部样本农户家庭户均拥有耕地面积变化
资料来源：根据调研数据整理所得。

失地后和失地前相比，被选取农户家庭户均拥有耕地面积均发生了大幅度的下降，这些结果必然会对被选取农户家庭失地后的生计模式选择及转型产生重要影响。具体来看，襄阳市、黄冈市、九江市以及全部样本农户家庭户均拥有的旱地面积分别由失地前的 3.10 亩、0.62 亩、2.67 亩、2.43 亩下降到失地后的 0.42 亩、0.24 亩、0.14 亩和 0.28 亩，下降幅度分别为 86.45%、61.29%、94.76%、88.48%；襄阳市、黄冈市、九江市以及全部样本农户家庭户均拥有的水田面积分别由失地前的 6.02 亩、2.16 亩、1.56 亩、3.55 亩下降到失地后的 0.38 亩、0.43 亩、0.24 亩和 0.34 亩，下降幅度依次为 93.69%、80.09%、84.62%、90.42%。此外，我们还发现，襄阳市、黄冈市、九江市被选取农户家庭户均拥有耕地的内部结构有显著差异。如失地前，襄阳市和黄冈市的水田面积明显多于旱地面积，而九江市则是旱地面积多于水田面积。具体的下降幅度如表2-3所示。

表2-3 各区域农户家庭户均拥有旱地、水田面积变化

区域	水田			旱地		
	失地前（亩）	失地后（亩）	变动幅度（%）	失地前（亩）	失地后（亩）	变动幅度（%）
襄阳市	6.02	0.38	-93.69	3.10	0.42	-86.45
黄冈市	2.16	0.43	-80.09	0.62	0.24	-61.29
九江市	1.56	0.24	-84.62	2.67	0.14	-94.76
全部样本	3.55	0.34	-90.42	2.43	0.28	-88.48

资料来源：根据调研数据整理所得。

从表2-3可以看出，失地后和失地前相比，在水田面积变化方面，襄阳市减少幅度最大，减少了93.69%，九江市减少幅度次之，减少了84.62%，黄冈市减少幅度最小，为80.09%；在旱地面积变化方面，九江市减少幅度最大，减少了94.76%，襄阳市减少幅度次之，减少了86.45%，黄冈市减少幅度最小，减少了61.29%。受以上变化的影响，导致全部样本农户家庭失地后的水田面积、旱地面积分别较失地前减少了90.42%和88.48%。

二、失地前后农户园地变化

农户家庭拥有的园地包括果园、菜园等。依据调研取得的数据资料，我们得到失地前后襄阳市、黄冈市、九江市以及全部样本农户家庭户均拥有的园地面积变化情况，如表2-4所示。

表2-4 各区域农户家庭户均园地面积变化

区域	农户家庭户均拥有的园地面积			
	失地前（亩）	失地后（亩）	绝对变化（亩）	相对变化（%）
襄阳市	0.22	0.09	-0.13	-59.09
黄冈市	0.36	0.18	-0.18	-50.00

区域	农户家庭户均拥有的园地面积			
	失地前（亩）	失地后（亩）	绝对变化（亩）	相对变化（%）
九江市	0.24	0.03	−0.21	−87.50
全部样本	0.26	0.09	−0.17	−65.38

资料来源：根据调研资料整理所得。

由表 2-4 可知，从绝对值来看，不管是失地前，还是失地后，黄冈市农户家庭户均拥有的园地面积均是最多的，分别为 0.36 亩和 0.18 亩；襄阳市失地前户均拥有的园地面积最少，为 0.22 亩；而九江市则是失地后户均拥有的园地面积最少，为 0.03 亩。从相对变化来看，九江市失地后户均拥有的园地面积较失地前减少了 87.50%，减少幅度最大；襄阳市失地后户均拥有的园地面积较失地前减少了 59.09%，减少幅度居中；黄冈市失地后户均拥有的园地面积较失地前减少了 50.00%，减少幅度最小。

三、失地前后农户林地变化

根据对调研数据的整理，得到失地前后襄阳市、黄冈市、九江市以及全部样本农户家庭户均拥有的林地面积变化情况，如表 2-5 所示。

表 2-5 　　　　　　　各区域农户家庭户均林地面积变化

区域	农户家庭户均拥有的林地面积			
	失地前（亩）	失地后（亩）	绝对变化（亩）	相对变化（%）
襄阳市	2.04	1.83	−0.21	−10.29
黄冈市	0.38	0.12	−0.26	−78.72
九江市	0.41	0.20	−0.21	−51.22
全部样本	1.09	0.87	−0.22	−20.18

资料来源：根据调研资料整理所得。

由表 2-5 可知，襄阳市、黄冈市以及九江市农户家庭户均拥有的林地面积有较大差异。如失地前襄阳市农户家庭户均拥有林地面积为2.04亩，而九江市和黄冈市分别仅为0.41亩和0.38亩；失地后襄阳市农户家庭户均拥有林地面积为1.83亩，但九江市和黄冈市分别仅为0.20亩和0.12亩。从整体上看，全部样本农户家庭户均拥有的林地面积较少，失地前为1.09亩，失地后则降为0.87亩。从相对变化来看，失地前后黄冈市农户家庭户均拥有的林地面积减少幅度最大，具体减少了78.72%；九江市的减少幅度次之，减少了51.22%；襄阳市的减少幅度最小，减少了10.29%。

四、失地前后农户水域变化

根据调研数据，我们计算得到失地前后襄阳市、黄冈市、九江市以及全部样本农户家庭户均拥有的养殖水域面积变化情况，如表2-6所示。

表2-6 各区域农户户均拥有水域面积变化

区域	农户家庭户均拥有的水域面积			
	失地前（亩）	失地后（亩）	绝对变化（亩）	相对变化（%）
襄阳市	0.21	0.12	-0.09	-42.86
黄冈市	0.02	0.02	0.00	0.00
九江市	0.06	0.00	-0.06	-100.00
全部样本	0.12	0.06	-0.06	-50.00

资料来源：根据调研资料整理所得。

由表2-6可知，失地前农户家庭户均拥有水域面积最大的是襄阳市，具体为0.21亩，而黄冈市户均拥有的水域面积则是最小的，仅为0.02亩；失地后农户家庭户均拥有水域面积最大的也是襄阳市，为0.12亩，而九江市户均拥有的水域面积则减少为0。从总体上看，被选取农户家庭户均拥有的水域面积均较少。

五、失地农户自然资本变化的原因分析

基于调研数据，我们发现失地农户自然资本变化的原因可以从共性和个性两大方面来分析。就全部的被调研农户来说，他们失地的共同原因包括工厂建设、公路建设、学校建设和城镇化建设。但同时因各个失地农户距离城镇的距离以及所在地区经济发展程度的不同，导致被调研农户失地的原因也是有差异的，如九江市被调研农户由于普遍离城较近，失地的原因还包括商品房建造、开发区扩建、廉租房建造、铁路建设等；襄阳市被调研农户失地的原因还有城乡一体化建设和新农村建设等；黄冈市被调研农户失地的原因还包括建电站等。

第三节　失地农户人力资本状况

对农户来说，人力资本可以用其劳动力的数量和质量来反映，具体来说劳动力数量可以用家庭劳动力总数来代表，劳动力质量可以用家庭劳动力的受教育程度、家庭劳动力健康状况来代表。故本节分别从失地前后农户劳动力状况、失地前后农户教育状况、失地前后农户健康状况等方面来分析失地农户的人力资本状况。

一、失地前后农户劳动力状况

农户家庭劳动力总数、户均劳动力数、户均劳动力占比均与家庭规模密切相关，故在分析户均劳动力数、户均劳动力占比之前先需对农户家庭规模进行统计和分析。

（一）失地前后不同区域样本农户的家庭规模

基于样本数据，我们计算得到失地前后襄阳市、黄冈市、九江市以及全部样本农户的户均家庭规模，结果如表 2 - 7 所示。

表 2-7 各区域农户户均家庭规模变化

区域	失地前（人）	失地后（人）	绝对变化（人）	相对变化（%）
襄阳市	4.51	4.46	-0.05	-1.11
黄冈市	5.06	5.00	-0.06	-1.19
九江市	4.16	4.15	-0.01	-0.24
全部样本	4.49	4.46	-0.03	-0.67

资料来源：根据调研资料整理所得。

从表 2-7 可看出，不论是襄阳市、黄冈市、九江市，还是全部样本，农户户均家庭规模在失地前后变化均不大，尤其是九江市农户户均家庭规模，失地前为 4.16 人，失地后为 4.15 人，变动幅度仅为 0.24%，黄冈市和襄阳市农户户均家庭规模失地后较失地前减少幅度分别为 1.19% 和 1.11%。从整体上看，被选取农户户均家庭规模在 4～5 人，总体上处于中等规模水平。分区域来看，不论是失地前还是失地后，黄冈市农户的户均家庭规模均是最大的，襄阳市农户的户均家庭规模均是居于中间，而九江市农户的户均家庭规模均是最小的。

（二）失地前后不同区域样本农户的户均劳动力规模

在掌握不同区域样本农户户均家庭规模的基础上，我们可以进一步计算得到不同区域样本农户的户均劳动力规模，户均劳动力规模是指平均每户家庭中的劳动力的数量，具体是用劳动力总数除以样本农户数量得到。结果如表 2-8 所示。

表 2-8 各区域农户的户均劳动力规模变化

区域	农户家庭户均劳动力规模			
	失地前（人）	失地后（人）	绝对变化（人）	相对变化（%）
襄阳市	2.35	2.33	-0.02	-0.85
黄冈市	2.89	2.58	-0.31	-10.73
九江市	2.11	2.07	-0.04	-1.90
全部样本	2.37	2.28	-0.09	-3.80

资料来源：根据调研资料整理所得。

从表 2 - 8 可看出，全部样本农户家庭户均拥有的劳动力规模由失地前的 2.37 人减少到失地后的 2.28 人，减少幅度为 3.80%。分地区来看，黄冈市农户家庭户均拥有的劳动力规模由失地前的 2.89 人减少到失地后的 2.58 人，减少幅度为 10.73%，减少幅度在三大地区中是最大的；襄阳市农户家庭户均拥有的劳动力规模由失地前的 2.35 人减少到失地后的 2.33 人，减少幅度为 0.85%，在三大地区中减少幅度是最小的；九江市农户家庭户均拥有的劳动力规模由失地前的 2.11 人减少到失地后的 2.07 人，减少幅度为 1.90%。

从表 2 - 8 中还可得到，不论是失地前还是失地后，黄冈市农户家庭户均拥有的劳动力规模最大，襄阳市农户家庭户均拥有的劳动力规模次之，九江市农户家庭户均拥有的劳动力规模最小。

（三）失地前后不同区域样本农户的户均劳动力占比

劳动力占比具体是用劳动力规模除以家庭规模计算得到。失地前后不同区域样本农户的户均劳动力占比，如表 2 - 9 所示。

表 2 - 9　　　　　　　　各区域农户的户均劳动力占比变化　　　　　　单位:%

区域	农户家庭户均劳动力占比			
	失地前	失地后	绝对变化	相对变化
襄阳市	52.11	52.24	0.13	0.25
黄冈市	57.11	51.60	-5.51	-9.65
九江市	50.72	49.88	-0.84	-1.66
全部样本	52.78	51.12	-1.66	-3.15

资料来源：根据调研资料整理所得。

从表 2 - 9 可知，对全部样本来说，失地后农户家庭的户均劳动力占比小于失地前，具体由失地前的 52.78% 下降到失地后的 51.12%，下降了 3.15%。分地区来看，失地后黄冈市农户家庭的户均劳动力占比明显小于失地前，失地后的户均劳动力占比比失地前下降了 9.65%；失地后九江市农户家庭的户均劳动力占比略小于失地前，失地后的户均劳动力占比比失地前下降了 1.66%；与上述变化方向相反的是，失地后襄阳市农户家庭的户均劳动力占比高于失地前，具体由失地前的 52.11% 提高到失地后的 52.24%，提高了 0.25% 。造成上述变化的原因可能是黄冈市农户家庭劳动力的平均年龄最大，从而失地后有相对较多的人退出劳动力的统计范围，而有所不同的是，襄阳市农户家庭劳动力的平均年龄最小，从而失地后退出劳动力统计范围的人数相对较少，不仅如此，还有一些人因年龄增长到了 16 岁而进入劳动力的统计范围，结果使得失地后襄阳市农户家庭的户均劳动力占比略高于失地前。

（四）不同区域失地农户家庭劳动力及户主的年龄、性别状况

这里同样从襄阳市、黄冈市、九江市三大区域对失地农户家庭劳动力及户主的年龄、性别状况进行分析，结果如表 2 - 10 所示。

表 2 - 10　　　　各区域农户家庭劳动力及户主的年龄、性别状况

区域	劳动力平均年龄（岁）	男性劳动力占比（%）	户主平均年龄（岁）	男性户主占比（%）
襄阳市	39.98	50.00	52.25	94.50
黄冈市	44.76	52.06	54.71	94.38
九江市	40.15	49.94	55.15	92.86
全部样本	40.99	50.39	53.85	93.85

资料来源：根据调研资料整理所得。

从表 2 - 10 可知，在三大区域中，黄冈市失地农户家庭的劳动力平均年龄最大，为 44.76 岁，比襄阳市失地农户家庭劳动力大 4.78 岁，比九江市失地农户家庭劳动力大 4.61 岁。就户主平均年龄来看，九江市的户主平均年龄是最大的，为 55.15 岁，黄冈市的户主平均年龄次之，为 54.71 岁，而襄阳市的户主平均年龄是最小的，为 52.25 岁，造成这些差异的原因可能与不同地区农户家庭的人口结构有关。黄冈市的男性劳动力占比在三个区域中是最高的，为 52.06%，九江市的男性劳动力占比是最低的，为 49.94%。三大区域的男性户主占比都高达 90% 以上，具体来看，襄阳市的男性户主占比最高，为 94.50%；九江市的男性户主占比最低，为 92.86%。被调查的农户中男性户主占户主中的绝大多数。

二、失地前后农户教育状况

(一) 不同区域失地农户家庭劳动力及户主的受教育状况

经过对调研数据的整理,我们计算得到襄阳市、黄冈市、九江市以及全部样本失地农户家庭劳动力及户主的平均受教育年限,结果如表 2 - 11 所示。

表 2 - 11　　　　　各区域农户家庭劳动力及户主的受教育状况　　　　单位:年

区域	劳动力平均受教育年限	户主平均受教育年限
襄阳市	8.22	6.50
黄冈市	8.66	6.68
九江市	8.26	6.54
全部样本	8.32	6.55

资料来源:根据调研资料整理所得。

从表 2 - 11 我们可以看出,不论是劳动力平均受教育年限,还是户主平均受教育年限,襄阳市、黄冈市和九江市这三大区域的差异均非常小。具体来看,襄阳市、黄冈市和九江市的劳动力平均受教育年限分别为 8.22 年、8.66 年和 8.26 年,户主平均受教育年限分别为 6.50 年、6.68 年和 6.54 年。就全部样本来说,失地农户家庭的劳动力平均受教育年限为 8.32 年,而户主的平均受教育年限为 6.55 年。

(二) 失地前后不同区域农户家庭劳动力接受技术培训情况

由表 2 - 12 可知,从全部样本来看,失地后农户家庭劳动力接受技能培训的人数为 205 人,占比为 8.44%,而失地前的人数和占比分别为 195 人和 8.09%,表明失地后农户家庭劳动力接受技能培训人数及其占比均高于失地前。分地区来看,不管是失地前还是失地后,黄冈市虽然在劳动力接受技能培训人数方面均少于其他两个区域,但在劳动力接受技能培训人数占比方面却高于襄阳市,原因可能与调查的黄冈市的失地农户相对较少有关。尽管失地后劳动力接受技能培训的人数占比均高于失地前,但从绝对值来看,失地后农户家庭劳动力接受技能培训人数仍然偏少。只有进一步做好对劳动力的技能培训工作，才有助于失地农户生计转型的顺利实现。

表 2 - 12　　　　　　　各区域农户家庭劳动力接受技能培训变化

区域	劳动力接受技能培训人数（人）		劳动力接受技能培训人数占比（%）	
	失地前	失地后	失地前	失地后
襄阳市	84	90	7.76	8.18
黄冈市	44	42	8.24	8.64
九江市	67	73	8.44	8.66
全部样本	195	205	8.09	8.44

资料来源：根据调研资料整理所得。

（三）失地前后不同区域农户家庭户主接受技术培训情况

由表 2 - 13 我们可以看出，失地后黄冈市农户家庭户主接受技能培训人数和失地前相比有较为明显的增加，这一变化导致失地后黄冈市农户家庭户主接受技能培训人数占比也明显高于失地前，具体由失地前的 4.38% 上升到失地后的 6.88%。但九江市的变化方向则有所不同，失地后九江市农户家庭户主接受技能培训人数和失地前相比略微减少，具体由失地前的 24 人减少为失地后的 23 人，这一结果致使失地后九江市农户家庭户主接受技能培训人数占比和失地前相比也有略微下降，具体由失地前的 8.16% 下降为失地后的 7.82%。产生上述变化的原因可能与九江市农户家庭户主的平均年龄最大，从而接受技能培训的机会相对较少有关。通过表 2 - 13 还可以发现，从整体上看，被选取农户家庭户主接受技能培训程度仍然不足，因此应进一步扩大被选取农户家庭户主接受技能培训的覆盖面，以提升失地农户的生计水平。

表 2 - 13　　　　　　　各区域农户家庭户主接受技能培训变化

区域	户主接受技能培训人数（人）		户主接受技能培训人数占比（%）	
	失地前	失地后	失地前	失地后
襄阳市	13	14	3.98	4.28
黄冈市	7	11	4.38	6.88

区域	户主接受技能培训人数（人）		户主接受技能培训人数占比（%）	
	失地前	失地后	失地前	失地后
九江市	24	23	8.16	7.82
全部样本	44	48	5.63	6.15

资料来源：根据调研资料整理所得。

三、失地前后农户健康状况

（一）失地前后不同区域农户家庭劳动力健康状况

农户的健康状况对于农户家庭能否顺利实现生计转型具有重要作用。因此，有必要对失地前后不同区域农户家庭劳动力的健康状况进行分析，结果如表2-14所示。

表2-14　　　　　　　各区域农户家庭劳动力的健康平均得分

区域	家庭劳动力健康平均得分		
	失地前（分）	失地后（分）	相对变化（%）
襄阳市	4.15	4.18	0.72
黄冈市	4.00	4.05	1.25
九江市	3.72	3.79	1.88
全部样本	3.96	4.01	1.26

注：健康状况分为5个等级，1分表示非常差；2分表示比较差；3分表示一般；4分表示比较好；5分表示非常好。因此，健康得分越高，表示农户健康状况越好。

资料来源：根据调研资料整理所得。

从表2-14可以看出，失地后农户家庭劳动力的健康平均得分均高于失地前，但变化幅度并不大。如从全部样本来看，失地后农户家庭劳动力的健康平均得分为4.01分，仅比失地前提高了1.26%。就襄阳市、黄冈市和九江市三个被调研区域来看，不管是失地前还是失地后，黄冈市和襄阳市农户家庭劳动力的健康平均得分均高于九江市，原因可能与九江市被调研农户家庭距离城市更近，从而面临的生计压力和不确定性因素更多有关。

从健康平均得分绝对值来看，九江市农户家庭劳动力的健康状况处于一般到比较好之间，黄冈市和襄阳市农户家庭劳动力的健康平均得分刚刚达到或超过比较好的水平，表明农户家庭劳动力的健康水平还需要进一步提升。

（二）失地前后不同区域农户家庭户主健康状况

户主对于农户家庭的生计决策有重要影响，如果其健康状况良好，则有助于其参与，甚至是作出农户家庭的生计决策。因此，有必要对农户家庭的户主健康状况进行分析。

从表 2 – 15 可知，不论是襄阳市、黄冈市、九江市还是全部样本，失地后户主健康得分平均值均高于失地前，但变化幅度均不大，如从全部样本来看，失地前户主健康得分平均值为 3.47 分，失地后这一数值仅提高到 3.52分，仅提高了 1.44%。从户主健康得分最大值人数占比来看，失地前后九江市的变化更大一些，具体由失地前的 13.61% 增加到失地后的 17.01%，提高了 3.40%。但从绝对值来看，不管是失地前还是失地后，黄冈市的户主健康得分最大值人数占比均高于襄阳市和九江市。同时将表 2 – 15 和表 2 – 14 进行对比，我们还可看出，农户家庭户主的健康平均得分低于劳动力的健康平均得分，表明户主的健康状况相对来说更差一些。

表 2 – 15　　　　　　　各区域农户家庭户主健康状况

区域	户主健康得分平均值（分）		户主健康得分最大值人数占比（%）	
	失地前	失地后	失地前	失地后
襄阳市	3.39	3.42	13.15	13.46
黄冈市	3.65	3.72	28.13	30.00
九江市	3.45	3.53	13.61	17.01
全部样本	3.47	3.52	16.39	18.18

注：健康状况分为 5 个等级，1 分表示非常差；2 分表示比较差；3 分表示一般；4 分表示比较好；5 分表示非常好。因此，健康得分越高，表示农户健康状况越好。

资料来源：根据调研资料整理所得。

四、失地农户人力资本变化的原因分析

根据调研结果，我们将失地农户人力资本变化的原因分析如下。

（一）劳动力状况变化原因

根据前文分析，三大被调研地区失地前后户均家庭规模的变化幅度均很小，原因主要是由于被调研农户失地行为发生前后的时间间隔较短造成的。在户均劳动力规模变化方面，造成失地前后三大被调研地区均有较小变化的原因是由人口的自然成长带来的，即有的人失地后随着年龄增长超过65岁而退出了劳动力的统计范围，而有些人则因为失地后年龄增长到16岁而进入劳动力的统计范围。在三大被调研地区中，黄冈市失地后的户均劳动力规模较失地前的变化相对最大，原因主要是由于黄冈市失地前的户均劳动力平均年龄最大，因而失地后有更多的人因为年龄超过65岁而退出劳动力的统计范围。在户均家庭规模和户均劳动力规模的共同作用下，导致三大被调研地区失地前后户均劳动力的占比变化均不大，但黄冈市由于失地前后的户均劳动力规模变化相对较大，从而导致黄冈市失地前后在户均劳动力占比方面的变化也相对较大。

（二）教育状况变化原因

数据显示，三大被调研地区农户劳动力的平均受教育年限均未超过9年，表明被调研农户劳动力的受教育程度普遍不高，相比之下，户主的受教育程度更低，原因主要是由于户主的年龄普遍较大而接受教育的机会相对较少造成的。在劳动力接受技能培训人数方面，失地后襄阳市、九江市接受技能培训的人数均多于失地前，原因主要是由于失地后政府及有关部门给劳动力提供的技能培训机会更多造成的，但黄冈市失地后接受技能培训的劳动力人数却少于失地前，原因主要是由于黄冈市的劳动力平均年龄较大，从而失地后有更多的人退出劳动力的统计范围造成的。在户主接受技能培训人数方面，襄阳市和黄冈市失地后接受技能培训的人数均多于失地前，原因也主要是由

于失地后提供给户主接受技能培训的机会更多造成的，但九江市失地后接受技能培训的户主人数却略少于失地前，原因主要是由于九江市的户主平均年龄在三大被调研地区中是最大的，因而失地后接受技能培训的机会相对于其他两个地区较少造成的。

（三）健康状况变化原因

前文分析表明，失地后和失地前相比，不管是劳动力的健康平均得分还是户主的健康平均得分，均有一定程度的提高，原因主要是由于失地后各个农户均获得了一定的征地补偿款，因而在健康方面的支出较失地前更多一些，此外，失地后社会保障制度的不断完善，也为失地农户健康状况的改善起到积极作用。

第四节　失地农户物质资本变化

物质资本是指农户为维持生计所具有的基础设施和生产手段，它对于农户维持生计起着基础性的作用。本节将从生产性固定资产变化、耐用消费品变化以及住房变化等方面对失地农户物质资本变化进行分析。

一、失地前后农户生产性固定资产变化

在调研过程中，我们主要是用失地前后农户拥有的门面房、出租房、拖拉机、收割机、粉碎机、碾米机、脱粒机、插秧机、铲车、大型挖掘机等来反映被选取农户生产性固定资产的变化情况。

生产性固定资产对于农户家庭维持生产、生活具有重要作用。表 2 - 16 给出了失地前后不同区域农户家庭的生产性固定资产拥有率的变化情况。

表 2 - 16 各区域农户生产性固定资产拥有率变化 单位:%

类型	襄阳市		黄冈市		九江市		全部样本	
	失地前	失地后	失地前	失地后	失地前	失地后	失地前	失地后
门面房	7.34	7.65	8.75	10.63	1.70	7.14	5.51	8.07
出租房	2.45	5.50	2.50	5.00	0.34	10.20	1.66	7.17
拖拉机	66.97	37.61	66.88	38.13	0.68	0.00	42.00	23.56
收割机	2.14	0.92	3.13	2.50	0.34	0.00	1.66	0.90
粉碎机	2.45	1.22	4.38	3.13	0.34	0.00	2.05	1.15
碾米机	0.92	0.31	1.25	0.63	0.00	0.00	0.64	0.26
脱粒机	2.45	0.31	4.38	2.50	0.00	0.00	1.92	0.64
插秧机	0.31	0.00	0.63	0.63	0.00	0.00	0.26	0.13
铲车	0.61	0.61	1.25	0.63	0.00	0.00	0.51	0.38
大型挖掘机	0.31	0.61	0.63	1.25	0.00	0.00	0.26	0.51

资料来源:根据调研资料整理所得。

从表 2 - 16 可看出,被选取农户家庭生产性固定资产拥有率的高低因生产性固定资产类型的不同而不同。从全部样本来看,拖拉机的拥有率不论是失地前还是失地后均是最高的,具体为 42.00% 和 23.56%,拥有率排在第二高的是门面房,失地前、失地后的拥有率分别是 5.51% 和 8.07%。出租房的拥有率在失地后达到 7.17%,排在第三位,但失地前这一拥有率仅为 1.66%。而其余生产性固定资产的拥有率无论是在失地前还是在失地后均很低。失地后拖拉机的拥有率显著下降,而门面房和出租房的拥有率却明显提高,产生这些变化的重要原因是因失地导致务农活动的减少和非农经营活动的增加。

就襄阳市农户家庭来说,失地前,拖拉机的拥有率是最高的,为 66.97%,失地后,随着土地的减少,拖拉机的拥有率下降较多,为 37.61%;不管是失地前还是失地后,门面房的拥有率均排在第二位,失地前、失地后这一指标数值分别为 7.34% 和 7.65%,出租房的拥有率排在第三位,失地前、失地后的指标数值分别为 2.45% 和 5.50%,而插秧机的拥有率则排在最后一位,失地前、失地后的指标数值分别为 0.31% 和 0。黄冈市农户家庭拖拉机的拥有率在失地前、失地后的指标数值分别为 66.88% 和 38.13%，门面房的拥有率无论是在失地前还是在失地后均排在第二位，具体数值分别为 8.75% 和 10.63%，粉碎机和脱粒机的拥有率在失地前排在第三位，但失地后出租房的拥有率排在第三位，插秧机的拥有率在失地前后均是处于最后一位，指标数值均为 0.63%。对于九江市农户家庭来说，失地前门面房的拥有率最高，但失地后却是出租房的拥有率最高，同时我们还发现，无论是失地前还是失地后，九江市农户家庭在碾米机、脱粒机、插秧机、铲车、大型挖掘机这 5 种生产性固定资产上的拥有率均为零，不仅如此，拖拉机、收割机、粉碎机这 3 种生产性固定资产在失地前的拥有率均不足 1%，在失地后也降为零，而出租房的拥有率在失地前后变化非常大，具体由失地前的 0.34% 攀升到失地后的 10.20%，门面房的拥有率在失地后达到 7.14%，也相对较高。

将襄阳市、黄冈市和九江市的统计结果进行对比，我们还发现，除出租房失地后的拥有率之外，襄阳市和黄冈市在其他生产性固定资产上的拥有率均高于九江市，尤其是拖拉机的拥有率，失地前分别比九江市高出 66.29% 和 66.20%，失地后分别比九江市高出 37.61% 和 38.13%，产生这些变化是由于襄阳市、黄冈市的农户家庭和九江市的农户家庭相比，距离城市相对较远，因而从事农业经营活动较多且种植结构与九江市有较大差异导致的。而失地后九江市农户家庭的出租房拥有率是最高的，原因主要是九江市农户家庭距离城市很近，因而更容易进行各种非农经营活动。上述结果表明，襄阳市和黄冈市农户家庭在生产性固定资产方面的拥有情况比九江市要好很多。

二、失地前后农户耐用消费品变化

在调研过程中，我们主要是用失地前后农户拥有的电视机、冰箱（柜）、空调、洗衣机、摩托车（或电动车）、手机（或座机）、摄像机（或照相机）、淋浴热水器、电脑、汽车等消费品来反映被选取农户家庭耐用消费品拥有率的变化情况（见表 2-17）。

表 2 - 17　　　　　　　　各区域农户家庭耐用消费品拥有率　　　　　单位:%

类型	襄阳市		黄冈市		九江市		全部样本	
	失地前	失地后	失地前	失地后	失地前	失地后	失地前	失地后
电视机	98.47	98.78	97.50	98.75	92.18	97.62	95.90	98.34
冰箱/冰柜	75.84	91.44	78.13	91.25	59.18	86.39	70.04	89.50
空调	22.94	42.51	29.38	43.13	37.07	72.11	29.58	53.78
洗衣机	71.87	87.77	73.75	88.13	41.50	72.11	60.82	81.95
摩托车/电动车	83.49	88.69	86.25	90.00	50.68	71.09	71.70	82.33
手机/座机	95.11	98.17	95.00	97.50	66.67	92.18	84.38	95.77
摄像机/照相机	15.90	18.04	20.00	20.00	16.67	28.91	17.03	22.54
淋浴热水器	58.41	90.83	58.75	89.38	35.71	68.03	49.94	81.95
电脑	33.64	49.85	36.25	50.63	25.51	55.78	31.11	52.24
汽车	13.15	20.80	16.88	20.63	4.42	17.01	10.63	19.33

资料来源:根据调研资料整理所得。

从表 2 - 17 可看出,不管是襄阳市、黄冈市、九江市还是全部样本,失地后各种耐用消费品的拥有率均高于失地前,尤其是淋浴热水器拥有率的上升最为明显,失地后的拥有率比失地前均提高了 30% 以上,此外,空调、洗衣机、电脑拥有率的提高也比较明显。从具体耐用消费品类型来看,被选取农户家庭的电视机拥有率无论是失地前还是失地后均是最高的,如全部样本农户失地前后电视机的拥有率分别达到 95.90% 和 98.34%,基本达到普及的程度,但与此形成鲜明对比的是,全部样本农户家庭的汽车拥有率却很低,失地前后分别仅为 10.63% 和 19.33%,原因可能与购买汽车的花费和投入相对较高有关,此外,摄像机的拥有率也较低,原因可能与手机也具有摄像的功能有关。从三大区域的对比来看,无论是失地前还是失地后,九江市在空调方面的拥有率均高于襄阳市和黄冈市,襄阳市和黄冈市在冰箱、洗衣机、淋浴热水器和汽车等方面的拥有率高于九江市。

三、失地前后农户住房变化

住房状况可以在一定程度上反映农户的生计水平。基于调研数据，我们得到不同区域农户家庭的户均住房面积情况，结果如表 2 – 18 所示。

表 2 – 18　　　　　　　各区域农户家庭户均住房面积变化

区域	农户家庭的户均住房面积			
	失地前 （平方米）	失地后 （平方米）	绝对变化 （平方米）	相对变化 （％）
襄阳市	252.40	234.83	– 17.57	– 6.96
黄冈市	215.71	211.21	– 4.50	– 2.09
九江市	304.05	289.30	– 14.75	– 4.85
全部样本	264.32	250.49	– 13.83	– 5.23

资料来源：根据调研资料整理所得。

从表 2 – 18 可以看出，不管是失地前还是失地后，九江市被选取农户家庭的户均住房面积均大于襄阳市和黄冈市，但同时还发现，失地后和失地前相比，被选取农户家庭的户均住房面积均有所减少，如九江市户均住房面积由失地前的 304.05 平方米减少到失地后的 289.30 平方米，减少了 4.85%；襄阳市户均住房面积由失地前的 252.40 平方米减少到失地后的 234.83 平方米，减少了 6.96%；黄冈市户均住房面积由失地前的 215.71 平方米减少到失地后的 211.21 平方米，减少了 2.09%；全部样本户均住房面积由失地前的 264.32 平方米减少到失地后的 250.49 平方米，减少了 5.23%。之所以出现失地后的户均住房面积少于失地前的结果，主要是由于住房被征收造成的，其中，黄冈市被调研农户家庭的住房被征收面积相对于九江市和襄阳市要少很多，使得黄冈市被调研农户家庭失地后的户均住房面积较失地前减少幅度是最小的，尽管九江市被调研农户家庭住房被征收情况是最多的，但由于征地后，政府对被调研农户住房的补偿力度也是最大的，所以使得失地后的户均住房面积减少幅度也控制在较低的水平。

以上结果表明，尽管失地后三大被调研地区农户的户均住房面积均有所减少，但减少的幅度并不大，从而说明失地对于农户户均住房面积的影响相对于农户户均耕地面积的影响要小很多。

四、失地农户物质资本变化的原因分析

基于实地调研，我们将失地农户物质资本变化的原因分析如下。

（一）生产性固定资产变化原因

根据前文分析，三大被调研地区失地后的拖拉机、收割机、粉碎机、碾米机、脱粒机、插秧机、铲车的拥有率明显比失地前要低，原因主要是由于失去土地后，从事农业生产活动的农户大量减少造成的，但失地后襄阳市和黄冈市的大型挖掘机拥有率却高于失地前，原因主要是由于从事农业生产的规模大幅度减少，利用征地补偿款购买挖掘机为家庭增加新的盈利点（创收机会）。同时，还发现，三大被调研地区失地后的门面房、出租房拥有率均高于失地前，原因主要是失地后农户的投资意识有所提高，进而从事非农经营的农户数显著多于失地前。

（二）耐用消费品变化原因

数据显示，三大被调研地区失地后各种耐用消费品的拥有率均较失地前有不同程度的提高，原因主要是失地后被调研农户均获得了一定的征地补偿款，从而很多农户希望通过添置一些耐用消费品来改善其生活水平。同时，我们还发现，汽车的拥有率和其他耐用消费品相比均很低，原因主要是购置汽车的花费相对于其他耐用消费品更高，而很多农户的经济条件还达不到。

（三）住房变化原因

数据表明，失地后三大被调研地区农户家庭的户均住房面积均较失地前有所减少，原因主要是住房被征收后，农户还建房的面积主要与农户家庭人口有关，与征收面积无关。征收的房屋面积多于还建面积的部分往往以现金补贴给农户，所以，农户的平均住房面积有所减少。同时，由于黄冈市农户

住房被征收的情况相对于九江市和襄阳市更少，失地后黄冈市住房面积的变化幅度是最小的。

第五节 失地农户金融资本变化

金融资本是农户用于购买生活用品和生产资料的一类资本，主要包括两部分：一部分是农户拥有的现金和存款；另一部分是农户通过各种途径可以筹措到的资金。本节从失地前后农户借贷变化、失地前后农户家庭现金和存款变化两大部分对失地农户金融资本变化情况进行考察。

一、失地前后农户借贷变化

这里我们先分析失地前后农户家庭借入和贷入资金的变化情况，然后再分析失地前后农户家庭借出和贷出资金的变化情况。

（一）失地前后农户家庭借入和贷入资金的变化情况

根据对样本数据的整理，我们得到失地前后不同区域农户家庭借入和贷入资金的变化情况，结果如表 2 - 19 所示。

表 2 - 19　　　　　　　各区域农户家庭借入和贷入资金变化

区域	借入金额			贷入金额		
	失地前（元）	失地后（元）	变化幅度（%）	失地前（元）	失地后（元）	变化幅度（%）
襄阳市	6749.25	9322.64	38.13	2250.77	1801.22	-19.97
黄冈市	1507.50	2556.25	69.57	956.25	1343.75	40.52
九江市	3140.82	6522.11	107.66	560.54	4523.81	707.05
全部样本	4317.03	6882.21	59.42	1349.30	2732.39	102.50

资料来源：根据调研资料整理所得。

从表 2 - 19 可以看出，在借入金额方面，失地后和失地前相比，三个区域农户家庭的变化方向一致，即都是失地后的借入金额大于失地前，且九江市的增长幅度更大一些，具体来看，九江市失地后的借入金额比失地前增长了1.08倍，而襄阳市和黄冈市分别增长了38.13%和69.57%。在贷入金额方面，失地后和失地前相比，三个区域农户家庭的变化差异较大，原因可能与三个区域农户失地的绝对规模和所获得的征地补偿款有关。具体来看，襄阳市呈现出失地后贷入金额比失地前减少的态势，由失地前的2250.77元减少到失地后的1801.22元，减少了19.97%，而九江市则出现失地后贷入金额比失地前猛增的状况，由失地前的560.54元猛增到失地后的4523.81元，增长了7.07倍。黄冈市也出现失地后贷入金额比失地前增加的状况，增幅为40.52%。

尽管失地后被调研农户家庭均获得了一定数额的征地补偿款，但这一款项相对于新房装修，或者到城里买房还是捉襟见肘，不得不从外界借款。对于不需要新房装修的家庭，有些为了提高家庭生活质量，也会购买一些电子产品，在征地补偿款不够的情况下也会借款。

（二）失地前后农户家庭借出或贷出资金的变化情况

根据调研数据，我们得到失地前后不同区域农户家庭借出或贷出资金的变化情况，如表2－20所示。

表2－20　　　　　　　　各区域农户借出或贷出资金的变化

区域	农户家庭借出或贷出资金			
	失地前（元）	失地后（元）	绝对变化（元）	相对变化（%）
襄阳市	1455.66	2446.48	990.82	68.07
黄冈市	563.75	646.88	83.13	14.75
九江市	1040.14	2368.03	1327.89	127.67
全部样本	1116.52	2048.27	931.75	83.45

资料来源：根据调研资料整理所得。

从表2－20可以看出，不管是襄阳市、黄冈市、九江市还是全部样本，由于失地后获得了相应的征地补偿款，导致失地后农户家庭可以借出或贷出资金的数额均要多于失地前。具体来看，九江市的借出或贷出资金数额增幅最大，由失地前的 1040.14 元增加到失地后的 2368.03 元，增幅高达 127.67%；襄阳市的借出或贷出资金数额由失地前的 1455.66 元增加到失地后的 2446.48 元，增加了 990.82 元，增幅为 68.07%；黄冈市的借出或贷出资金数额由失地前的 563.75 元增加到失地后的 646.88 元，增加了 83.13 元，增幅为 14.75%。从全部样本来看，农户家庭借出或贷出资金数额由失地前的 1116.52 元增加到失地后的 2048.27 元，增加了 931.75 元，增幅为 83.45%。

在调研过程中，我们发现部分农户既有借入或贷入资金的情况，也有借出或贷出资金的情况，原因可能与这些农户从别处借入或贷入资金后没有及时归还，但当他们的亲朋好友有急事或大事需要帮忙时，又将自己手头上的资金借出或贷出有关。

二、失地前后农户家庭现金和存款变化

失地前后不同区域农户家庭现金和存款的变化情况，如表 2-21 所示。

表 2-21　　　　　　　　各区域农户家庭现金和存款变化

区域	农户家庭现金和存款			
	失地前（元）	失地后（元）	绝对变化（元）	相对变化（%）
襄阳市	31785.93	41933.15	10147.22	31.92
黄冈市	9999.38	15727.19	5727.81	57.28
九江市	16096.26	26871.43	10775.17	66.94
全部样本	21835.60	30894.61	9059.01	41.49

资料来源：根据调研资料整理所得。

由表 2-21 可知，失地后和失地前相比，被选取农户家庭的现金和存款数额表现出增长的态势，原因与失地后被调研农户家庭均获得了一定的征地补偿款密切相关。无论是在失地前还是在失地后，襄阳市被选取农户家庭的现金和存款数额均要多于黄冈市和九江市，表明襄阳市农户家庭的经济状况总体上要好于九江市和黄冈市。从全部样本来看，被调研农户家庭的现金和存款数额由失地前的 21835.60 元增加到失地后的 30894.61 元，增加了 9059.01 元，增幅为 41.49%。

三、失地农户金融资本变化的原因分析

根据调研结果，我们将失地农户金融资本变化的原因分析如下。

（一）借贷金额变化原因

在借入金额变化方面，三大被调研地区农户失地后的金额均高于失地前的金额，原因主要是失地后农户购买房屋、装修房屋、非农经营投资以及日常生活开支的需求较失地前有较大增长。在贷入金额变化方面，襄阳市被调研农户失地后的贷入金额小于失地前，原因主要是襄阳市被调研农户失地的绝对规模较大，获得的征地补偿款较多，从而导致襄阳市被调研农户的贷款需求较失地前有所下降，而九江市和黄冈市被调研农户失地后的贷入金额均高于失地前，原因主要是失地后非农经营投资和购买房屋的需求增长较快。三大被调研地区农户失地后借出或贷出的金额均比失地前高，原因主要是失地后各农户获得一定征地补偿款后，可以自由支配的资金数量较失地前有所增加。

（二）家庭现金和存款变化原因

数据显示，三大被调研地区农户家庭失地后的现金和存款数额均比失地前多，很重要的原因是各失地农户均获得了数额较多的征地补偿款。同时，失地后从事非农活动的农户数更多，这也对农户家庭现金和存款数额的增加起到积极作用。

第六节　失地农户社会资本变化

社会资本，主要是指人们在维持生存和实现发展过程中可以利用的各种社会资源。社会资本决定了失地农户在维持自身生计方面可以利用的资源数量，因而对失地农户实现生计可持续性具有重要作用。本节首先介绍农户社

会资本的测度方法，其次分析失地前后农户社会资本的变化情况，最后总结归纳引起农户社会资本产生变化的原因。

一、农户社会资本的测度方法

根据社会资本的定义，社会资本应包含四方面内容：交往、信任、尊重和参与。基于以上四方面内容，很多学者首先构建出社会资本测度的指标体系，然后选用合适的方法对社会资本进行测度。

王格玲（2012）按照社会资本包含的四方面内容将社会资本划分为四个维度：社会网络、社会信任、社会声望、社会参与。其中，在社会网络方面，选用的指标包括经常接触人的数量、和亲戚朋友的交流程度、和村干部的交流程度、和邻居的交流程度、和农业组织的交流程度等；在社会信任方面，选用的指标包括对亲戚朋友的信任程度、对村干部的信任程度、对邻居的信任程度、对农业组织的信任程度等；在社会声望方面，选用的指标包括家里有事时是否有亲朋好友愿意过来帮忙、当别人做决定时是否愿意找您商量、别人家闹矛盾时是否愿意找您帮忙等；在社会参与方面，选用的指标包括是否经常参加村集体活动、村干部选举是否经常投票、村中事务决策时是否经常提意见或建议、是否经常号召其他农户解决村中问题。

在构建出社会资本测度指标体系的基础上，王格玲（2012）、王天琪和黄应绘（2015）等学者采用因子分析法来测度农户的社会资本。因子分析法的主要目的是要将许多指标或因素之间的联系用少数几个因子去刻画。在具体操作时，将相关度较密切的几个变量归在同一类种，而这一类变量就是一个因子，最后以较少的几个因子来反映原始资料的大部分信息。还有一些学者采用主成分分析法对农户社会资本进行测度。主成分分析法的核心思想是设法将原来众多具有一定相关性的指标，重新组合成一组新的相互无关的综合指标来替代原来的指标，然后再对其进行降维，最后得出较少的几个综合指标。还有学者采用层次分析法给出农户社会资本的测算结果。

二、失地前后农户社会资本的变化状况

由于主客观原因的限制，失地农户可以利用的各种社会资源相对较少。根据社会资本包含的四方面内容，结合调研取得的数据资料，本书主要采用失地前后农户参加协会组织的比例；春节期间农户相互拜年走访的亲戚朋友数量变化情况；春节期间农户人情支出变化情况；遇到经济困难时，能够给予农户经济支持的亲戚朋友数量变化情况；农户遇到有事需要帮忙时，能够提供劳动力支持的亲戚朋友数量变化情况等指标对失地农户的社会资本变化情况进行分析。

（一）失地前后农户参加协会组织的比例

基于对调研数据的整理，我们发现不管是失地前还是失地后均有大量农户没有参加协会组织。表2-22给出了各区域农户参加协会组织的比例变化情况。

表2-22　　　　　　　　各区域农户参加协会组织的比例变化　　　　　单位：%

区域	失地前	失地后	相对变化
襄阳市	2.14	1.22	-0.92
黄冈市	3.13	6.25	3.12
九江市	4.42	4.76	0.34
全部样本	3.20	3.59	0.39

资料来源：根据调研资料整理所得。

从表2-22我们可以得到，除襄阳市以外，黄冈市和九江市的农户参加协会组织的比例在失地后比失地前均有所提高，原因可能与黄冈市和九江市农户家庭劳动力的平均年龄大于襄阳市，从而失地后随着年龄的增大，加入老年协会的人数比失地前增多有关。但从绝对水平来看，这些占比仍然偏低，这两个区域农户无论是失地前还是失地后参加协会组织的比例都不到10%。襄阳市在失地后参加协会组织的比例较失地前有所下降，由原来仅有的2.14%下降到1.22%，原因可能与襄阳市被调研农户家庭失地的绝对规模最

大，从而失地后有更多的人从事非农经营活动，故有人退出村民理事会有关。

尽管三个区域农户参加协会组织的比例都偏低，但黄冈市农户在失地后参加协会组织的比例较失地前的增加幅度是最大的，增长了近一倍，原因主要与黄冈市农户中有相对较多的人加入老年协会有关。全部样本农户家庭失地前参加协会组织的比例为 3.20%，失地后仅仅提高到 3.59%。从总体上看，被选取农户家庭参加协会组织的比例非常低，原因可能与农户的思想观念和相应协会组织没有主动充分发挥其作用有关，因此应积极提升农户参加协会组织的比例，以利于其生计转型的顺利推进和生计可持续性的实现。

（二）失地前后农户春节期间相互拜年走访户数及人情支出情况

通过对调研数据的整理，我们得到了失地前后不同区域农户春节期间相互拜访的户数及人情支出情况，结果如表 2 - 23 所示。

表 2 - 23　　　　　各区域农户春节拜访户数及人情支出变化

区域	春节期间相互拜访户数				春节期间人情支出数额			
	失地前（户）	失地后（户）	绝对变化（户）	相对变化（%）	失地前（元）	失地后（元）	绝对变化（元）	相对变化（%）
襄阳市	24.00	22.67	-1.33	-5.54	3818.81	4758.62	939.81	24.61
黄冈市	17.81	17.48	-0.33	-1.85	2057.81	2861.88	504.07	39.07
九江市	17.48	17.27	-0.19	-1.09	2081.77	3350.71	1268.94	60.96
全部样本	20.28	19.57	-0.72	-3.55	2804.15	3840.05	1035.90	36.94

资料来源：根据调研资料整理所得。

由表 2 -23 可知，失地后和失地前相比，被选取农户家庭春节期间相互拜访户数呈现略微减少的态势，原因主要与有些农户搬到城里居住，来往较少以及有些农户因征地导致住房面积减少，不方便来往有关。如从全部样本农户家庭来看，失地前春节期间相互拜访的户数为 20.28 户，但在失地后这一数值减少为 19.57 户，减少幅度为 3.55%。而春节期间人情支出数额则呈现出与春节期间相互拜访户数完全不同的变化规律，以全部样本农户家庭来说，春节期间人情支出数额由失地前的 2804.15 元增加到失地后的 3840.05 元，增加了 1035.90 元，增长幅度为 36.94%，原因主要与物价上涨以及消费水平提高有关。从三个区域对比来看，无论是在失地前还是在失地后，襄阳市农户家庭在春节期间相互拜访户数和春节期间人情支出数额两方面均高于黄冈市和九江市；但是，我们在对失地后农户家庭春节期间人情支出数额较失地前的增长幅度分析之后发现，九江市失地后农户家庭春节期间人情支出数额较失地前的增长幅度最高，达到 60.96%，襄阳市和黄冈市失地后农户家庭春节期间人情支出数额较失地前的增长幅度分别为 24.61% 和 39.07%。

（三）失地前后农户可以获得经济和劳动力支持的亲朋数量情况

根据调研，农户在遇到困难时，往往需要亲朋好友的帮助。通过对调研数据的整理，我们得到了失地前后不同区域农户可以获得经济和劳动力支持的亲朋数量情况，结果如表 2 - 24 所示。

表 2 - 24　　　　　各区域农户可获得支持的亲朋数量变化　　　　单位：户

区域	户均获取经济支持的亲朋数量		户均获取劳动力支持的亲朋数量	
	失地前	失地后	失地前	失地后
襄阳市	8.26	8.03	10.85	10.15
黄冈市	6.91	7.09	9.96	9.69
九江市	6.47	6.67	9.59	9.37
全部样本	7.31	7.33	10.19	9.76

资料来源：根据调研资料整理所得。

由表 2 - 24 可知，失地前后农户可以获取经济支持的亲朋数量变化非常微小。如全部样本农户家庭中失地前户均可以获取经济支持的亲朋数量为7.31 户，失地后这一数值为 7.33 户，失地后比失地前增加了 0.02 户，造成这一变化的原因主要是由于子女结婚和获得一定征地补偿款后可以获取经济支持的亲朋数量比原来更多。从区域对比来看，襄阳市失地后户均可以获取经济支持的亲朋数量比失地前略有减少，但九江市和黄冈市则呈现出相反的特征。在户均可以获取劳动力支持的亲朋数量方面，不论是襄阳市、黄冈市、九江市还是全部样本，均呈现出失地后的数值小于失地前的数值的变化特征。

三、失地农户社会资本变化的原因分析

（一）失地前后农户参加协会组织比例发生变化的原因

根据表 2 - 22，失地后和失地前相比，农户参加协会组织的比例虽然变化非常小，但也有所上升，其主要原因包括有些农户因年龄增大加入了老年协会，有些农户加入了村民理事会等。

（二）失地前后农户春节期间相互拜访户数发生变化的原因

根据表 2 - 23，从总体上看，失地后和失地前相比，农户春节期间相互拜访的户数有所下降，其主要原因有以下四个方面：一是征地后一些农户住进楼房，邻里之间来往减少；二是有一部分亲戚朋友因征地搬走了，距离远了导致来往减少；三是有些农户家庭因征地房子变小了，很多亲戚朋友不方便来；四是征地后一些农户搬到城里，来往少了。

（三）失地前后农户春节期间人情支出发生变化的原因

根据表 2 - 23，失地后和失地前相比，农户春节期间人情支出有明显的增加，90% 以上的农户认为是物价上涨所致，此外，还有搬到城里后消费水平提高，人情费增加，招待费增加。以前有地自己种些菜，现在没地只能买；以前在农村自己养家禽，搬到城里后不能养了，招待客人什么都得买等原因。

（四）失地前后农户可以获取经济支持的亲朋数量发生变化的原因

根据表 2 - 24，从总体上看，失地后和失地前相比，农户可以获取经济支持的亲朋数量有所增加，其主要原因有三个方面：一是因子女结婚，能够给予经济支持的亲戚增多；二是失地后交往的朋友更多了，能够给予经济支持的朋友也随之增多；三是征地后得到了征地补偿款，有能力进行经济支持的朋友增多。

（五）失地前后农户可以获取劳动力支持的亲朋数量发生变化的原因

根据表2-24，失地后和失地前相比，农户可以获取劳动力支持的亲朋数量有所减少，其主要原因有：征地后有些亲戚朋友搬走了，时间长了来往的就少了；征地后亲戚朋友们都为各自生计而忙碌，感情淡了，因而能提供劳动力支持的少了；征地后很多亲戚朋友都外出打工了，由于平时不在身边导致有事能来帮忙的减少了。

第三章　失地农户生计策略的转变

失地农户采用什么样的生计策略，直接影响着失地农户生计转型的方向以及能否成功转型。本章依次从失地农户劳动力配置策略变化、失地农户土地利用策略变化、失地农户生产投入策略变化、失地农户消费策略变化等方面对失地农户的生计策略进行考察，为后文研究提供依据。

根据第二章的数据分析结果，我们以失地前后农户失去土地的程度来对失地农户进行划分，具体将失地农户划分为失去 100% 土地的农户、失去 75% ~ 100% 土地的农户、失去 50% ~ 75% 土地的农户、失去 0 ~ 50% 土地的农户等四种类型，这四种类型的农户户数及占比如表 3 - 1 所示。

表 3 - 1　　　　　样本区域按失地程度划分的农户数及占比情况

失地程度	襄阳市		黄冈市		九江市	
	户数（户）	占比（%）	户数（户）	占比（%）	户数（户）	占比（%）
100%	131	44.06	54	33.75	211	71.77
75% ~ 100%	85	25.99	37	23.13	22	7.48
50% ~ 75%	57	17.43	36	22.50	29	9.86
0 ~ 50%	54	16.51	33	20.63	32	10.88
全部样本	327	100.00	160	100.00	294	100.00

注：0 ~ 50% 、50% ~ 75% 、75% ~ 100% 这三种失地程度均不包含上限值，下同。

资料来源：根据调研资料整理所得。

从表 3 - 1 可以看出，襄阳市有失地农户 327 户，黄冈市有失地农户 160 户，九江市有失地农户 294 户，三个被调研区域共有失地农户 781 户。在三个区域中，100% 失地的农户所占的比重均为最大，其中，九江市 100% 失地的农户所占比重为 71.77%，在三个区域中占比为最高。同时，九江市 75%~100% 失地的农户所占比重为 7.48%，在三个区域中占比为最低。从各个区域失地农户失地程度的内部结构来看，九江市的失地农户中，失地程度 100% 的农户最多，占比为 71.77%，其余程度的失地农户户数较少，占比均在 20% 以下；襄阳市的失地农户中，失地程度 100% 的农户最多，占比为 44.06%，排在第二位的是 75%~100% 失地的农户，占比为 25.99%，排在第三位和第四位的分别是失地程度为 50%~75% 的农户和 0~50% 失地的农户，占比分别为 17.43% 和 16.51%。黄冈市的失地农户中，失地程度为 75%~100% 的农户为最多，占比为 33.75%，排在第二位至第四位的依次是 75%~100% 失地的农户、50%~75% 失地的农户和 0~50% 失地的农户，占比分别为 23.13%、22.50% 和 20.63%。

第一节　失地农户劳动力投入策略变化

失地农户的劳动力配置策略具体可以从失地前后家庭农业生产劳动力变化、失地前后农业打工劳动力变化、非农打工劳动力变化、非农经营劳动力变化以及失地前后从事家务劳动的劳动力变化等五个方面来分析。

一、失地前后襄阳市农户劳动力投入变化分析

根据对调研数据的整理，我们得到失地前后襄阳市农户劳动力投入变化情况，如表 3-2 所示。

表 3-2　　　　　　　　襄阳市农户劳动力投入变化情况　　　　　　单位：人

失地程度	家庭农业生产		农业打工		非农打工		非农经营		家务	
	失地前	失地后	失地前	失地后	失地前	失地后	失地前	失地后	失地前	失地后
100%	309	11	2	28	275	414	46	59	78	213
75%~100%	33	14	0	2	26	42	4	8	12	15
50%~75%	39	15	0	2	39	55	6	8	10	17

失地 程度	家庭农业生产		农业打工		非农打工		非农经营		家务	
	失地前	失地后	失地前	失地后	失地前	失地后	失地前	失地后	失地前	失地后
0～50%	52	42	1	2	62	70	11	11	10	18
全部样本	433	82	3	34	402	581	65	86	110	263

资料来源：根据调研资料整理所得。

从表 3 - 2 可以看出，对襄阳市样本农户来说，失地前后从事家庭农业生产的劳动力人数大幅度减少，由失地前的 433 人减少到失地后的 82 人，减少的劳动力分流到其他四种劳动类型中，同时受有些人因年龄原因进入或退出劳动力范围的影响，使得失地后从事农业打工的人数增加了 31 人、非农打工的人数增加了 179 人、非农经营的人数增加了 21 人和家务劳动的人数增加了 153 人。

从失地程度来看，失地前后劳动力投入变化最突出的为 100% 失地的农户，从事家庭农业生产的劳动力由失地前的 309 人减少到失地后的 11 人，这 11 人虽然家庭失去了全部的土地，但仍然在租用别人的土地进行规模养殖活动；从事农业打工的劳动力由失地前的 2 人增加到失地后的 28 人，主要受雇于有土地的种植大户或者家庭农场；失地后从事非农打工的人数增加了 139 人，原因主要是失去土地后，大量年富力强的劳动力不得不出去打工来维持生计；失地后有 13 人由从事农业生产改为经营活动；失地后从事家务劳动的劳动力增加至 213 人，原因主要是这些劳动力的年龄较大，失去土地后非农就业困难，不得不留在家庭中从事家务劳动。75% ～100% 失地的农户、50% ～75% 失地的农户失地前后从事家庭农业生产的劳动力人数分别减少 19 人和 24 人，减少的劳动力主要分流到农业打工中；0～50% 失地的农户失地前后从事家庭农业生产的劳动力人数减少 10 人，减少的劳动力主要分流到非农打工和家务劳动中。

二、失地前后黄冈市农户劳动力投入变化分析

根据对调研数据的整理，我们得到失地前后黄冈市农户劳动力投入变化

情况，如表3-3所示。

表3-3　　　　　　　黄冈市农户劳动力投入变化情况　　　　　　　单位：人

失地程度	家庭农业生产		农业打工		非农打工		非农经营		家务	
	失地前	失地后	失地前	失地后	失地前	失地后	失地前	失地后	失地前	失地后
100%	83	0	1	0	101	125	16	25	9	52
75%~100%	33	16	0	0	40	48	11	9	2	4
50%~75%	45	23	1	0	44	66	7	6	1	2
0~50%	33	11	0	0	36	43	4	10	2	9
全部样本	194	50	2	0	221	282	38	50	14	67

资料来源：根据调研资料整理所得。

从表3-3可知，对黄冈市样本农户来说，失地前后从事家庭农业生产的劳动力人数大量减少，由失地前的194人减少到失地后的50人，减少的劳动力分流到非农打工、非农经营和家务这三种劳动类型中，同时受有些人因年龄原因进入或退出劳动力范围的影响，最终从事非农打工、非农经营、家务劳动的劳动力人数失地后比失地前分别增加了61人、12人和53人。同时需要指出的是，由于失去了大量土地对农业劳动力的需求减少，使得从事农业打工的人数由失地前的2人减少到失地后的0人。

从失地程度来看，失地前后劳动力投入变化最大的为100%失地的农户，从事家庭农业生产的劳动力由失地前的83人减少到失地后的0人。从事农业打工的劳动力由失地前的1人减少到失地后的0人，主要是由于土地面积的减少导致对农业劳动力的需求减少。失地后从事非农打工的人数增加了24人，主要原因是失地后，一些青壮年劳动力为了维持和改善家庭生计状况而外出打工。失地后有9人由从事农业生产改为经营活动。失地后从事家务劳动的劳动力增加了43人，原因主要有两点，一是有些劳动力的年龄偏大很难实现非农就业；二是这些劳动力中女性偏多，失地后家里的男劳动力大都外出打工，她们留在家里承担起照顾家庭的责任。75%~100%失地的农户、50%~75%失地的农户失地前后从事家庭农业生产的劳动力人数分别减少17人和22人，减少的劳动力也主要分流到非农打工中；0~50%失地的农户失地前后从事家庭农业生产的劳动力人数减少22人，减少的劳动力主要分流到非农打工和家务劳动中。

三、失地前后九江市农户劳动力投入变化分析

根据对调研数据的整理，我们得到失地前后九江市农户劳动力投入变化情况，如表3-4所示。

表3-4　　　　　　　　　九江市农户劳动力投入变化情况　　　　　单位：人

失地程度	家庭农业生产		农业打工		非农打工		非农经营		家务	
	失地前	失地后	失地前	失地后	失地前	失地后	失地前	失地后	失地前	失地后
100%	211	4	4	6	239	329	34	86	78	194
75%~100%	8	2	0	0	15	18	1	3	3	9
50%~75%	9	3	0	0	23	35	3	3	9	10
0~50%	18	12	0	1	42	45	5	8	8	13
全部样本	246	21	4	7	319	427	43	100	98	226

资料来源：根据调研资料整理所得。

从表3-4可看出，对九江市样本农户来说，失地前后从事家庭农业生产的劳动力人数也发生了大量减少，由失地前的246人减少到失地后的21人，减少的劳动力分流到农业打工、非农打工、非农经营和家务劳动中，再加上失地后有些人因年龄原因进入或退出劳动力的统计范围，使得失地后从事农业打工、非农打工、非农经营、家务的劳动力人数分别增加了3人、108人、57人和128人。

分失地程度来看，失地前后劳动力投入变化最大的为100%失地的农户，从事家庭农业生产的劳动力由失地前的211人减少到失地后的4人，这4人由于失地后进行一些养殖活动而从事农业生产；从事农业打工的劳动力失地后较失地前增加2人，原因主要是失地后，有更多的农业劳动力可以从事农业打工活动以维持生计；失地后从事非农打工的人数增加了90人，主要原因是大量失去土地后，越来越多的劳动力需要依靠非农活动来缓解生计压力；失地后从事非农经营的人数增加了52人，原因主要是这些农户距

离城市很近，因而对开展非农经营有利；失地后从事家务劳动的劳动力增加了116人，一方面是由于有些劳动力的年龄偏大，找不到合适的非农工作，另一方面，失地后由于很多劳动力均选择了外出打工，但同时家里还需要有劳动力照顾老人或小孩，因此，有些劳动力，尤其是女性劳动力就留在家里从事家务活动。

由上述数据分析可得到，襄阳市、黄冈市、九江市样本农户劳动力投入变化的共同特征表现在：一是失地后从事家庭农业生产的劳动力人数均较失地前大幅度减少；二是失地后从事非农打工、非农经营、家务这三种劳动类型的劳动力人数均较失地前明显增加。但同时还发现，襄阳市、黄冈市、九江市样本农户在劳动力投入变化方面也有差异性：一是失地后黄冈市样本农户从事农业打工的劳动力人数发生减少，但襄阳市、九江市样本农户从事农业打工的劳动力人数却有不同程度的增加；二是失地后在黄冈市100%失地的农户中，因全部失去土地，故没有劳动力从事种养殖活动，但在襄阳市、九江市100%失地的农户中，仍有少量的劳动力通过租用别人土地的方式从事养殖活动。

第二节　失地农户土地利用策略变化

本节将通过种植面积和养殖面积的变化来考察失地农户土地利用策略的变化情况。农户种植面积的变化可以从被调研农户总种植面积、粮食作物种植面积、经济作物种植面积、园艺作物种植面积的变化来考察，农户养殖数量的变化可以从农户养鸡数量、养猪数量、养牛数量的变化来考察。

一、失地前后农户种植业的面积变化

失地前后各区域被调研农户种植面积的变化情况，如表3-5所示。

表 3 - 5 各区域被调研农户种植面积的变化 单位：亩/户

失地程度	襄阳市			黄冈市			九江市		
	失地前	失地后	相对变化（％）	失地前	失地后	相对变化（％）	失地前	失地后	相对变化（％）
100%	9.45	0.00	-100.00	3.03	0.00	-100.00	4.81	0.00	-100.00
75%～100%	8.95	1.16	-87.04	3.96	0.68	-82.83	4.78	0.65	-86.40
50%～75%	8.84	2.57	-70.93	2.98	1.33	-55.37	2.16	0.63	-70.83
0～50%	5.89	3.44	-41.60	3.50	2.68	-23.43	2.84	2.15	-24.30
全部样本	8.63	2.68	-68.95	3.33	1.63	-51.05	4.35	1.17	-73.10

资料来源：根据调研资料整理所得。

对襄阳市样本农户来说，失地前后户均种植面积减少了 5.95 亩，减少幅度达到 68.95%。分失地程度来看，100% 失地的农户失地前后户均种植面积减少最多，减少了 9.45 亩，而 75%～100%、50%～75%、0～50% 失地的农户失地前后户均种植面积分别减少了 7.79 亩、6.27 亩和 2.45 亩。

对黄冈市样本农户来说，失地后较失地前户均种植面积减少了 1.70 亩，减少幅度为 51.05%。从失地程度来看，75%～100% 失地的农户失地后较失地前户均种植面积绝对减少最多，减少了 3.28 亩，而 100%、50%～75%、0～50% 失地的农户失地后户均种植面积分别减少了 3.03 亩、1.65 亩和 0.82 亩。

对九江市样本农户来说，失地后较失地前户均种植面积减少了 3.18 亩，减少幅度为 73.10%。分失地程度来看，100% 失地的农户户均种植面积减少最多，失地后较失地前减少了 4.81 亩，而 75%～100%、50%～75%、0～50% 失地的农户失地后户均种植面积分别减少了 3.28 亩、1.65 亩和 0.82 亩。

从三大地区的对比来看，不管失地前还是失地后，襄阳市的户均种植面积均是最大的，这可能与襄阳市的地形条件有关。九江市失地前的户均种植面积多于黄冈市，但失地后的户均种植面积却少于黄冈市，原因主要是九江市的农户大都处于城郊，因而失地程度更大。

（一）失地前后襄阳市农户各类作物种植面积变化分析

根据对调研数据的整理分析，我们得到失地前后襄阳市农户粮食作物、经济作物以及园艺作物的种植面积占比及变化数据，结果如表3-6所示。

表3-6 　　　　　　　襄阳市农户各类作物种植面积占比变化　　　　　　单位:%

失地程度	粮食作物			经济作物			园艺作物		
	失地前	失地后	变化程度	失地前	失地后	变化程度	失地前	失地后	变化程度
100%	89.31	0.00	-89.31	10.37	0.00	-10.37	0.32	0.00	-0.32
75%~100%	88.83	61.21	-27.62	10.95	23.28	12.33	0.22	15.52	15.30
50%~75%	81.79	84.05	2.26	17.99	5.84	-12.15	0.23	10.12	9.89
0~50%	90.32	88.08	-2.24	9.34	9.30	-0.04	0.34	2.62	2.28
全部样本	87.95	84.33	-3.62	11.70	10.07	-1.63	0.35	5.60	5.25

资料来源：根据调研资料整理所得。

就襄阳市全部样本农户来看，失地后与失地前相比，粮食作物的种植面积占比以及经济作物的种植面积占比均有一定的下降，而园艺作物的种植面积占比有明显的上升，原因主要是失地后农户为了获取尽可能多的农业收入，因而调整了种植结构。

分失地程度来看，因100%失地的农户失去了全部土地，故失地后的粮食作物种植面积占比、经济作物种植面积占比、园艺作物种植面积占比均下降为0；75%~100%失地的农户失地后粮食作物的种植面积占比下降了27.62%，因留下来的土地面积极其有限，为了提高单位土地的收入，这些农户增加了经济作物的种植和园艺作物的种植，因而这两种作物失地后的种植面积占比是提高的；50%~75%失地的农户失地后减少了经济作物的种植，原因主要与这些农户的生活习惯、消费习惯有关，即为了满足自给自足的食品消费需要，适当增加了粮食作物的种植和大量增加园艺作物的种植；0~50%失地的农户失地后这三种作物的种植面积占比调整幅度最小，因为这些农户土地减少得最少，具体来看，失地后，园艺作物的种植面积占比略有上升，而粮食作物种植面积占比和经济作物种植面积占比均略有下降。

（二）失地前后黄冈市农户各类作物种植面积变化分析

表3-7给出了失地前后黄冈市农户粮食作物、经济作物以及园艺作物的

种植面积及变化情况。

表 3 - 7　　　　　　　黄冈市农户各类作物种植面积占比变化　　　　　单位:%

失地程度	粮食作物			经济作物			园艺作物		
	失地前	失地后	变化程度	失地前	失地后	变化程度	失地前	失地后	变化程度
100%	80.53	0.00	-80.53	13.20	0.00	-13.20	6.27	0.00	-6.27
75%~100%	70.20	42.65	-27.55	22.22	27.94	5.72	7.58	29.41	21.84
50%~75%	77.52	55.64	-21.88	17.79	30.08	12.29	5.03	14.29	9.25
0~50%	71.71	57.09	-14.62	22.57	27.24	4.67	5.71	15.67	9.96
全部样本	75.08	55.21	-19.87	18.62	28.22	9.60	6.30	16.57	10.27

资料来源：根据调研资料整理所得。

就黄冈市全部样本农户来看，失地后与失地前相比，粮食作物的种植面积占比有较大幅度的下降，而经济作物的种植面积占比和园艺作物的种植面积占比均有明显的提高，原因主要是粮食作物的收入较低，为了提高农业收入，因而调整了种植结构。

从失地程度来看，100%失地的农户失地前种植粮食作物面积最多，园艺作物面积最少，但由于全部失地，失地后各种作物的种植面积占比均减少为0。75%~100%失地的农户因失地后留下来的土地非常有限，为了提高单位土地的收入水平，故减少了粮食作物的种植，而增加了经济作物和园艺作物的种植，尤其是园艺作物的种植面积占比失地后比失地前提高了21.84%。50%~75%失地的农户失地后减少了粮食作物的种植，而增加了经济作物和园艺作物的种植，但经济作物的种植面积增加更多，占比较失地前提高了12.29%。0~50%失地的农户因失地相对最少，故失地后这三种作物的种植面积调整幅度相对较小，具体是粮食作物的种植面积占比下降了14.62%；经济作物的种植面积占比提高了4.67%；园艺作物的种植面积占比提高了9.96%。

（三）失地前后九江市农户各类作物种植面积变化分析

表3-8给出了失地前后九江市农户粮食作物、经济作物以及园艺作物的种植面积及变化情况。

表3-8　　　　　　　　　九江市农户各类作物种植面积占比变化　　　　单位:%

失地程度	粮食作物			经济作物			园艺作物		
	失地前	失地后	变化程度	失地前	失地后	变化程度	失地前	失地后	变化程度
100%	23.91	0.00	-23.91	32.64	0.00	-32.64	43.45	0.00	-43.45
75%~100%	38.08	0.00	-38.08	11.09	16.92	5.84	50.84	83.08	32.24
50%~75%	66.20	0.00	-66.20	12.04	31.75	19.71	21.76	68.25	46.49
0~50%	57.04	22.33	-34.72	5.99	30.23	24.25	36.97	47.44	10.47
全部样本	29.20	14.53	-14.67	28.28	28.21	-0.07	42.53	57.26	14.73

资料来源：根据调研资料整理所得。

就九江市全部样本农户来看，失地前后粮食作物的种植面积占比有较大幅度的下降，经济作物的种植面积占比基本保持稳定，而园艺作物的种植面积占比有明显的提高，原因主要是失地后，为获得更多的农业收入以解决生计问题，被调研农户普遍调整了种植结构。

从失地程度来看，100%失地的农户失地前园艺作物的种植面积最多，经济作物的种植面积次之，而粮食作物的种植面积最少，表明园艺作物对这些农户维持生计是至关重要的，但失地后随着土地的全部失去，这些农户均无法种植各类作物；75%~100%失地的农户因失地后留下来的土地极其有限，为了最大化利用这些土地，这些农户大幅度增加了园艺作物的种植，少量增加经济作物的种植，同时不种植粮食作物；50%~75%失地的农户失地后减少了粮食作物的种植，而增加了经济作物和园艺作物的种植，特别是园艺作物的种植面积增加更多一些，占比比失地前提高了46.49%；0~50%失地的农户失地后则是经济作物的种植面积增加比重最多，占比达到30.23%，园艺作物的种植面积增加比重次之，但由于失地前园艺作物的种植面积占比本来就较高，所以失地后该种作物的种植面积占比是最高的，达到47.44%，而粮食作物的种植面积大量减少，占比仅为22.33%。

上述分析结果显示，从全部样本来看，无论是襄阳市、黄冈市，还是九江市，失地后各类作物种植面积发生变化的共同特征是：粮食作物的种植面积占比较失地前发生下降，甚至是较大幅度的下降，经济作物的种植面积占比失地前后保持基本稳定或失地后较失地前有明显上升，园艺作物的种植面积占比均较失地前发生了明显上升。产生这些变化的原因主要是失地后被调研农户家庭拥有的土地更少，为了让更加稀少的土地产生更多的经济效益，被调研农户家庭选择减少亩均收入较低的粮食作物种植，而增加亩均收入更高的园艺作物或经济作物种植，同时，园艺作物和经济作物相对于粮食作物来说，在经营和管理方面需要投入更多的劳动力，这样还可以避免因失地导致部分劳动力的闲置，其结果是有利于被调研农户家庭收入水平的稳定甚至提高，从而有助于其生计水平的改善。但同时还发现，失地后襄阳市、黄冈市、九江市样本农户各类作物种植面积发生的变化也有一些差异，如九江市失地后园艺作物的种植面积占比已超过55%，但黄冈市和襄阳市园艺作物的种植面积占比均在20%以下，原因主要是九江市的样本农户普遍离城较近，一方面，销售园艺作物更为方便，另一方面，城市的园艺作物价格也较高。

二、失地前后农户养殖业的数量变化

根据调研数据我们发现，绝大多数被调研农户养殖的品种主要集中在猪、鸡和牛三个方面，故本书主要对农户家庭失地前后这三种养殖品种的数量变化进行分析。

（一）失地前后襄阳市农户主要养殖品种的数量变化分析

根据对调研数据的整理，我们得到失地前后襄阳市农户户均主要养殖品种的数量变化情况，如表3-9所示。

表 3-9 襄阳市农户主要养殖品种的数量变化

失地程度	养猪			养鸡			养牛		
	失地前（头）	失地后（头）	相对变化（%）	失地前（只）	失地后（只）	相对变化（%）	失地前（头）	失地后（头）	相对变化（%）
100%	6.40	1.92	-70.00	10.34	1.92	-81.43	0.25	0.00	-100.00
75%~100%	7.33	4.04	-44.88	10.30	5.36	-47.96	0.25	0.07	-72.00
50%~75%	6.19	3.85	-37.80	8.02	4.45	-44.51	0.37	0.30	-18.92
0~50%	12.87	4.43	-65.58	5.41	3.57	-34.01	0.26	0.07	-73.08
全部样本	7.60	3.60	-54.57	9.21	3.85	-51.98	0.27	0.10	-66.00

资料来源：根据调研资料整理所得。

就襄阳市全部样本农户来看，失地后，农户家庭户均养猪的数量减少了4.00头，户均养鸡的数量减少了5.36只，户均养牛数量减少了0.17头。从各种失地程度来看，失地后和失地前相比，100%失地的农户户均养猪、养鸡、养牛的数量均减少较多，分别减少了4.48头、8.42只和0.25头；在75%~100%失地的农户内部，养牛的数量由失地前的0.25头减少到失地后的0.07头，养猪、养鸡的数量分别减少了3.29头和4.94只；在50%~75%失地的农户内部，养牛方面的减少数量是最少的，减少了0.07头，而养猪、养鸡的数量分别减少了2.34头和3.57只；在0~50%失地的农户内部，养牛的数量由失地前的0.26头减少到失地后的0.07头，养鸡的数量减少了1.84只，而在养猪方面的绝对数量减少最多，减少了8.44头。

（二）失地前后黄冈市农户主要养殖品种的数量变化分析

根据对调研数据的整理，我们得到失地前后黄冈市农户户均主要养殖品种的数量变化情况，如表3-10所示。

表 3-10 黄冈市农户主要养殖品种的数量变化

失地程度	养猪			养鸡			养牛		
	失地前（头）	失地后（头）	相对变化（%）	失地前（只）	失地后（只）	相对变化（%）	失地前（头）	失地后（头）	相对变化（%）
100%	3.48	0.00	-100	4.96	0.00	-100	0.25	0.00	-100.00
75%~100%	2.29	0.00	-100	6.79	3.50	-48.45	0.25	0.00	-100.00

续表

失地程度	养猪			养鸡			养牛		
	失地前（头）	失地后（头）	相对变化（%）	失地前（只）	失地后（只）	相对变化（%）	失地前（头）	失地后（头）	相对变化（%）
50%~75%	2.46	0.90	-63.41	4.75	4.40	-7.37	0.37	0.00	-100.00
0~50%	3.29	1.50	-54.41	3.63	3.36	-7.44	0.25	0.05	-80.00
全部样本	2.85	0.40	-85.96	5.05	1.20	-76.24	0.20	0.01	-95.00

资料来源：根据调研资料整理所得。

就黄冈市全部样本农户来看，失地后，农户家庭户均养猪的数量减少了2.45头，户均养鸡的数量减少了3.85只，户均养牛数量减少了0.19头。从各种失地程度来看，失地后和失地前相比，100%失地的农户户均养猪、养鸡、养牛的数量均减少较多，分别减少了3.48头、4.96只和0.25头；在75%~100%失地的农户内部，养牛的数量由失地前的仅有0.25头减少到失地后的0头，养猪、养鸡的数量分别减少了2.29头和3.29只；在50%~75%失地的农户内部，养鸡的绝对数量减少是最少的，减少了0.35只，而养猪、养牛的数量分别减少了1.56头和0.37头；在0~50%失地的农户内部，养牛的数量由失地前的0.25头减少到失地后的0.05头，养鸡的数量减少了0.27只，而在养猪方面的绝对数量减少是最多的，减少了1.79头。

（三）失地前后九江市农户主要养殖品种的数量变化分析

根据对调研数据的整理，我们得到失地前后九江市农户户均主要养殖品种的数量变化情况，如表3-11所示。

表3-11　　　　　　　　　九江市农户主要养殖品种的数量变化

失地程度	养猪			养鸡			养牛		
	失地前（头）	失地后（头）	相对变化（%）	失地前（只）	失地后（只）	相对变化（%）	失地前（头）	失地后（头）	相对变化（%）
100%	8.26	0.21	-97.46	7.23	0.57	-92.12	0.09	0.00	-100.00
75%~100%	2.50	1.14	-54.40	7.71	1.00	-87.03	0.14	0.00	-100.00
50%~75%	12.64	1.64	-87.03	5.21	1.36	-73.90	0.07	0.00	-100.00

失地程度	养猪			养鸡			养牛		
	失地前（头）	失地后（头）	相对变化（%）	失地前（只）	失地后（只）	相对变化（%）	失地前（头）	失地后（头）	相对变化（%）
0~50%	4.09	0.73	-82.15	6.92	2.00	-71.10	0.00	0.00	—
全部样本	8.13	0.46	-94.34	7.39	0.80	-89.17	0.09	0.00	-100.00

资料来源：根据调研资料整理所得。

就九江市全部样本农户来看，失地后，农户家庭户均养猪的数量减少了7.67头，户均养鸡的数量减少了6.59只，户均养牛数量减少了0.09头。从各种失地程度来看，失地后和失地前相比，100%失地的农户户均养猪、养鸡、养牛的数量均减少较多，分别减少了8.05头、6.66只和0.09头；在75%~100%失地的农户内部，失地前养牛的数量仅为0.14头，而失地后降为0，养猪、养鸡的数量分别减少了1.36头和6.71只；在50%~75%失地的农户内部，养牛的数量由失地前的0.07头减少到失地后的0头，而养猪、养牛的数量分别减少了11.00头和3.85头；在0~50%失地的农户内部，失地前和失地后养牛的数量均为0，在养猪、养鸡方面的减少数量分别为3.36头和4.92只。

从以上数据分析中可看出，失地后和失地前相比，襄阳市、黄冈市、九江市被调研农户家庭的主要养殖品种数量均发生一定程度的减少。在养猪方面，失地之前由于被调研农户家庭拥有的土地多，进而生产的粮食也多，但由于卖粮难，很多农户用粮食喂猪，因而猪的养殖数量较多，但失地后，被调研农户家庭的土地减少了，粮食产量也因为粮食作物的种植面积减少而减少了，再加上养猪成本上升和猪肉价格波动大等原因，导致失地后被调研农户家庭的养猪数量大幅度减少。失地后鸡的养殖数量较失地前发生大幅度减少，其原因主要有两个方面：一是由于失地后土地面积减少导致粮食减少，进而养鸡的饲料减少；二是由于近年来禽流感、鸡瘟现象频发，养鸡的风险很高，一旦出现疫情，农户甚至会出现血本无归的情况，即使农户可以采取给鸡注射疫苗的方式降低风险，但这样做的成本又太高，结果导致农户养鸡的积极性大大降低。在养牛方面，农户养牛的主要目的是便于耕种，节省人力，但由于失地后，农户的土地大幅度减少，需要耕牛来进行耕种的情况也较失地前大大减少，故失地后养牛的数量也表现出减少的特征。同时还发现，失地后，襄阳市、黄冈市、九江市被调研农户在主要养殖品数量变化方面也有差异性，表现在：失地后，在九江市的全部样本农户中，没有农户进行牛的养殖，但黄冈市和襄阳市仍有少数的样本农户养牛；在100%失地的样本农户中，失地后，黄冈市没有农户从事养殖活动，但襄阳市和九江市仍有少数农户通过租用别人的土地等方式从事养殖活动。

第三节　失地农户生产投入策略变化

生产投入主要包括种植业生产投入和养殖业生产投入两部分。本节将依次从襄阳市、黄冈市和九江市三个调研区域，来分析失地前后农户种植业生产投入和养殖业生产投入的变化，以把握失地农户生产投入策略的变化情况。

一、失地前后被调研农户种植业的生产投入变化

（一）失地前后襄阳市农户种植业的生产投入变化分析

基于调研数据，我们得到失地前后襄阳市农户种植业的生产投入数据，如表3-12所示。

表3-12　　　　　　襄阳市农户种植各类作物的生产投入占比变化　　　　单位:%

失地程度	粮食作物			经济作物			园艺作物		
	失地前	失地后	变化程度	失地前	失地后	变化程度	失地前	失地后	变化程度
100%	89.63	0.00	-89.63	10.07	0.00	-10.07	0.30	0.00	-0.30
75%~100%	88.80	54.68	-34.12	11.03	20.31	9.28	0.16	25.01	24.85
50%~75%	88.39	70.59	-17.80	11.44	9.38	-2.06	0.17	20.03	19.87
0~50%	88.24	80.29	-7.95	11.44	12.44	1.01	0.32	7.27	6.95
全部样本	89.04	74.89	-14.15	10.72	12.54	1.82	0.24	12.57	12.33

资料来源：根据调研资料整理所得。

在襄阳市全部样本农户种植各类作物的生产投入占比中，粮食作物种植投入占比失地后较失地前减少了14.15个百分点；经济作物种植投入占比失地后比失地前增加了1.82个百分点；园艺作物种植投入占比失地后较失地前提高了12.33个百分点。以上表明，失地后襄阳市农户种植投入结构发生明显变化，即粮食作物种植投入占比明显下降，园艺作物种植投入占比明显上升。

分失地程度来看，在100%失地的农户内部，失地前粮食作物种植投入占比最高，园艺作物种植投入占比最低，但因失地后失去全部土地，这些农户各类作物种植的投入占比均降为0；在75%～100%失地的农户内部，失地前粮食作物种植投入的占比最高，园艺作物种植投入的占比最低，失地后，尽管粮食作物种植投入的占比仍是最高的，但比失地前下降了34.12%，而经济作物种植投入的占比是最低的；50%～75%失地的农户失地前也是粮食作物种植投入占比最高，园艺作物种植投入占比最低，失地后表现为粮食作物种植的投入占比仍是最高的，但比失地前下降了17.80%，经济作物的投入占比是最低的；0～50%失地的农户失地前后各类作物种植的投入占比变化均较小，其中，粮食作物种植的投入占比失地后较失地前下降了7.95%，而园艺作物种植的投入占比和经济作物种植的投入占比分别比失地前提高了6.95%和1.01%。

（二）失地前后黄冈市农户种植业的生产投入变化分析

经过对调研资料的整理，我们得到失地前后黄冈市农户种植业的生产投入数据，具体结果如表3－13所示。

表3－13　　　　黄冈市农户种植各类作物的生产投入占比变化　　　　单位:%

失地程度	粮食作物			经济作物			园艺作物		
	失地前	失地后	变化程度	失地前	失地后	变化程度	失地前	失地后	变化程度
100%	78.49	0.00	-78.49	16.36	0.00	-16.36	5.15	0.00	-5.15
75%～100%	68.80	44.47	-24.32	24.72	28.15	3.43	6.48	27.37	20.89
50%～75%	76.57	57.26	-19.31	19.27	30.12	10.85	4.16	12.63	8.47
0～50%	70.80	57.08	-13.73	24.50	29.26	4.76	4.69	13.66	8.97
全部样本	73.79	55.72	-18.07	20.99	29.39	8.40	5.22	14.89	9.67

资料来源：根据调研资料整理所得。

不管是失地前还是失地后，黄冈市粮食作物种植投入占比均是最大的，经济作物投入占比次之，园艺作物投入占比均是最小的。但变化方向有所不同，粮食作物种植投入占比失地后较失地前下降了18.07个百分点；经济作物种植投入占比失地后较失地前增加了8.40%；园艺作物种植投入占比失地后较失地前提高了9.67个百分点。

分失地程度来看，在100%失地的农户内部，失地前粮食作物种植投入占比最高，达到78.49%，园艺作物种植投入占比最低，为5.15%，但因失去全部土地，失地后这些农户各类作物种植的投入占比均降为0；在75%~100%失地的农户内部，失地前粮食作物种植投入的占比最高，园艺作物种植投入的占比最低，失地后，尽管粮食作物种植投入的占比仍是最高的，但比失地前下降了24.32%，而经济作物种植投入的占比和园艺作物种植投入的占比大体相当，分别为28.15%和27.37%；50%~75%失地的农户失地前也是粮食作物种植投入占比最高，园艺作物种植投入占比最低，失地后虽然还是粮食作物种植的投入占比最高，但比失地前下降了19.31%，园艺作物的投入占比是最低的；0~50%失地的农户失地前后各类作物种植的投入占比变化均较小，其中，粮食作物种植的投入占比失地后较失地前下降了13.73%，而园艺作物种植的投入占比和经济作物种植的投入占比分别比失地前提高了8.97%和4.76%。

（三）失地前后九江市农户种植业的生产投入变化分析

基于调研数据，我们得到失地前后九江市农户种植业的生产投入数据，如表3-14所示。

表3-14　　　　　　九江市农户种植各类作物的生产投入占比变化　　　　单位:%

失地 程度	粮食作物			经济作物			园艺作物		
	失地前	失地后	变化 程度	失地前	失地后	变化 程度	失地前	失地后	变化 程度
100%	20.98	0.00	-20.98	39.62	0.00	-39.62	39.40	0.00	-39.40
75%~100%	39.77	0.00	-39.77	11.12	15.99	4.87	49.11	84.01	34.90
50%~75%	65.52	0.00	-65.52	11.10	33.30	22.20	23.39	66.70	43.31

续表

失地 程度	粮食作物			经济作物			园艺作物		
	失地前	失地后	变化 程度	失地前	失地后	变化 程度	失地前	失地后	变化 程度
0~50%	58.21	20.92	-37.29	6.00	30.41	24.41	35.79	48.67	12.88
全部样本	26.28	13.51	-12.77	34.59	28.08	-6.51	39.13	58.41	19.28

资料来源：根据调研资料整理所得。

不论是失地前还是失地后，九江市全部样本农户园艺作物的种植投入占比均是最高的，经济作物的种植投入占比次之，粮食作物的种植投入占比最小，这是九江市种植业投入结构与襄阳市、黄冈市的最大不同。粮食作物种植投入占比失地后较失地前下降了12.77个百分点；园艺作物种植投入占比失地后较失地前提高了19.28个百分点；经济作物投入占比失地后较失地前下降了6.51个百分点。

分失地程度来看，在100%失地的农户内部，失地前经济作物种植投入占比最高，达到39.62%，粮食作物种植投入占比最低，为20.98%，因失去全部土地，失地后这些农户各类作物种植的投入占比均降为0；在75%~100%失地的农户内部，失地前园艺作物种植投入的占比最高，经济作物种植投入的占比最低，失地后，园艺作物种植投入的占比不仅是最高的，而且大幅度上升至84.01%，因无粮食作物种植故其投入占比为0；50%~75%失地的农户失地前是粮食作物种植投入占比最高，经济作物种植投入占比最低，失地后园艺作物种植的投入占比最高，为66.70%，而无粮食作物种植故占比为0；0~50%失地的农户失地前是粮食作物种植的投入占比最高，经济作物种植的投入占比最低，失地后则是园艺作物种植的投入占比最高，而粮食作物种植的投入占比最低。

上述分析结果显示，无论是襄阳市、黄冈市，还是九江市，被调研农户在种植业生产投入方面发生变化的共同特征是：失地后，粮食作物的生产投入占比均较失地前发生下降，园艺作物的生产投入占比均较失地前上升，甚至是大幅度上升，原因主要是失地后粮食作物的种植面积减少，而园艺作物的种植面积有较大幅度的增加。同时，需要指出的是，襄阳市、黄冈市、九江市被调研农户在种植业生产投入方面发生的变化也有差异性，主要表现在经济作物投入变化方面。黄冈市失地后的经济作物投入占比明显高于失地前，原因主要是失地后经济作物的种植面积占比提高；襄阳市失地后的经济作物投入占比略高于失地前，尽管失地后襄阳市经济作物种植面积占比较失地前略有下降，但由于失地后经济作物种植的亩均成本投入上升，从而导致失地后经济作物投入占比较失地前略高；九江市失地后的经济作物投入占比低于失地前，原因主要是九江市农户失地后更注重园艺作物的种植，从而使得花费在经济作物方面的投入占比较失地前更低。

二、失地前后被调研农户养殖业的生产投入变化

（一）失地前后襄阳市农户养殖业的生产投入变化分析

基于调研数据，我们得到失地前后襄阳市农户养殖业的生产投入数据，如表3–15所示。

表3–15　　　　　襄阳市农户主要养殖品种的生产投入占比变化　　　　单位:%

失地程度	养猪			养鸡			养牛		
	失地前	失地后	变化程度	失地前	失地后	变化程度	失地前	失地后	变化程度
100%	80.57	95.74	15.17	5.78	4.26	-1.52	13.65	0.00	-13.65
75%~100%	82.29	88.85	6.57	5.23	4.80	-0.43	12.48	6.35	-6.14
50%~75%	77.46	71.25	-6.20	4.13	3.72	-0.41	18.42	25.02	6.60
0~50%	91.37	90.84	-0.53	1.76	3.07	1.30	6.86	6.08	-0.78
全部样本	82.97	86.07	3.10	4.47	3.90	-0.57	12.56	10.03	-2.53

资料来源：根据调研资料整理所得。

在襄阳市全部样本农户主要养殖品种的生产投入占比中，无论是失地前还是失地后，农户的养猪投入占比均是最高的，养牛投入占比次之，养鸡投入占比最低。同时，我们还发现，失地后，农户养猪投入占比较失地前有所增加，但养鸡投入占比和养牛投入占比较失地前有所减少。

分失地程度来看，在100%失地的农户内部，失地前养猪的投入占比最

高，达到 80.57%，养鸡投入占比最低，为 5.78%，失地后，养猪的投入占比仍是最高的，且较失地前提高了 15.17 个百分点，养鸡的投入占比下降了 1.52%，而失地后没有农户养牛，故投入占比为 0；在 75%～100% 失地的农户内部，失地前后养猪的投入占比有明显的上升，具体上升了 6.57%，养鸡的投入占比有略微的下降，而养牛的投入占比有明显的下降，下降了 6.14%；50%～75% 失地的农户失地前后养猪投入占比和养鸡投入占比均有所下降，但养牛投入占比反而有所上升；0～50% 失地的农户失地前后各种养殖的投入变化均很小，具体来看，养鸡的投入占比有略微的上升，而养猪投入占比和养牛投入占比均有略微的下降。

（二）失地前后黄冈市农户养殖业的生产投入变化分析

基于调研数据，我们得到失地前后黄冈市农户养殖业的生产投入数据，如表 3-16 所示。

表 3-16　　　　　黄冈市农户主要养殖品种的生产投入占比变化　　　　单位:%

失地程度	养猪			养鸡			养牛		
	失地前	失地后	变化程度	失地前	失地后	变化程度	失地前	失地后	变化程度
100%	82.36	0.00	-82.36	4.76	0.00	-4.76	12.88	0.00	-12.88
75%～100%	66.68	0.00	-66.68	8.46	100.00	91.54	24.86	0.00	-24.86
50%～75%	66.84	83.30	16.46	5.35	16.70	11.35	27.81	0.00	-27.81
0～50%	73.49	81.79	8.30	3.43	7.84	4.41	23.09	10.37	-12.72
全部样本	72.99	81.63	8.64	5.39	10.23	4.84	21.62	8.14	-13.48

资料来源：根据调研资料整理所得。

在黄冈市全部样本农户主要养殖品种的生产投入占比中，失地前，养猪投入占比最高，占比为 72.99%，养牛投入占比次之，占比为 21.62%，养鸡投入占比最低，仅为 5.39%；失地后，养猪投入占比仍为最高，占比为 81.63%，养鸡投入占比次之，为 10.23%，养牛投入占比最低，仅为 8.14%。我们发现，失地后，黄冈市农户养牛投入占比较失地前有所减少，但养猪投入占比和养鸡投入占比较失地前均有所增加。

分失地程度来看，在100%失地的农户内部，失地前养猪的投入占比最高，达到82.36%，养鸡投入占比最低，为4.76%，失地后，没有农户进行养殖活动，故各项投入占比均为0；在75%~100%失地的农户内部，失地前是养猪的投入占比最高，为66.68%，养鸡的投入占比最低，为8.46%，但失地后这些农户只有鸡的养殖；50%~75%失地的农户失地前是养猪的投入占比最高，为66.84%，养鸡的投入占比最低，为5.35%，但在失地后，养猪的投入占比进一步提高，养鸡的占比也有所提高，这些农户中没有人进行牛的养殖；0~50%失地的农户则表现为失地前后均是养猪的投入占比最高，而养鸡的投入占比最低。

（三）失地前后九江市农户养殖业的生产投入变化分析

基于调研数据，我们得到失地前后九江市农户养殖业的生产投入数据，如表3-17所示。

表3-17　　　　　九江市农户主要养殖品种的生产投入占比变化　　　单位:%

失地程度	养猪			养鸡			养牛		
	失地前	失地后	变化程度	失地前	失地后	变化程度	失地前	失地后	变化程度
100%	92.19	89.45	-2.74	3.52	10.55	7.03	4.29	0.00	-4.29
75%~100%	71.42	96.31	24.89	9.96	3.69	-6.27	18.62	0.00	-18.62
50%~75%	96.10	96.37	0.27	1.62	3.63	2.01	2.29	0.00	-2.29
0~50%	92.59	89.07	-3.52	7.41	10.93	3.52	0.00	0.00	0.00
全部样本	92.44	92.79	0.35	3.50	7.21	3.71	4.06	0.00	-4.06

资料来源：根据调研资料整理所得。

在九江市全部样本农户主要养殖品种的生产投入占比中，失地前，养猪投入占比最高，具体为92.44%，相比之下，养牛投入占比和养鸡投入占比均较少，分别为4.06%和3.50%；失地后，养猪投入占比仍为最高，具体为92.79%，养鸡投入占比次之，为7.21%，养牛投入占比最低，具体为0。我们还发现，失地后，九江市全部样本农户养猪投入占比和养鸡投入占比较失地前均有所增加，养牛投入占比较失地前明显减少。

分失地程度来看，在 100% 失地的农户内部，失地前养猪的投入占比最高，达到 92.19%，养鸡投入占比最低，为 3.52%，失地后，仍然是养猪的投入占比最高，但没有农户进行牛的养殖；在 75%~100% 失地的农户内部，失地前也是养猪的投入占比最高，为 71.42%，养鸡的投入占比最低，为 9.96%，但失地后由于没有牛的养殖，故养猪的投入占比更高，为 96.31%，但养鸡的投入占比有所下降；50%~75% 失地的农户失地前后养猪的投入占比均在 96% 以上，而养鸡和养牛的投入占比均很低，尤其是失地后没有牛的养殖；0~50% 失地的农户失地前后均没有牛的养殖，而养猪的投入占比均在 90% 上下，养鸡的投入占比均在 10% 上下。

上述分析结果显示，襄阳市、黄冈市、九江市被调研农户在主要养殖品种投入变化方面的共同特征有：一是失地后三大被调研地区养牛投入占比均较失地前显著下降，原因主要是失地后被调研农户牛的养殖数量非常少甚至为 0。二是失地后三大被调研地区养猪投入占比均较失地前有所提高，原因主要是：失地后因牛的养殖数量非常少甚至为 0，故在养牛方面的投入迅速减少甚至投入为 0；尽管失地后还有一些鸡的养殖，但一只鸡的养殖成本投入比一头猪的养殖成本投入要低得多，因此，尽管失地后因养猪数量的减少导致养猪的绝对投入也比失地前少，但由于失地后养鸡和养牛的投入非常少，故在由养猪、养鸡和养牛构成的总投入中，养猪投入的占比更高了。同时还发现，三大被调研地区农户在主要养殖品种投入变化方面也有不同之处，如襄阳市失地后的养鸡投入占比较失地前发生下降，但黄冈市、九江市失地后的养鸡投入占比均较失地前有所提高，原因主要是失地后黄冈市和九江市在养牛方面的投入非常少甚至没有投入，故相对来说在养鸡方面的投入可以更多一些。

第四节　失地农户消费策略变化

农户的消费是多种多样的，因而要准确、全面刻画农户的消费情况是比较困难的，这也说明要想得到比较科学、合理的消费测度结果，指标的选取是非常关键的。本节主要选取食物消费数量、人均住房面积、合作医疗保险人数等来刻画农户的消费状况，进而反映失地农户的消费策略变化情况。

一、失地前后襄阳市农户消费策略变化

基于调研数据，我们得到失地前后襄阳市农户消费策略变化数据，如表3－18所示。

表3－18　　　　　　　　　　　　　襄阳市农户消费策略变化

失地程度	人均年食物消费量			人均住房面积			合作医疗保险人数		
	失地前（斤）	失地后（斤）	相对变化（%）	失地前（平方米）	失地后（平方米）	相对变化（%）	失地前（人）	失地后（人）	相对变化（%）
100%	504.84	455.34	－9.81	54.31	49.23	－9.35	471.00	507.00	7.64
75%～100%	498.30	456.89	－8.31	52.92	49.08	－7.26	323.00	358.00	10.84
50%～75%	491.50	458.02	－6.81	59.22	57.52	－2.87	206.00	222.00	7.77
0～50%	473.52	452.19	－4.50	61.44	60.24	－1.95	224.00	248.00	10.71
全部样本	495.07	455.62	－7.97	55.95	52.60	－5.99	1224.00	1335.00	9.07

资料来源：根据调研资料整理所得。

从表3－18可以看出：襄阳市全部样本农户的人均年食物消费量失地前为495.07斤，失地后为455.62斤，失地后较失地前减少了7.97%；人均住房面积在失地前为55.95平方米，失地后为52.60平方米，失地后较失地前减少了5.99%；合作医疗保险人数在失地前为1224人，失地后增加为1335人，相对变化率为9.07%。

分失地程度来看，失地后和失地前相比，襄阳市样本农户人均年食物消费量相对变化最大的是100%失地的农户，消费量由失地前的504.84斤减少为失地后的455.34斤，减少了9.81%；人均年食物消费量相对变化最小的为0～50%失地的农户，消费量由失地前的473.52斤减少为失地后的452.19斤，减少了4.50%。襄阳市农户人均住房面积相对变化最大的也是100%失地的农户，人均住房面积由失地前的54.31平方米减少为失地后的49.23平方米，减少了9.35%；人均住房面积相对变化最小的为0～50%失地的农户，人均

住房面积由失地前的 61.44 平方米减少为失地后的 60.24 平方米, 减少了 1.95%。襄阳市合作医疗保险人数相对变化最大的是 75% ~ 100% 失地的农户, 合作医疗保险人数由失地前的 323 人增加到失地后的 358 人, 增加了 10.84%; 合作医疗保险人数相对变化最小的为 100% 失地的农户, 合作医疗保险人数由失地前的 471 人增加为失地后的 507 人, 增加了 7.64%。

二、失地前后黄冈市农户消费策略变化

基于调研数据, 我们得到失地前后黄冈市农户消费策略变化数据, 如表 3 – 19所示。

表 3 – 19 　　　　　　　　　　黄冈市农户消费策略变化

失地 程度	人均年食物消费量			人均住房面积			合作医疗保险人数		
	失地前 (斤)	失地后 (斤)	相对变化 (%)	失地前 (平方米)	失地后 (平方米)	相对变化 (%)	失地前 (人)	失地后 (人)	相对变化 (%)
100%	465.35	432.75	– 7.01	39.24	38.43	– 2.06	251	259	3.19
75% ~ 100%	479.34	452.18	– 5.67	44.59	43.87	– 1.61	144	160	11.11
50% ~ 75%	468.52	446.07	– 4.79	44.51	43.90	– 1.37	157	166	5.73
0 ~ 50%	474.38	456.51	– 3.77	46.03	45.54	– 1.06	129	140	8.53
全部样本	470.93	444.65	– 5.58	42.93	42.24	– 1.61	681	725	6.46

资料来源: 根据调研资料整理所得。

由表 3 – 19 可知: 黄冈市全部样本农户的人均年食物消费量失地前为 470.93 斤, 失地后为 444.65 斤, 失地后较失地前减少了 5.58%; 人均住房面积在失地前为 42.93 平方米, 失地后为 42.24 平方米, 失地后较失地前减少了 1.61%; 合作医疗保险人数在失地前为 681 人, 失地后增加为 725 人, 失地后较失地前增加了 6.46%。

分失地程度来看, 失地后和失地前相比, 在人均年食物消费量方面, 相对变化最大的是 100% 失地的农户, 人均年食物消费量由失地前的 465.35 斤减少为失地后的 432.75 斤, 减少了 7.01%; 相对变化最小的为 0 ~ 50% 失地的农户, 人均年食物消费量由失地前的 474.38 斤减少为失地后的 456.51 斤,

减少了 3.77%。在人均住房面积方面，相对变化最大的也是 100% 失地的农户，人均住房面积由失地前的 39.24 平方米减少为失地后的 38.43 平方米，减少了 2.06%；相对变化最小的为 0~50% 失地的农户，人均住房面积由失地前的 46.03 平方米减少为失地后的 45.54 平方米，减少了 1.06%。在合作医疗保险参保人数方面，相对变化最大的是 75%~100% 失地的农户，合作医疗保险人数由失地前的 144 人增加为失地后的 160 人，增加了 11.11%；相对变化最小的为 100% 失地的农户，合作医疗保险人数由失地前的 251 人增加为失地后的 259 人，增加了 3.19%。

三、失地前后九江市农户消费策略变化

基于调研数据，我们得到失地前后九江市农户消费策略变化数据，如表 3-20 所示。

表 3-20 九江市农户消费策略变化

失地程度	人均年食物消费量			人均住房面积			合作医疗保险人数		
	失地前（斤）	失地后（斤）	相对变化（%）	失地前（平方米）	失地后（平方米）	相对变化（%）	失地前（人）	失地后（人）	相对变化（%）
100%	493.91	442.03	-10.50	75.12	71.13	-5.31	736.00	817.00	11.01
75%~100%	466.75	419.52	-10.12	68.31	64.82	-5.11	65.00	78.00	20.00
50%~75%	420.04	400.16	-4.73	71.30	68.39	-4.08	104.00	115.00	10.58
0~50%	451.10	438.08	-2.89	65.22	64.16	-1.63	119.00	137.00	15.13
全部样本	479.59	435.84	-9.12	73.09	69.59	-4.79	1024	1147	12.01

资料来源：根据调研资料整理所得。

九江市全部样本农户的人均年食物消费量失地前为 479.59 斤，失地后为 435.84 斤，失地后较失地前减少了 9.12%；人均住房面积在失地前为 73.09 平方米，失地后为 69.59 平方米，失地后较失地前减少了 4.79%；合作医疗保险人数在失地前为 1024 人，失地后增加为 1147 人，失地后较失地前增加了 12.01%。

分失地程度来看，失地后和失地前相比，在人均年食物消费量方面，相

对变化最大的是 100% 失地的农户，人均年食物消费量由失地前的 493.91 斤减少为失地后的 442.03 斤，减少了 10.50%；相对变化最小的为 0～50% 失地的农户，人均年食物消费量由失地前的 451.10 斤减少为失地后的 438.08 斤，减少了 2.89%。在人均住房面积方面，相对变化最大的也是 100% 失地的农户，人均住房面积由失地前的 75.12 平方米减少为失地后的 71.13 平方米，减少了 5.31%；相对变化最小的为 0～50% 失地的农户，人均住房面积由失地前的 65.22 平方米减少为失地后的 64.16 平方米，减少了 1.63%。在合作医疗保险参保人数方面，相对变化最大的是 75%～100% 失地的农户，合作医疗保险人数由失地前的 65 人增加为失地后的 78 人，增加了 20.00%；相对变化最小的为 50%～75% 失地的农户，合作医疗保险人数由失地前的 104 人增加为失地后的 115 人，增加了 10.58%。

上述分析结果显示，失地后，三大被调研地区农户在消费策略变化方面的共同特征有：一是人均年食物消费量均较失地前有所减少，且失地程度越深，减少的幅度越大，原因主要是失地前被调研农户有相当一部分食物可以实现自给自足，但在失地后，农户需要的很大一部分食物需要购买才能获得，农户为了节省开支，能省则省，故在人均年食物消费量方面有所减少。二是人均住房面积均较失地前发生减少，原因主要是失地后部分农户的住房被征收。三是参加合作医疗保险的人数较失地前有所增加，原因主要是失地给被调研农户生计带来一定的冲击，为了应对生计风险，有更多的农户参加了合作医疗保险。但也发现，三大被调研地区农户在消费策略变化方面也有差异性，如黄冈市样本农户的人均住房面积变化幅度明显小于襄阳市和九江市，原因主要是在黄冈市被调研农户中，征收过住房的农户较少。

第四章　失地农户生计模式及转型

本章首先介绍农户生计模式的划分依据和失地前后农户生计模式的主要类型。在此基础上，对失地农户生计模式转型的特征进行分析，最后选用合适的计量模型分析失地农户生计模式转型对生计结果的影响。

第一节　失地农户生计模式划分

本节首先把握农户生计模式的划分依据，然后对失地前后农户生计模式的类型进行陈述。

一、农户生计模式划分依据

（一）理论依据

农户行为理论告诉我们，农户家庭主要是根据其家庭资源禀赋的情况来进行生计策略的选择。若一个理性农户没有选择较优的生计策略，而是选择了低回报的生计策略，原因肯定是该农户在选择较优生计策略时受到了资源禀赋的限制。

假定失地农户 i 根据其拥有的生计资源禀赋情况选择最优的生计策略，进而实现其收入或福利的最大化，则有：

$$y_i = F_i(A_i)\varepsilon_i \qquad\qquad (4-1)$$

其中，y_i 为失地农户 i 根据其资源禀赋情况选择的生计活动，F_i 为失地农户 i 生计资源禀赋的递增函数，A_i 为失地农户 i 拥有的生计资产，ε_i 为随机误差项。一般来说，农户对生计资产组合的最终配置结果就是农户的生计策略，而农户的生计活动则随生计策略的不同而不同，在不同的生计活动影响下，失地农户的生计结果也会有所不同。则失地农户全部家庭的收入为：$Y = \sum y_i$，如果失地农户 i 要实现生计资本组合的收入或福利最大化，则需要失地农户 i 在已有资本条件下使其资源禀赋达到最优配置，即有 A_0：

$$y_i = \max_{A_i} U(\sum iy_i) = \sum iF_i(A_i) + \varepsilon_i \quad s.t \quad \sum A_I \leqslant A_0 \quad (4-2)$$

其中，失地农户作出的最终选择就是失地农户的最优生计策略选择，然后基于失地农户作出的最优生计策略进行分类，就可得出失地农户不同的生计模式。

（二）变量选取依据

根据调研我们发现，随着时间的推移，大多数农户家庭的谋生手段不再仅仅局限于种植业和养殖业生产，而是形成由种植业、养殖业、本地非农活动以及外地非农活动等组成的多种谋生手段。不同的谋生手段所获得的收入是不同的，故本书选取收入作为划分农户生计模式的变量，如果非农活动获得的收入在农户总收入中的占比超过 50%，则农户的生计模式是以非农活动为主型的；如果务农活动获得的收入在农户总收入中的占比超过 50%，则农户的生计模式就是以农业活动为主型的；如果农户的收入全部来自农业活动，则农户的生计模式为纯农业活动；如果农户的收入全部来自非农活动，则农户的生计模式为纯非农活动。按照这样的划分标准，我们得到农户采用的生计模式主要有四大类。

1. 纯农业生计模式

农户家庭的劳动力完全从事农业生产活动，对其农业生产活动细分，又可以分为种植业和养殖业两大类。根据农户家庭作物种植的品种不同，我们又可以将农户家庭的种植情况区分为粮食作物种植和经济作物种植两大类。那么，对于一个农户家庭来说，在种植业方面究竟是以经济作物种植为主还是以粮食作物种植为主，可以依据农户家庭的种植收入来确定，即如果一个农户家庭的经济作物种植收入超过总种植收入的50%，则该农户家庭在种植业方面是以经济作物种植为主，反之则是以粮食作物种植为主，如果是养殖收入占总收入的50%以上，则把这些农户归为以养殖为主型。因此，结合农户的种植和养殖情况，纯农业生计模式包括纯粮食作物种植农户、纯经济作物种植农户、纯家庭专业养殖农户、以粮食作物为主种植兼养殖的农户、以养殖为主兼粮食作物为主种植的农户、以养殖为主兼经济作物为主种植的农户和以经济作物为主种植兼养殖的农户等七种类型。需要说明的是，在理论上，这里的类型还应包括以粮食作物为主兼经济作物种植的农户、以经济作物为主兼粮食作物种植的农户这两类，但从样本数据来看，没有这两类农户。因为在被调研样本中，如果某个农户在种植业方面既有经济作物种植，也有粮食作物种植，我们发现这个农户还兼有养殖活动。对于这样的农户，在分类时，我们这样来处理：第一步，先根据种植收入和养殖收入的高低来判断是以种植为主还是以养殖为主。第二步，如果是以种植为主，则在种植业内部，再来考察是以经济作物为主种植，还是以粮食作物为主种植。如果是以经济作物为主种植，则把这个农户的生计类型界定为经济作物为主种植兼养殖；如果是粮食作物为主种植，则把这个农户的生计类型界定为以粮食作物为主种植兼养殖。第三步，如果是以养殖为主，则同样要细分种植业的情况，在种植业内部，如果是以经济作物为主种植，则把这个农户的生计类型界定为以养殖为主兼经济作物为主种植；如果是以粮食作物为主种植，则把这个农户的生计类型界定为以养殖为主兼粮食作物为主种植。关于纯农业农户生计模式的详细分类情况参见附录。

2. 以农业为主、非农为辅的生计模式

这一类生计模式是指农户主要从事农业生产，但也从事非农打工或非农经营等非农活动。在农户的总收入中，如果农业收入占总收入的50%以上，则这些农户采用的是以农业为主、非农为辅的生计模式。以农业为主、非农为辅的生计模式主要包括以粮食作物为主兼打工农户（这种类型农户的总收入由农业收入和打工收入构成，且农业收入占总收入的比重超过 50%，同时在农业收入内部，粮食作物种植的收入又超过农业收入的 50%）、以经济作物种植为主兼打工农户（这种类型农户的总收入由农业收入和打工收入构成，且农业收入占总收入的比重超过 50%，同时在农业收入内部，经济作物种植的收入又超过农业收入的 50%）、以粮食作物种植为主兼经营农户（这种类型农户的总收入由农业收入和经营收入构成，且农业收入占总收入的比重超过 50%，同时在农业收入内部，粮食作物种植的收入又超过农业收入的 50%）、以经济作物种植为主兼经营农户（这种类型农户的总收入由农业收入和经营收入构成，且农业收入占总收入的比重超过 50%，同时在农业收入内部，经济作物种植的收入又超过农业收入的 50%）等四类。需要说明的是，其他的类型，如以养殖为主兼经营、以养殖为主兼打工，根据对调研数据的统计，我们的样本中并没有这样的农户。关于以农业为主、非农为辅的农户详细分类情况参见附录。

3. 以非农为主、农业为辅的生计模式

这一类生计模式是指农户家庭的劳动力既从事非农打工或非农经营等活动，但同时也从事农业生产活动。在农户的总收入中，如果农户非农收入占总收入 50% 以上，则这些农户采用的是以非农为主、农业为辅的生计模式。以非农为主、农业为辅的生计模式主要包括以打工为主兼粮食作物种植为主的生计模式（这种类型农户的总收入由打工收入和农业收入构成，且打工收入占总收入的比重超过 50%，同时在农业收入内部，粮食作物种植的收入又超过农业收入的 50%）、以打工为主兼经济作物种植为主的生计模式（这种类型农户的总收入由打工收入和农业收入构成，且打工收入占总收入的比重超过 50%，同时在农业收入内部，经济作物种植的收入又超过农业收入的 50%）、以经营为主兼粮食作物种植为主的生计模式（这种类型农户的总收入由经营收入和农业收入构成，且经营收入占总收入的比重超过 50%，同时在农业收入内部，粮食作物种植的收入又超过农业收入的 50%）、以经营为主兼经济作物种植为主的生计模式（这种类型农户的总收入由经营收入和农业收入构成，且经营收入占总收入的比重超过 50%，同时在农业收入内部，经济作物种植的收入又超过农业收入的 50%）、以经营为主兼养殖的生计模式

（这种类型农户的总收入由经营收入和养殖收入构成，且经营收入占总收入的比重超过50%）、以打工为主兼养殖的生计模式（这种类型农户的总收入由打工收入和养殖收入构成，且打工收入占总收入的比重超过50%）等六类。关于以非农为主、农业为辅的农户详细分类情况参见附录。

4. 纯非农生计模式

失地后农户完全脱离农业生产活动，在本地或外地从事非农打工或非农经营活动，我们把这样的生计模式称为纯非农生计模式。在这种生计模式下，非农活动收入是农户家庭的全部收入。农户的纯非农生计模式主要包括纯打工、纯经营、打工为主兼经营、经营为主兼打工四种类型。其中，打工包括本地打工和外地打工，经营也包括本地经营和外地经营，如果一个农户家庭有人打工有人经营，则根据打工和经营的收入来划分，一个家庭的打工收入高于经营收入（或打工收入超过家庭总收入的50%）则划分为打工为主兼经营，反之，则划分为经营为主兼打工。关于纯非农农户详细分类情况参见附录。

根据以上划分标准，我们得到全部样本农户家庭生计模式的类别及相应户数，如表4－1所示。

表4－1　　　　　　　全部样本农户家庭生计模式的类别及相应户数　　　　单位：户

生计类型	生计模式代码	总户数		
		失地前	失地后	绝对变化
纯农业农户	M1	198	25	－173
以农业为主、非农为辅农户	M2	47	5	－42
以非农为主、农业为辅农户	M3	502	195	－307
纯非农农户	M4	34	556	522
合计		781	781	0

资料来源：根据调研资料整理所得。

二、失地前后农户生计模式分类

依据被调查农户的种植业收入占比、养殖业收入占比以及非农活动收入占比的不同，我们将失地前后农户的生计模式归纳为纯农业农户，以农业为主、非农为辅农户，以非农为主、农业为辅农户以及纯非农农户等四种，各种生计模式下农户的占比情况如表4-2所示。

表4-2   不同生计模式农户分布情况   单位:%

类型	编码	失地前	失地后
纯农业农户	M1	25.35	3.20
以农业为主、非农为辅农户	M2	6.02	0.64
以非农为主、农业为辅农户	M3	64.28	24.97
纯非农农户	M4	4.35	71.19
总户数		100.00	100.00

资料来源：根据调研资料整理所得。

从表4-2可看出，被调研农户的生计模式有四种，分别分析如下。

生计模式1：纯农业农户（M1）。选择这种生计模式的农户在种植业方面种植的品种有粮食作物和经济作物两类，在养殖方面主要为养鸡、养猪和养牛等。采用这一生计模式的农户失地前占比达到25.35%，但在失地后下降为3.20%。

生计模式2：以农业为主、非农为辅农户（M2）。选择这种生计模式的农户在种植业或养殖业方面的收入均占到总收入的50%以上。采用这一生计模式的农户失地前占比为6.02%，在失地后这一占比迅速下降为0.64%。在选择这种生计模式的农户中，也兼有从事本地打工、本地经营或外出务工等活动类型。

生计模式3：以非农为主、农业为辅农户（M3）。选择这种生计模式的农户在打工或经营方面的收入均占到总收入的50%以上，采用这种生计模式的农户失地前占比高达64.28%，但失地后下降到24.97%。同时，在选择这种生计模式的农户中，也兼有从事养殖、粮食作物种植、经济作物种植等活动类型。

生计模式4：纯非农农户（M4）。选择这种生计模式的农户完全以从事非农活动作为其生计来源，从表4-2可看出，失地后采用这一生计模式的农户占比大幅度提高，主要原因是失地后很多农户如果继续从事种植或养殖活动获得的收入非常有限，具体来看，失地后这一占比为71.19%，但失地前这一占比仅为4.35%，失地后比失地前提高了66.84个百分点。在这种生计模式下，具体又包括四种情况：一是纯打工农户，又可细分为本地打工农户和外地打工农户；二是纯经营农户；三是打工兼经营农户；四是经营兼打工农户。

从表4-2可看出，失地后，以纯务农活动、以农业为主非农为辅、以非农为主农业为辅作为其生计模式的农户占比明显下降，但以纯非农活动作为其生计模式的农户占比大幅上升。具体来看，失地前采用纯务农活动、以农业为主非农为辅和以非农为主农业为辅这三种生计模式的农户占比之和高达95.65%，但失地后采用这三种生计模式的农户占比之和迅速下降为28.81%，失地后比失地前下降了66.84个百分点，尤其是采用以非农为主农业为辅这种生计模式的农户占比下降程度最大，失地后比失地前下降了39.31个百分点。与此同时，失地后采用纯非农活动这一生计模式的农户占比有明显上升，失地后比失地前上升了66.84个百分点。

第二节　失地农户生计模式转型特征分析

本节首先对全部样本农户生计模式的转型特征进行分析，然后依据失地程度的不同，分别对襄阳市、黄冈市和九江市农户的生计模式转型特征进行分析。

一、全部样本农户生计模式转型的特征

为得到全部样本农户生计模式转型的特征，我们首先需要把握失地前后全部样本农户生计模式的转型情况。结果如表4-3所示。

表4-3 全部样本农户失地前后生计模式转型情况

生计类型	失地前		失地后							
			M1		M2		M3		M4	
	户数	占比(%)	户数	占比(%)	户数	占比(%)	户数	占比(%)	户数	占比(%)
M1	198	25.35	18	9.09	2	1.01	29	14.65	149	75.25
M2	47	6.02	2	4.26	0	0.00	3	6.38	42	89.36
M3	502	64.28	5	1.00	3	0.60	161	32.07	333	66.33
M4	34	4.35	0	0.00	0	0.00	2	5.88	32	94.12
总计	781	100.00	25	3.20	5	0.64	195	24.97	556	71.19

注：M1、M2、M3、M4分别表示纯农业、以农业为主非农为辅、以非农为主农业为辅、纯非农四种生计模式。

资料来源：根据调研资料整理所得。

从表4-3可看出，在总共被调研的781个农户中，失地前采用纯农业、以农业为主非农为辅、以非农为主务农为辅、纯非农活动这四种生计模式的农户数分别为198户、47户、502户和34户，占全部样本农户的25.35%、6.02%、64.28%和4.35%。因此，失地前采用以非农为主农业为辅生计模式的农户是最多的，主要是由于被调研农户的非农收入较高，农产品价格低且成本高导致农业收入较低造成的；而采用纯非农生计模式的农户是最少的，原因主要是有些纯非农农户在外打工长期不回家，使得本研究团队对农户进行入户调查时无法对这些纯非农农户开展调研。失地后，转向采用纯非农生计模式的农户数是最多的，达到556户，原因主要是这些农户中的绝大多数属于完全失地，但也有一部分农户因农业收入太低而主动放弃农业活动；而采用以农业为主非农为辅生计模式的农户数是最少的，仅有5户，这些农户失地后由于土地面积的减少，他们除了主要从事农业之外，还从事一些技术含量不高的非农活动。

从各种生计模式的转型来看，均呈现出和上述变化同样的特征，即不管被调研农户失地前采用何种生计模式，失地后转为采用纯非农生计模式的农户数均是最多的，而转为以农业为主非农为辅生计模式的农户数均是最少的。如在失地前采用纯农业生计模式的198个农户中，失地后，因土地面积大量减少和非农活动可以获得更高收入的利益驱使，使得转为采用纯非农生计模式的农户数达到 149 户，占比高达 75.25%，而采用以农业为主非农为辅生计模式的农户数仅有 2 户；在失地前采用以非农为主农业为辅生计模式的 502 个农户中，失地后，因为这些农户的观念开放、接受程度较高，因而有多达 333 个农户转为采用纯非农的生计模式，仅有 3 个农户因失地后调整种植结构需要增加农业劳动力投入而转为以农业为主非农为辅的生计模式。

同时，还需要特别说明的是，在失地前采用以农业为主非农为辅生计模式的 47 个农户中，失地后有 1 个农户因为家里有老人需要照顾，还有 1 个农户因失地程度较小而改变种植结构（失地前种红薯，失地后种大棚蔬菜）需要增加劳动力投入，故这 2 个农户选择了纯农业的生计模式。在失地前采用以非农为主农业为辅生计模式的 502 个农户中，有 5 个农户均是因为家里有老人或小孩需要照顾而选择了纯农业的生计模式。在失地前采用纯非农生计模式的 34 个农户中，失地后有 2 个农户因在本地非农务工，因而开展了少量的养殖活动，从而将生计模式调整为以非农为主农业为辅的生计模式。

通过以上分析，我们可以总结得到全部样本农户失地前后生计模式的转型特征是：由失地前采用以非农为主农业为辅生计模式的农户转为失地后采用纯非农生计模式的农户数量最多；失地后和失地前相比，采用纯农业、以农业为主非农为辅、以非农为主农业为辅这三种生计模式的农户占比均有所降低，甚至是大幅度下降，而采用纯非农生计模式的农户占比大幅度提升。

二、不同区域样本农户生计模式转型的特征

（一）襄阳市不同失地程度农户生计模式转型情况分析

表 4-4 给出了襄阳市不同失地程度农户生计模式的转型情况。

表 4-4　　　　　　　襄阳市不同失地程度农户生计模式转型情况

失地程度	失地前			失地后							
	生计类型	户数	占比（%）	M1		M2		M3		M4	
				户数	占比（%）	户数	占比（%）	户数	占比（%）	户数	占比（%）
0~50%	M1	7	12.96	1	14.29	0	0.00	5	71.42	1	14.29
	M2	0	0.00	0	0.00	0	0.00	0	0.00	0	0.00
	M3	46	85.19	0	0.00	0	0.00	39	84.78	7	15.22
	M4	1	1.85	0	0.00	0	0.00	0	0.00	1	100.00
	合计	54	100.00	1	1.85	0	0.00	44	81.48	9	16.67
50%~75%	M1	11	19.30	2	18.18	0	0.00	2	18.18	7	63.64
	M2	7	12.28	0	0.00	0	0.00	1	14.29	6	85.71
	M3	36	63.16	1	2.78	1	2.78	17	47.22	17	47.22
	M4	3	5.26	0	0.00	0	0.00	0	0.00	3	100.00
	合计	57	100.00	3	5.26	1	1.75	20	35.09	33	57.90
75%~100%	M1	13	15.29	1	7.69	2	15.39	0	0.00	10	76.92
	M2	8	9.41	0	0.00	0	0.00	1	12.50	7	87.50
	M3	62	72.94	0	0.00	0	0.00	17	27.42	45	72.58
	M4	2	2.35	0	0.00	0	0.00	0	0.00	2	100.00
	合计	85	100.00	1	1.18	2	2.35	18	21.18	64	75.29
100%	M1	29	22.14	0	0.00	0	0.00	0	0.00	29	100.00
	M2	13	9.92	0	0.00	0	0.00	0	0.00	13	100.00
	M3	89	67.94	0	0.00	0	0.00	1	1.12	88	98.88
	M4	0	0.00	0	0.00	0	0.00	0	0.00	0	0.00
	合计	131	100.00	0	0.00	0	0.00	1	0.76	130	99.24
总计		327	100.00	5	1.53	3	0.92	83	25.38	236	72.17

资料来源：根据调研资料整理所得。

在襄阳市被调研的 327 个农户中，失地前采用纯农业生计模式、以农业为主非农为辅生计模式、以非农为主农业为辅生计模式、纯非农生计模式的农户数分别为 60 户、28 户、233 户和 6 户，占襄阳市被调研农户总数的 18.35%、8.56%、71.25% 和 1.83%。从中可看出，襄阳市失地前采用以非农为主务农为辅生计模式的农户最多，原因主要是一方面非农活动收入高，但另一方面这些农户还经营土地，有一定的农业收入；而采用纯非农生计模式的农户最少，主要是由于襄阳市的尹集村和白云村距离城市较远，这两个村的很多纯非农农户长期在外打工不回家，故无法对这些农户开展入户调查造成的。失地后，因全部失地和农业收入过低一些农户主动放弃农业活动等原因转为采用纯非农生计模式的农户数是最多的，达到236户，而因土地面积大量减少转为采用以农业为主非农为辅生计模式的农户数是最少的，仅有3户。由此可得出襄阳市农户生计模式转型的特征是：由失地前采用以非农为主农业为辅生计模式的农户转为失地后采用纯非农生计模式的农户数量最多；失地后采用纯非农生计模式的农户数发生了大量增加，而采用其他三种生计模式的农户数均发生了减少，甚至是大幅度的减少。

失地程度在0～50%的农户共54户。失地前，采用以非农为主农业为辅生计模式的农户数最多，达到46户，失地后，尽管采用以非农为主农业为辅生计模式的农户数略有下降，但仍达到44户。同时还发现，失地后和失地前相比，为获取更多的收入，采用纯非农生计模式的农户增加了8户，而采用纯农业生计模式的农户减少了6户。不管是失地前还是失地后，均没有农户采用以农业为主非农为辅的生计模式，原因主要是农业收入过低。由此可总结得到失地程度在0～50%农户的生计模式转型特征是：失地后转为采用纯非农生计模式的农户明显增加，同时，采用纯农业生计模式的农户明显减少；不管是失地前，还是失地后均呈现出采用以非农为主农业为辅生计模式的农户最多，而采用以农业为主非农为辅生计模式的农户最少（具体为0）。

失地程度在50%～75%的农户共57户，失地程度在75%～100%的农户共85户。在这两类失地程度的农户中，失地前，均表现为采用以非农为主农业为辅生计模式的农户是最多的，分别达到36户和62户，采用纯非农生计模式的农户是最少的，分别仅为3户和2户；但在失地后，随着采用纯农业、以农业为主非农为辅、以非农为主农业为辅这三种生计模式的农户均有不同程度的减少，采用纯非农生计模式的农户数明显增加，分别达到33户和64户，并已成为大多数农户的生计模式选择。同时，需要说明的是，对失地程度在50%～75%的农户来说，在失地前采用以非农为主农业为辅生计模式的36户中，失地后，有1户因家里有老人需要照顾而选择了纯农业的生计模式，还有1户因调整种植结构需要增加农业劳动力投入而选择了以农业为主非农为辅的生计模式。由此总结得到失地程度为50%～75%的农户和失地程度为75%～100%的农户在生计模式转型方面的共同特征都是：由失地前采用以非农为主农业为辅生计模式的农户转为失地后采用纯非农生计模式的农户数量最多。但这两种失地程度农户的生计模式转型特征也有差异性，如失地程度在50%～75%的农户是由失地前采用纯非农生计模式的农户数最少（3户）转为失地后采用以农业为主非农为辅生计模式的农户数最少（1户），但失地程度在75%～100%的农户则是由失地前采用纯非农生计模式的农户数最少（2户）转为失地后采用纯农业生计模式的农户数最少（1户），产生这一差异的原因是失地程度越深，农户采用纯农业生计模式的概率越低。

100%失地的农户共131户。失地前，采用以非农为主农业为辅生计模式的农户最多，达到89户，而没有农户采用纯非农的生计模式，失地后，采用纯农业、以农业为主非农为辅这两种生计模式的农户数均减少为0，而仅仅只有1个农户因失地前有少量的养殖活动而失地后这些养殖活动还需要继续一段时间，故失地后暂时保留以非农为主农业为辅的生计模式，但采用纯非农生计模式的农户数迅速增加，达到130户，纯非农生计模式已成为失地后大多数农户的生计模式选择。从中可总结得到100%失地农户的生计模式转型特征是：由失地前采用以非农为主农业为辅生计模式的农户转型为失地后高度统一的纯非农生计模式的农户数量最多。

（二）黄冈市不同失地程度农户生计模式转型情况分析

下面从失地程度的不同来分析黄冈市失地农户生计模式的转型情况及特征。表4－5描述了黄冈市不同失地程度农户生计模式转型情况。

表 4－5　　　　　　　　黄冈市不同失地程度农户生计模式转型情况

失地程度	失地前			失地后							
	生计类型	户数	占比（%）	M1		M2		M3		M4	
				户数	占比（%）	户数	占比（%）	户数	占比（%）	户数	占比（%）
0~50%	M1	6	18.18	3	50.00	0	0.00	3	50.00	0	0.00
	M2	0	0.00	0	—	0	—	0	—	0	—
	M3	27	81.82	0	0.00	0	0.00	27	100.00	0	0.00
	M4	0	0.00	0	—	0	—	0	—	0	—
	合计	33	100.00	3	9.09	0	0.00	30	90.91	0	0.00
50%~75%	M1	9	25.00	2	22.22	0	0.00	6	66.67	1	11.11
	M2	0	0.00	0	—	0	—	0	—	0	—
	M3	27	75.00	1	3.70	0	0.00	24	88.89	2	7.41
	M4	0	0.00	0	—	0	—	0	—	0	—
	合计	36	100.00	3	8.33	0	0.00	30	83.33	3	8.33
75%~100%	M1	6	16.22	1	16.67	0	0.00	4	66.67	1	16.67
	M2	0	0.00	0	—	0	—	0	—	0	—
	M3	31	83.78	1	3.23	0	0.00	19	61.29	11	35.48
	M4	0	0.00	0	—	0	—	0	—	0	—
	合计	37	100.00	2	5.41	0	0.00	23	62.16	12	32.43
100%	M1	11	20.37	0	0.00	0	0.00	0	0.00	11	100.00
	M2	1	1.85	0	0.00	0	0.00	0	0.00	1	100.00
	M3	42	77.78	0	0.00	0	0.00	0	0.00	42	100.00
	M4	0	0.00	0	—	0	—	0	—	0	—
	合计	54	100.00	0	0.00	0	0.00	0	0.00	54	100.00
总计		160	100.00	8	5.00	0	0.00	83	51.88	69	43.13

资料来源：根据调研资料整理所得。

在黄冈市被调研的 160 个农户中，失地前采用纯农业生产、以农业为主非农为主、以非农为主农业为辅、纯非农活动这四种生计模式的农户数分别为 32 户、1 户、127 户和 0 户，分别占黄冈市被调研农户总数的 20.00%、0.63%、79.38% 和 0%。从中可发现，失地前，黄冈市采用以非农为主农业为辅生计模式的农户是最多的，原因主要是非农收入较高，同时这些农户拥有土地还有一定的农业收入。黄冈市没有农户采用纯非农生计模式，主要原因有两点：一是由于有些被调研村庄，如平湖村，距离城市较远，因而很多纯非农农户在外打工长期不回家，故无法对他们开展入户调查；二是在能够进行入户调查的这些农户中，因失地前各个农户均有土地，从而有一定的农业收入。失地后，因受到失去大量土地甚至是全部土地和非农活动收入更高双重因素的影响，采用纯农业、以农业为主非农为辅、以非农为主农业为辅这三种生计模式的农户数均有所减少，分别比失地前减少了 24 户、1 户和 44 户，而采用纯非农生计模式的农户数大大增加，达到 69 户。尽管发生了这些变化，但失地后仍然是采用以非农为主农业为辅生计模式的农户是最多的，为 83 户，原因可能与这些农户受家庭、身体的影响没办法离家，同时当地与外界联系不够积极主动有关。同时，还需要指出的是，在失地前采用以非农为主农业为辅生计模式的 127 个农户中，有 2 个农户因家里有老人或小孩需要照顾而选择纯农业的生计模式。由上述分析可总结得到黄冈市失地农户生计模式转型的特征是：失地后，采用纯农业生产、以农业为主非农为辅、以非农为主农业为辅这三种生计模式的农户均是减少的，而采用纯非农生计模式的农户是增加的；不论是失地前还是失地后，均是采用以非农为主农业为辅生计模式的农户是最多的。

失地程度在 0～50% 的农户共 33 户。失地前这部分农户只采用了两种生计模式，分别是以非农为主农业为辅生计模式（27 户）和纯农业生计模式（6 户），失地后农户仍然只采取这两种生计模式，具体是采用以非农为主农业为辅生计模式的农户增加到 30 户，而采用纯农业生计模式的农户减少到 3 户。失地后为什么没有农户采用纯非农生计模式，原因可能与这些农户的失地程度较小，同时受家庭和身体的影响不能离家有关。由此可得出失地程度在 0～50% 农户生计模式转型的特征是：不管是失地前还是失地后，农户均只采用纯农业、以非农为主农业为辅这两种生计模式，且以非农为主农业为辅生计模式是绝大多数农户的生计模式选择；失地后，采用纯农业生计模式的农户减少，而采用以非农为主农业为辅生计模式的农户增加。

失地程度在 50%～75% 的农户共 36 户。失地前农户同样只采用了两种生计模式，分别是以非农为主农业为辅生计模式（27 户）和纯农业生计模式（9 户），失地后，受土地减少和对更高收入的追逐，采用纯农业生计模式的农户减少了 6 户，而采用以非农为主农业为辅和纯非农这两种生计模式的农户各增加了 3 户。这里需要说明的是，在失地前采用以非农为主农业为辅的 27 个农户中，有 1 个农户因为家里有老人需要照顾而选择了纯农业的生计模式。因此，我们可得到失地程度在 50% ~ 75% 农户的生计模式转型的特征是：不管是失地前还是失地后，均是采用以非农为主农业为辅生计模式的农户是最多的；失地后，采用纯农业生计模式的农户减少，而采用以非农为主农业为辅和纯非农这两种生计模式的农户均有所增加。

失地程度在 75% ~ 100% 的农户共 37 户。失地前，农户只选择两种生计模式，分别是以非农为主农业为辅生计模式（31 户）和纯农业生计模式（6 户）。失地后，受农户失地程度较大和获取更高收入的影响，采用纯农业、以非农为主农业为辅这两种生计模式的农户均有所减少，分别减少了 4 户和 8 户，而采用纯非农生计模式的农户增加了 12 户。这里需要说明的是，在失地前采用以非农为主农业为辅的 31 个农户中，有 1 个农户因为照顾小孩而选择了纯农业的生计模式。由此可得到失地程度在 75% ~ 100% 农户的生计模式转型特征是：失地后采用以非农为主农业为辅生计模式的农户仍是最多的，但户数较失地前有所减少；失地后采用纯农业生计模式的农户减少，而采用纯非农生计模式的农户明显增加。

100% 失地的农户共 54 户。失地前采用纯农业、以农业为主非农为辅、以非农为主农业为辅、纯非农活动这四类生计模式的农户分别为 11 户、1 户、42 户和 0 户，占比分别为 20.37%、1.85%、77.78% 和 0%。失地后，这些农户因全部失地均采用了纯非农的生计模式。从中可得到 100% 失地农户生计模式转型的特征是：由失地前采用以非农为主农业为辅生计模式的农户转变为失地后高度统一的纯非农生计模式的农户数量最多。

（三）九江市不同失地程度农户生计模式转型情况分析

表 4 - 6 描述了九江市不同失地程度农户生计模式转型情况。

表4-6 九江市不同失地程度农户生计模式转型情况

失地程度	生计类型	失地前		失地后							
				M1		M2		M3		M4	
		户数	占比（%）	户数	占比（%）	户数	占比（%）	户数	占比（%）	户数	占比（%）
0~50%	M1	8	25.00	0	0.00	0	0.00	4	50.00	4	50.00
	M2	1	3.13	0	0.00	0	0.00	1	100.00	0	0.00
	M3	17	53.13	0	0.00	1	5.88	7	41.18	9	52.94
	M4	6	18.75	0	0.00	0	0.00	1	16.67	5	83.33
	合计	32	100.00	0	0.00	1	3.13	13	40.63	18	56.25
50%~75%	M1	10	34.48	5	50.00	0	0.00	3	30.00	2	20.00
	M2	1	3.45	1	100.00	0	0.00	0	0.00	0	0.00
	M3	15	51.72	0	0.00	0	0.00	3	20.00	12	80.00
	M4	3	10.34	0	0.00	0	0.00	0	0.00	3	100.00
	合计	29	100.00	6	20.69	0	0.00	6	20.69	17	58.62
75%~100%	M1	6	27.27	3	50.00	0	0.00	2	33.33	1	16.67
	M2	1	4.55	1	100.00	0	0.00	0	0.00	0	0.00
	M3	11	50.00	2	18.18	1	9.09	4	36.36	4	36.36
	M4	4	18.18	0	0.00	0	0.00	0	0.00	4	100.00
	合计	22	100.00	6	27.27	1	4.55	6	27.27	9	40.91
100%	M1	82	38.86	0	0.00	0	0.00	0	0.00	82	100.00
	M2	15	7.11	0	0.00	0	0.00	0	0.00	15	100.00
	M3	99	46.92	0	0.00	0	0.00	3	3.03	96	96.97
	M4	15	7.11	0	0.00	0	0.00	1	6.67	14	93.33
	合计	211	100.00	0	0.00	0	0.00	4	1.90	207	98.10
总计		294	100.00	12	4.08	2	0.68	29	9.86	251	85.37

资料来源：根据调研资料整理所得。

　　在九江市被调研的294个农户中，失地前采用纯农业生产、以农业为主非农为辅、以非农为主农业为辅、纯非农活动这四种生计模式的农户数分别为106户、18户、142户和28户，分别占九江市被调研农户总数的36.05%、6.12%、48.30%和9.52%。从中可发现，失地前，采用以非农为主农业为辅生计模式的农户是最多的，原因主要是农户非农劳动收入较高，同时农户因经营土地还有一定的农业收入。采用纯非农生计模式的农户和襄阳市、黄冈市相比是较多的，原因主要是九江市被调研的各个村庄，均离城市较近，因而有一部分纯非农农户白天在城市从事非农活动，但晚上就回到村里，因而我们可以对这些农户开展入户调查。采用以农业为主非农为辅生计模式的农户最少的主要原因是由于九江市被调研农户距离城市较近，可以更为方便地从事非农工作。失地后，采用纯农业、以农业为主非农为辅、以非农为主农业为辅这三种生计模式的农户均急剧减少，分别比失地前减少了94户、16户和117户，而采用纯非农生计模式的农户数大量增加，具体达到251户。从中可总结得到九江市农户失地前后生计模式转型的特征是：由失地前选择以非农为主农业为辅的农户转变为失地后选择纯非农生计模式的农户最多；不管失地前还是失地后选择以农业为主非农为辅生计模式的农户均是最少的。

失地程度在0~50%的农户共32户。失地前，四种生计模式均有农户采用，但具体的户数差别较大，如采用以非农为主农业为辅生计模式的有17户，但采用以农业为主非农为辅生计模式的只有1户，造成这一差异的主要原因是非农收入较高，而农业活动成本高、风险大导致收入较低。失地后，采用纯非农生计模式的农户明显增加，达到18户，成为大多数农户的生计模式选择，原因主要是受失地的影响，农业收入较失地前更低，有些农户主动放弃农业活动而专门从事非农活动。相比之下，采用纯农业生计模式的农户减少为0，采用以农业为主非农为辅的农户仍然仅有1户，采用这些生计模式的农户很少，原因也是农业收入过低，而采用以非农为主农业为辅生计模式的农户因思想开放，接受能力较强，因而失地后有9户转向了纯非农生计模式，致使失地后采用以非农为主农业为辅生计模式的农户减少。需要说明的是，在失地前采用以非农为主农业为辅生计模式的17个农户中，有1个农户因种植结构调整需要更多农业劳动力而转向采用以农业为主非农为辅的生计模式。在失地前采用纯非农生计模式的6个农户中，有1个农户因小孩出生需要照顾转为采用以非农为主农业为辅的生计模式。

失地程度在50%~75%的农户共29户。失地前，采用以非农为主农业为辅生计模式的农户最多，达到15户，而采用纯非农生计模式的农户最少，原因主要是非农收入较高，而农户经营土地还有一定的农业收入。失地后，在土地大量减少和非农收入较高等因素的影响下，采用纯农业、以农业为主非农为辅、以非农为主农业为辅这三种生计模式的农户均有所减少，分别比失地前减少了4户、1户和9户，而采用纯非农生计模式的农户明显增加，达到17户，已成为多数农户选择的生计模式。需要说明的是，在失地前采用以农业为主非农为辅生计模式的1个农户因失地后年龄增大难以实现非农就业而转为纯农业的生计模式。

失地程度在75%～100%的农户共22户。失地前，采用以非农为主农业为辅生计模式的农户最多，达到11户，但采用以农业为主非农为辅生计模式的农户仅有1户，原因主要是非农收入高，而农业活动投资大风险高导致收入低。失地后，采用纯农业、以农业为主非农为辅这两种生计模式的农户数没有变化，仍然是6户和1户，原因可能是受家庭因素的影响不能外出，以及与生活习惯有关；采用以非农为主农业为辅的农户因思想开放，接受能力较强等因素，使得有些农户转向了纯非农的生计模式，故采用纯非农生计模式的农户失地后明显增加，达到9户，占比也是最高的，达到40.91%。需要说明的是，在失地前采用纯农业生计模式的6户中，失地后有3户仍然保留纯农业生计模式，原因是这3户中的1户开展了专业养殖，而另外两户进行纯经济作物种植（蔬菜）。在失地前采用以农业为主非农为辅生计模式的2户中，失地后有1户因年龄增大很难找到非农就业机会从而转向纯农业的生计模式。在失地前采用以非农为主农业为辅生计模式的农户中，有1个农户因年龄增大导致劳动力人数减少且非农就业能力有限而转为采用纯农业的生计模式，还有1个农户因调整种植结构需要较多的农业劳动力而转为以农业为主非农为辅的生计模式。

100%失地的农户共211户。失地前，采用以非农为主农业为辅生计模式的农户最多，达到99户，但采用以农业为主非农为辅生计模式的农户和采用纯非农生计模式的农户均较少，均仅有15户。产生这一差异的原因是：一是失地前大多数农户均经营一定的土地；二是非农收入高，农业收入因成本高风险大而较低。失地后，有207个农户因全部失去土地而选择了纯非农的生计模式，但还有4个农户失地后除了非农活动之外，还从事少量的养殖活动而选择了以非农为主农业为辅的生计模式。

从上述分析中我们可总结得到：失地程度在 0 ~ 50% 的农户、失地程度在 50% ~ 75% 的农户、失地程度在 75% ~ 100% 的农户，失地后他们的生计模式转型特征比较一致，即均是由失地前采用以非农为主农业为辅生计模式的农户转为失地后采用纯非农生计模式的农户最多。100% 失地农户生计模式转型最为突出的特征是由失地前采用多种多样的生计模式转为失地后比较统一的纯非农生计模式。

第三节　失地农户生计模式转型对生计结果的影响

本节首先对失地后不同生计模式的生计结果进行分析，然后选用合适的计量模型分析模式转型对生计结果的影响。

一、失地后不同生计模式的生计结果分析

失地后农户的生计结果可以从农户的收入、消费、住房情况等方面来分析。因此，后文主要从失地农户采用不同生计模式后的收入情况、失地农户采用不同生计模式后的消费支出情况以及失地后采用不同生计模式农户的住房情况等方面来分析。

（一）失地后采用不同生计模式农户的收入情况分析

根据调研结果，农户纯收入主要由三部分组成：一是种植业收入；二是养殖业收入；三是其他收入①。在这里，为了方便统计与比较，我们统一用户均年收入作为统计分析口径来考察。

1. 全部样本农户失地前后采用不同生计模式的收入情况分析

表 4 - 7 给出了全部样本农户失地前后采用不同生计模式后的收入情况。

---

① 其他收入主要包括农户自身创办企业收入、农户劳动力务工形成的工资性收入、以出租土地等形式获得的财产性收入以及通过政府补贴、救济等方式获取的转移性收入。

表4-7　　　　全部样本农户失地前后采用不同生计模式后的收入情况　　　单位：元

生计类型	失地前		失地后								
	户数	户均收入	M1		M2		M3		M4		均值
			户数	户均收入	户数	户均收入	户数	户均收入	户数	户均收入	
M1	198	24554	18	10807	2	14765	29	30798	149	37382	33773
M2	47	28452	2	11225	0	0	3	35038	42	40770	39147
M3	502	37551	5	15920	3	21833	161	39541	333	46049	43517
M4	34	38418	0	0	0	0	2	61760	32	46856	47733
总计	781	33746	25	11863	5	19006	195	38399	556	43374	40967

资料来源：根据调研资料整理所得。

　　失地前，采用纯非农生计模式的农户获得的户均收入是最高的，达到38418元，采用纯农业生计模式的农户获得的户均收入是最低的，仅为24554元，而采用以非农为主农业为辅和以农业为主非农为辅这两种生计模式的农户获得的户均收入分别排在第二位和第三位，产生这一差异的原因主要是从事非农活动的收入普遍较高，而从事农业活动投资大风险高导致收入普遍较低。失地后，因大量失去土地和很多农户向非农活动的生计模式转型，导致采用纯农业、以农业为主非农为辅这两种生计模式的农户获得的户均收入较失地前明显下降，分别仅为11863元和19006元，相比之下，采用以非农为主农业为辅和纯非农这两种生计模式的农户获得的户均收入均有所提高，尤其是纯非农生计模式的农户获得的户均收入提高更多，具体提高了4956元。

　　从各种生计模式的转型来看，均呈现出和上述变化同样的特征，即失地后采用纯非农生计模式的农户获得的户均收入是最多的，且较失地前有较大幅度增加；采用以非农为主农业为辅生计模式的农户获得的户均收入排在第二位，且较失地前也有一定程度的增加；采用以农业为主非农为辅生计模式的农户获得的户均收入排在第三位，且因土地减少和从事非农活动较少导致收入较失地前有所下降；采用纯农业生计模式获得的收入是最低的，且因土地减少和无人从事非农活动导致收入较失地前有大幅度的减少。

2. 襄阳市农户失地前后采用不同生计模式的收入情况分析

表4-8描述了襄阳市失地农户在各种失地程度下采用不同生计模式后的收入情况。

表4-8　　　襄阳市农户失地前后采用不同生计模式后的收入情况　　　单位：元

失地程度	生计类型	失地前		失地后							
				M1		M2		M3		M4	
		户数	户均收入	户数	户均收入	户数	户均收入	户数	户均收入	户数	户均收入
0-50%	M1	7	30747	1	14490	0	0	5	46608	1	45000
	M2	0	0	0	0	0	0	0	0	0	0
	M3	46	35937	0	0	0	0	39	38541	7	46693
	M4	1	85500	0	0	0	0	0	0	1	39100
	均值	54	36182	1	14490	0	0	44	39458	9	45661
50%~75%	M1	11	31054	2	5656	0	0	2	24826	7	48714
	M2	7	23437	0	0	0	0	1	29625	6	34750
	M3	36	40768	1	20100	1	15000	17	34946	17	48441
	M4	3	62333	0	0	0	0	0	0	3	60667
	均值	57	37900	3	10471	1	15000	20	33668	33	47121
75%~100%	M1	13	19250	1	3352	2	14765	0	0	10	49785
	M2	8	27938	0	0	0	0	1	16490	7	34114
	M3	62	41963	0	0	0	0	17	40927	45	47318
	M4	2	43000	0	0	0	0	0	0	2	64500
	均值	85	37194	1	3352	2	14765	18	39570	64	46797
100%	M1	29	31557	0	0	0	0	0	0	29	65909
	M2	13	26506	0	0	0	0	0	0	13	51896
	M3	89	40950	0	0	0	0	1	66650	88	51440
	M4	0	0	0	0	0	0	0	0	0	0
	均值	131	37437	0	0	0	0	1	66650	130	54713
总均值		327	37247	5	9851	3	14843	83	38415	236	51160

资料来源：根据调研资料整理所得。

对襄阳市被调研的全部327个农户来说，失地前，采用纯非农生计模式的农户获得的户均收入是最多的；采用以非农为主农业为辅生计模式的农户获得的户均收入排在第二位，原因主要是从事非农活动收入较高，而从事农业活动的收入较低；同时还发现，采用以农业为主非农为辅生计模式的农户获得的户均收入低于采用纯农业生计模式的农户，原因主要是采用纯农业生计模式的农户户均获得的养殖收入比以农业为主非农为辅生计模式的农户收入高近8000元。失地后，因土地大量减少和农业收入较低等因素的影响，采用纯农业生计模式的农户获得的户均收入较失地前降幅最大，仅为9851元；采用以农业为主非农为辅生计模式的农户获得的户均收入也比失地前有明显下降，为14843元；而采用纯非农、以非农为主农业为辅这两种生计模式的农户因非农收入较高且相对稳定，故获得的户均收入均保持在较高水平，分别为51160元和38415元。

失地程度在0~50%的农户共54户。失地前，采用纯非农生计模式的1个农户获得的户均收入非常高，达到85500元，原因主要是这1户从事非农经营，且市场行情很好，收入很高；采用以非农为主农业为辅生计模式的农户获得的户均收入为35937元，收入水平也相对较高；采用纯农业生计模式的农户因户均土地面积达到19.11亩使得他们获得的户均收入也不是太低，具体达到30747元。失地后，采用纯农业生计模式的1个农户因土地面积减少导致户均收入下降为14490元；采用以非农为主农业为辅生计模式的农户因非农活动工资上涨导致户均收入增长为39458元；采用纯非农生计模式的农户较失地前增加8户，故户均收入比失地前只有1个很高收入的纯非农农户的收入要少，具体为45661元，但这一收入水平在四种生计模式中也是最高的。需要说明的是，失地前采用纯非农生计模式的1个农户，失地后因非农经营市场行情变差和经营成本增加双重因素，导致户均收入由失地前的85500元减少到失地后的39100元。

失地程度在50%~75%的农户共57户。失地前，因非农活动收入较高，导致纯非农生计模式的农户获得的户均收入是最高的，为62333元；以非农为主农业为辅生计模式的农户获得的户均收入排在第二位，为40768元。同时还发现，采用纯农业生计模式的农户获得的户均收入比采用以农业为主非农为辅生计模式的农户要多，原因主要是采用纯农业生计模式获得的养殖收入比以农业为主非农为辅的农户高出近8000元。失地后，随着土地的大量减少，采用纯农业生计模式的农户不仅减少，收入也大大下降，户均收入仅为10471元；采用以农业为主非农为辅生计模式的农户只有1户，户均收入减少为15000元；因非农活动收入更高，失地后采用纯非农生计模式的农户明显增加，导致失地后户均收入水平没有失地前采用纯非农生计模式的农户较少时高，具体为47121元，但在四种生计模式中仍是最高的；随着采用纯非农生计模式的农户越来越多，而采用以非农为主以农业为辅的农户数也相应减少，再加上这些农户的农业收入因土地大量减少而下降较多，导致这些农户的户均收入也比失地前低，具体为33668元。需要指出的是，在失地前采用纯农业生计模式的农户中，失地后有2个农户仍采用纯农业生计模式，但由于这2户的户均土地面积仅剩1亩，导致户均收入大幅度下降，仅为5656元。

失地程度在75%～100%的农户共85户。失地前，各种生计模式下的户均收入所表现出来的特征与襄阳市全部样本农户是一致的，即因非农活动收入高，农业收入低导致纯非农生计模式农户的户均收入最高，以非农为主农业为辅生计模式农户的户均收入次之，以农业为主非农为辅生计模式农户的户均收入排在第三，而纯农业生计模式农户的户均收入最少。失地后，因土地减少了18.1亩，导致仍然采用纯农业生计模式的这1户的户均收入仅为3352元；受农业收入减少和非农收入较高双重因素的影响，导致采用以农业为主非农为辅生计模式农户的户均收入也下降为14765元；由于土地减少导致农业收入减少，从而使得以非农为主农业为辅生计模式农户的户均收入也较失地前有小幅度的减少，具体为39570元；由于非农活动收入高且工资上涨的影响，导致失地后采用纯非农生计模式农户的户均收入较失地前有所增长，具体为46797元。需要说明的是，失地前，在采用以农业为主非农为辅生计模式的8个农户中，失地后，有1个农户转为以非农为主农业为辅的生计模式，但户均收入为16490元，比这8户失地前的户均收入低10000多元，原因主要是这1户的收入水平较低，失地前的收入仅为10130元。

100%失地的农户共131户。失地前，没有农户采用纯非农的生计模式，因非农活动收入较高，导致采用以非农为主农业为辅生计模式农户的户均收入是最高的，达到 40950 元；同时我们得到，采用以农业为主非农为辅生计模式农户的户均收入低于采用纯农业生计模式的农户，原因主要是采用纯农业生计模式获得的养殖收入比以农业为主非农为辅生计模式的农户明显要多。失地后，仅有 1 个农户选择了以非农为主农业为辅的生计模式，但这个农户开展经营活动的效益较好，因而收入很高，达到 66650 元；相比而言，有多达 130 个农户选择了纯非农的生计模式，因户数太多导致户均的收入没有采用以非农为主农业为辅生计模式的 1 个农户高，但绝对水平也很高，具体为 54713 元。

3. 黄冈市农户失地前后采用不同生计模式后的收入情况分析

表 4-9 描述了黄冈市各种失地程度下的农户采用不同生计模式后的收入情况。

表 4-9　　　　　黄冈市农户失地前后采用不同生计模式后的收入情况　　　　　单位：元

失地程度	失地前			失地后							
	生计类型	户数	户均收入	M1		M2		M3		M4	
				户数	户均收入	户数	户均收入	户数	户均收入	户数	户均收入
0~50%	M1	6	9033	3	2200	0	0	3	34850	0	0
	M2	0	0	0	0	0	0	0	0	0	0
	M3	27	31467	0	0	0	0	27	41616	0	0
	M4	0	0	0	0	0	0	0	0	0	0
	均值	33	27388	3	2200	0	0	30	40939	0	0
50%~75%	M1	9	8011	2	1750	0	0	6	30317	1	30000
	M2	0	0	0	0	0	0	0	0	0	0
	M3	27	37215	1	17000	0	0	24	42818	2	26500
	M4	0	0	0	0	0	0	0	0	0	0
	均值	36	29914	3	6833	0	0	30	40318	3	27667
75%~100%	M1	6	10083	1	1600	0	0	4	38500	1	20000
	M2	0	0	0	0	0	0	0	0	0	0
	M3	31	28450	1	5000	0	0	19	42725	11	47676
	M4	0	0	0	0	0	0	0	0	0	0
	均值	37	25472	2	3300	0	0	23	41990	12	45370

续表

失地程度	生计类型	失地前		失地后							
		户数	户均收入	M1		M2		M3		M4	
				户数	户均收入	户数	户均收入	户数	户均收入	户数	户均收入
100%	M1	11	17114	0	0	0	0	0	0	11	30091
	M2	1	13000	0	0	0	0	0	0	1	5000
	M3	42	34563	0	0	0	0	0	0	42	42381
	M4	0	0	0	0	0	0	0	0	0	0
	均值	54	30609	0	0	0	0	0	0	54	39185
总均值		160	28600	8	4213	0	0	83	41006	69	39760

资料来源：根据调研资料整理所得。

在黄冈市所有被调研的 160 个农户中，失地前，没有农户采用纯非农生计模式，因非农收入较高，而农业活动因成本高风险大导致收入较低，使得采用以非农业为主农业为辅生计模式的农户获得的户均收入最高，具体为32976 元；采用以农业为主非农为辅生计模式的农户获得的户均收入次之，为13000 元；而采用纯农业生计模式的农户获得的户均收入最低，为 11720 元。失地后，因土地大量减少导致采用纯农业生计模式的农户户均收入大幅度下降，具体为 4213 元；因非农工作工资提高，再加上有 71 个农户失地前就已采用以非农为主农业为辅的生计模式，故失地后工作效率更高，导致采用以非农为主农业为辅生计模式的农户户均收入比失地前明显增加，具体为 41006元；失地后，采用纯非农生计模式的农户有 69 户，因为这 69 户均属于初次转型到纯非农活动中，因而工作熟练程度相对欠缺，故他们的户均收入比采用以非农为主农业为辅生计模式农户的户均收入略低，具体为 39760 元。需要说明的是，在失地前采用纯农业生计模式的 32 户中，失地后仍有 6 户采用纯农业生产模式，但户均收入仅为 1950 元，主要原因是失地后户均土地面积太少，仅为 1.53 亩。在失地前采用以农业为主非农为辅生计模式的 1 个农户失地后转为纯非农生计模式，但由于刚开始从事纯非农活动需要开支的费用较多，包括交通费、住宿费以及生活费等，使得这 1 户的收入较失地前有所下降，具体为 5000 元。

失地程度在 0 ~ 50% 的农户共 33 户。失地前，农户仅采用两种生计模式，且因非农收入高，农业收入低的原因，导致采用以非农为主农业为辅生计模式农户的户均收入较高，为 31467 元，而采用纯农业生计模式农户的户均收入较低，仅为 9033 元。失地后，由于失地程度较小，仍然没有农户采用纯非农的生计模式。受非农活动收入高且工资上涨的影响，采用以非农为主农业为辅农户生计模式的户均收入明显增加，具体为 40939 元，相比之下，由于土地减少，农产品价格波动大以及受自然灾害的影响，导致采用纯农业生计模式农户的户均收入下降较多，具体为 2200 元。

失地程度在 50% ~ 75% 的农户共 36 户。失地前，在农户采用的两种生计模式中，因非农收入较高，务农收入较低等原因，导致采用以非农为主农业为辅生计模式农户的户均收入较高，达到 37215 元，而采用纯农业生计模式农户的户均收入较低，仅为 8011 元。失地后，因土地大量减少，导致仍然采用纯农业生计模式农户的户均收入减少，为 6833 元；由于非农工资上涨以及很多农户失地前就已采用以非农为主农业为辅的生计模式，从事非农工作非常熟练，故失地后采用以非农为主农业为辅生计模式农户的户均收入增长明显，具体为 40318 元；失地后由于采用纯非农生计模式的 3 户均是首次从事纯非农活动，故这 3 户的户均收入不及采用以非农为主农业为辅生计模式的农户那么高，具体为 27667 元。需要指出的是，在失地前采用纯农业生计模式的 9 户中，失地后仍有 2 户采用纯农业的生计模式，但因户均土地面积仅为 1.85 亩，再加上农产品价格波动大等原因导致这 2 户的户均收入很低，仅为 1750 元。

失地程度在 75% ~ 100% 的农户共 37 户。失地前，因农业收入与非农收入之间的差距较大，导致采用以非农为主农业为辅生计模式农户的户均收入较高，为 28450 元，而采用纯农业生计模式农户的户均收入较低，仅为 10083 元。失地后，因农户的失地程度非常高，导致采用纯农业生计模式农户的户均收入下降较多，具体为 3300 元；因非农活动收入高且工资上涨，但农业收入低且不稳定，导致采用纯非农生计模式农户的户均纯收入是最多的，为 45370 元；采用以非农为主农业为辅生计模式农户的户均纯收入也较多，为 41990 元。需要说明的是，在失地前采用纯农业生计模式的 6 个农户中，失地后仍有 1 个农户采用纯农业生计模式，但收入仅为 1600 元，原因主要是这 1 户失地后仅剩 0.5 亩的土地面积，同时也没有养殖活动；在失地前采用以非农为主农业为辅生计模式的 31 个农户中，失地后有 1 个农户转为纯农业生计模式，但收入仅为 5000 元，原因主要是无非农活动，同时土地面积仅为 0.6 亩。

100% 失地的农户共 54 户。失地前，因非农活动收入较高，故采用以非农为主农业为辅生计模式农户获得的户均收入最多，为 34563 元，但我们还得出，采用纯农业生计模式农户获得的户均收入比采用以农业为主非农为辅的农户高，原因主要是采用纯农业生计模式农户获得的养殖收入要显著高于采用以农业为主非农为辅的农户。失地后，54 个农户均采用纯非农的生计模式，户均收入水平也较高，达到 39185 元。

4. 九江市农户失地前后采用不同生计模式后的收入情况分析

表 4 - 10 描述了九江市各种失地程度下的农户采用不同生计模式后的收入情况。

表 4 - 10　　　　九江市农户失地前后采用不同生计模式后的收入情况　　　单位：元

失地程度	失地前			失地后							
	生计类型	户数	户均收入	M1		M2		M3		M4	
				户数	户均收入	户数	户均收入	户数	户均收入	户数	户均收入
0 ~ 50%	M1	8	8713	0	0	0	0	4	15975	4	39600
	M2	1	28800	0	0	0	0	1	59000	0	0
	M3	17	31814	0	0	1	28000	7	35423	9	45067
	M4	6	34317	0	0	0	0	1	42050	5	50740
	均值	32	26414	0	0	1	28000	13	31762	18	45428
50% ~ 75%	M1	10	24374	5	22788	0	0	3	22601	2	127500
	M2	1	30000	1	12050	0	0	0	0	0	0
	M3	15	22581	0	0	0	0	3	31700	12	39633
	M4	3	44257	0	0	0	0	0	0	3	52000
	均值	29	25697	6	20998	0	0	6	27150	17	52153

失地程度	生计类型	失地前		失地后							
		户数	户均收入	M1		M2		M3		M4	
				户数	户均收入	户数	户均收入	户数	户均收入	户数	户均收入
75%~100%	M1	6	32877	3	13247	0	0	2	19150	1	38400
	M2	1	11000	1	10400	0	0	0	0	0	0
	M3	11	34285	2	18750	1	22500	4	26268	4	43450
	M4	4	28813	0	0	0	0	0	0	4	33500
	均值	22	31848	6	14607	1	22500	6	23895	9	38467
100%	M1	82	27485	0	0	0	0	0	0	82	23682
	M2	15	34821	0	0	0	0	0	0	15	39027
	M3	99	40795	0	0	0	0	3	31763	96	42870
	M4	15	32919	0	0	0	0	1	81470	14	43257
	均值	211	34638	0	0	0	0	4	44190	207	35017
总均值		294	32652	12	17803	2	25250	29	30895	251	37047

资料来源：根据调研资料整理所得。

在九江市全部被调研的 294 个农户中，失地前，采用以非农为主农业为辅生计模式农户获得的户均收入是最高的，为 37291 元，而采用纯非农生计模式农户获得的户均收入排在第二位，为 33847 元，原因主要是在采用以非农为主农业为辅生计模式的农户中，他们获取的非农收入和采用纯非农生计模式的农户相差不多，但由于离城很近，他们的农业活动主要是种植经济作物（蔬菜），且收益较高，故他们的总体收入较高，采用纯农业生计模式农户，由于没有非农收入，导致他们的户均收入是最低的，为 26080 元。失地后，随着土地的大量减少，再加上非农工作工资上涨等原因，导致采用纯非农生计模式农户的户均收入是最高的，为 37047 元，而采用以非农为主农业为辅、以农业为主非农为辅、纯农业这三种生计模式农户的户均收入均有所减少，分别为 30895 元、25250 元和 17803 元。

　　失地程度在 0～50% 的农户共 32 户。失地前，受非农收入较高、农业收入较低的影响，农户获得的户均收入由高到低的排序是采用纯非农的生计模式、采用以非农为主农业为辅的生计模式、采用以农业为主非农为辅的生计模式、采用纯农业的生计模式。失地后，受纯非农工作工资上涨的影响，采用纯非农生计模式农户的户均收入增长明显，为 45428 元；对采用以非农为主农业为辅生计模式的农户来说，一方面，因工资上涨使非农收入增长，另一方面，因土地减少使农业收入减少，结果使这些农户失地后的户均收入变化很小，为 31762 元；受土地减少的影响，失地后，采用以农业为主非农为辅生计模式的 1 个农户收入也有所减少，具体为 28000 元；而失地后因采用纯农业生计模式的收入太低，故没有农户采用这一生计模式。

　　失地程度在 50%～75% 的农户共 29 户。失地前，采用纯非农生计模式农户的户均收入是最多的，为 44257 元，但采用以非农为主农业为辅生计模式的农户获得的户均收入比采用以农业为主非农为辅、纯农业这两种生计模式的农户都要低，原因主要是采用以非农为主农业为辅生计模式的农户均是在本地打工，而九江市的打工工资水平相对较低，相比而言，采用以农业为主非农为辅、纯农业这两种生计模式的农户种植的大多为经济作物（蔬菜），由于离城近，销售方便且价格较高，故收入水平较高。失地后，随着土地的大量减少，经济作物收入迅速下降，故导致采用纯农业生计模式农户获得的户均收入减少，为 20998 元；采用以非农为主农业为辅生计模式的农户因受土地减少的影响很小，且因非农工作工资上涨，导致这些农户的户均纯收入有一定上涨，具体为 27150 元；采用纯非农生计模式农户的户均收入因工资上涨就更高了，为 52153 元。

　　失地程度在 75%～100% 的农户共 22 户。失地前，采用以非农为主农业为辅生计模式的农户获得的户均收入是最多的，且要明显高于采用纯非农生计模式的农户，原因主要是采用以非农为主农业为辅生计模式的农户获得的非农收入和纯非农生计模式的农户相差很小，但采用以非农为主农业为辅生计模式的农户还可以通过经营经济作物获得一定的农业收入。同时还发现，失地前，采用纯农业生计模式的农户获得的户均收入也相对较高，为 32877

元，排在第二位，原因主要是这些农户失地前的户均土地面积较大（7.47亩），且基本种植的均为经济作物。而失地前采用以农业为主非农为辅的1个农户，因土地面积相对较少（4.00亩），且种植品种的经济效益较差，导致收入较低，仅为11000元。失地后，因土地面积大量减少，导致采用纯农业生计模式农户的户均收入下降较多，为14607元；失地后采用以农业为主非农为辅生计模式的农户有1户，但由于这1户种植的是经济作物（蔬菜），且开展了一定的经营活动，导致其收入为22500元；失地后采用以非农为主农业为辅生计模式农户的户均收入减少较多，为23895元，原因是土地大量减少从而使农业收入减少较多；采用纯非农生计模式农户的户均收入随工资上涨而上涨，为38467元。

100%失地的农户共211户。失地前，因本地非农工作工资相对不高，再加上种植经济作物带来的农业收入也还比较可观，导致采用四种生计模式的农户获得的户均收入的差别不是很大，如采用以非农为主农业为辅生计模式的农户获得的户均收入最多，为40795元，采用纯农业生计模式的农户获得的户均收入最少，但也达到27485元。失地后，有4个农户除了非农活动之外，还从事一些养殖活动，故收入水平很高，达到44190元，其余的207个农户均采用纯非农的生计模式，户均收入为35017元。

（二）失地后采用不同生计模式农户的消费支出分析

农户的消费支出，可以反映出农户的生活水准。而食品消费支出状况，可以反映出农户的基本生活水平。因此，本书主要选取食品消费支出的变化来反映农户消费支出的变化情况。

为了方便统计与比较，我们统一用户均年消费支出作为统计分析口径来考察。

1. 全部样本农户采用不同生计模式后的食品消费支出情况分析

表4-11描述了全部样本农户失地前后采用不同生计模式后的食品消费支出情况。

表 4 - 11　　　　　　　　全部样本农户采用不同生计模式后的

食品消费支出情况　　　　　　　单位：元

生计类型	失地前		失地后								均值
	户数	食品消费额	M1		M2		M3		M4		
			户数	食品消费额	户数	食品消费额	户数	食品消费额	户数	食品消费额	
M1	198	5909	18	2956	2	5018	29	8317	149	6940	6760
M2	47	7772	2	3780	0	0	3	8465	42	8404	8211
M3	502	9083	5	5250	3	6363	161	9423	333	9282	9269
M4	34	9160	0	0	0	0	2	9760	32	9366	9390
总计	781	8203	25	3481	5	5825	195	9247	556	8593	8575

资料来源：根据调研资料整理所得。

失地前，采用纯非农生计模式农户的户均食品消费额是最多的，达到9160 元，原因主要是他们的食品均需要通过购买获得；而采用纯农业生计模式农户的户均食品消费额最少，为5909 元。失地后，因采用农业生计模式农户的收入水平大幅下降，导致纯农业生计模式和以农业为主非农为辅这两种生计模式农户的食品消费额均有较大幅度的下降，具体为3481 元和5825 元。而采用以非农为主农业为辅生计模式的农户因失地后土地减少，导致能够自给自足的食品数量有所减少，故需要购买的食品数量增加，结果导致这部分农户的户均食品消费额有所增加，达到9247 元。失地后，采用纯非农生计模式的农户数较失地前增加了522 户，由于户数大幅度增加，导致户均的食品消费额有所降低，具体为8593 元。

2. 襄阳市农户失地前后采用不同生计模式后的消费支出情况分析

表 4 - 12 描述了襄阳市农户失地前后采用不同生计模式后的食品消费支出情况。

表 4 – 12　襄阳市农户失地前后采用不同生计模式后的食品消费支出情况　　单位：元

失地程度	生计类型	失地前		失地后							
				M1		M2		M3		M4	
		户数	食品消费额	户数	食品消费额	户数	食品消费额	户数	食品消费额	户数	食品消费额
0~50%	M1	7	7694	1	8100	0	0	5	8973	1	6075
	M2	0	0	0	0	0	0	0	0	0	0
	M3	46	9721	0	0	0	0	39	9843	7	10425
	M4	1	11200	0	0	0	0	0	0	1	11000
	均值	54	9486	1	8100	0	0	44	9744	9	10006
50%~75%	M1	11	7716	2	2765	0	0	2	8280	7	9141
	M2	7	6989	0	0	0	0	1	8270	6	9003
	M3	36	8894	1	5895	1	6500	17	8981	17	9865
	M4	3	9887	0	0	0	0	0	0	3	10217
	均值	57	8485	3	3808	1	6500	20	8876	33	9587
75%~100%	M1	13	7612	1	3200	2	5018	0	0	10	8899
	M2	8	8630	0	0	0	0	1	8200	7	9163
	M3	62	9332	0	0	0	0	17	9187	45	9460
	M4	2	13900	0	0	0	0	0	0	2	15075
	均值	85	9110	1	3200	2	5018	18	9132	64	9515
100%	M1	29	6889	0	0	0	0	0	0	29	7354
	M2	13	8146	0	0	0	0	0	0	13	8502
	M3	89	8916	0	0	0	0	1	10463	88	9050
	M4	0	0	0	0	0	0	0	0	0	0
	均值	131	8391	0	0	0	0	1	10463	130	8617
总均值		327	8775	5	4545	3	5512	83	9411	236	9049

资料来源：根据调研资料整理所得。

对襄阳市全部被调研的 327 个农户来说，失地前，户均食品消费额的多少主要与两个因素有关：一是农户对食品消费的自给自足能力；二是农户的收入水平。在这两个因素的影响下，采用纯非农生计模式农户的户均食品消费额是最多的，为 11443 元，而采用纯农业生计模式农户的户均食品消费额是最少的，为 7291 元。失地后，随着土地的大量减少，采用农业生计模式农户的收入也大大减少，结果导致采用纯农业、以农业为主非农为辅这两种生计模式农户的户均食品消费额减少较多，而采用以非农为主农业为辅生计模式的农户因土地减少能够自给自足的食品越来越少，导致这些农户的户均食品消费额有所增加，具体为9411元。失地后，采用纯非农生计模式的农户数大量增加，农户数的增多导致户均的食品消费额有所减少，具体为9049元。

对失地程度在0~50%的54个农户来说，失地前，受农户食品自给能力和收入水平的影响，采用纯非农生计模式农户的户均食品消费额最多，达到11200元，而采用纯农业生计模式农户的食品消费额最少，为7694元。失地后，采用纯农业生计模式的这1户因种植经济作物，食品自给能力下降，故需要支出的食品消费额有所增加，为8100元；采用以非农为主农业为辅生计模式农户的户均食品消费额变化不大，这与他们的消费习惯有关；采用纯非农生计模式农户的户均食品消费额因户数增多而有所下降，但仍是最多的，为10006元。

对失地程度在50%~75%的57个农户来说，失地前，采用纯非农生计模式农户的户均食品消费额最多，为9887元，但户均食品消费额最少的不是采用纯农业生计模式的农户，而是采用以农业为主非农为辅生计模式的农户，原因主要与这两类农户的种植结构有关，即纯农业生计模式农户种植的经济作物相对较多，而以农业为主非农为辅农户种植的粮食作物相对较多。失地后，随着土地的大量减少，采用纯农业生计模式的农户收入减少较多，故失地后采用纯农业、以农业为主非农为辅这两类生计模式农户的食品消费额有所减少，分别为3808元和6500元；采用以非农为主农业为辅生计模式农户的户均食品消费额保持基本不变，这与他们的消费习惯有关；因失地后采用纯非农生计模式的农户数增加较多，导致户均的食品消费额有所下降，为9587元，但仍是四种生计模式中最多的。

对失地程度在75%~100%的85个农户来说，失地前，因纯非农生计模式农户无法实现食品自给，故户均食品消费额最多，达到13900元，而纯农业生计模式农户的食品自给能力很强，故户均食品消费额最少，为7612元。失地后，采用各种生计模式农户的户均食品消费额均有所减少，但原因不尽相同。纯农业、以农业为主非农为辅这两种生计模式的农户由于土地减少导致收入减少，进而食品消费额减少。以非农为主农业为辅生计模式的农户因失地使得自身的总收入减少，从而在食品消费额方面略有减少，为9132元。失地后，因采用纯非农生计模式的农户数大量增加，导致户均的食品消费额明显下降，具体为9515元。

在100%失地的131个农户中，失地前，因受食品自给因素的影响，采用以非农为主农业为辅生计模式农户的户均食品消费额为最多，达到8916元，而采用纯农业生计模式农户的户均食品消费额是最少的，为6889元。失地后，仅仅有1个农户选择了以非农为主农业为辅的生计模式，随着大量土地的失去，需要购买的食品明显增多，故食品消费额有较大幅度的增加，达到10463元，而其余的130个农户均采用了纯非农的生计模式，因农户数较多导致户均的食品消费额没有采用以非农为主农业为辅生计模式的那1户多，具体为8617元。

3. 黄冈市农户失地前后采用不同生计模式后的消费支出情况分析

表4–13描述了黄冈市农户失地前后采用不同生计模式后的食品消费支出情况。

表4–13　黄冈市农户失地前后采用不同生计模式后的食品消费支出情况　单位：元

失地程度	失地前			失地后							
	生计类型	户数	食品消费额	M1		M2		M3		M4	
				户数	食品消费额	户数	食品消费额	户数	食品消费额	户数	食品消费额
0~50%	M1	6	6227	3	2127	0	0	3	10290	0	0
	M2	0	0	0	0	0	0	0	0	0	0
	M3	27	8501	0	0	0	0	27	9119	0	0
	M4	0	0	0	0	0	0	0	0	0	0
	均值	33	8088	3	2127	0	0	30	9236	0	0
50%~75%	M1	9	6533	2	1725	0	0	6	9740	1	6102
	M2	0	0	0	0	0	0	0	0	0	0
	M3	27	10105	1	6000	0	0	24	9791	2	6450
	M4	0	0	0	0	0	0	0	0	0	0
	均值	36	9212	3	3150	0	0	30	9781	3	6334

失地程度	生计类型	失地前			失地后							
					M1		M2		M3		M4	
		户数	食品消费额		户数	食品消费额	户数	食品消费额	户数	食品消费额	户数	食品消费额
75%～100%	M1	6	6557		1	1500	0	0	4	8651	1	6210
	M2	0	0		0	0	0	0	0	0	0	0
	M3	31	9445		1	4500	0	0	19	9728	11	9685
	M4	0	0		0	0	0	0	0	0	0	0
	均值	37	8977		2	3000	0	0	23	9541	12	9396
100%	M1	11	4702		0	0	0	0	0	0	11	8706
	M2	1	10720		0	0	0	0	0	0	1	4950
	M3	42	9259		0	0	0	0	0	0	42	10031
	M4	0	0		0	0	0	0	0	0	0	0
	均值	54	8358		0	0	0	0	0	0	54	9667
总均值		160	8638		8	2729	0	0	83	9517	69	9475

资料来源：根据调研资料整理所得。

对黄冈市全部被调研的 160 个农户来说，失地前，户均食品消费额最多的为采用以农业为主非农为辅的 1 个农户，达到 10720 元，原因主要是这个农户主要种植的是经济作物，因而需要购买的食品较多；由于采用纯农业生计模式农户的食品自给能力较强，故这些农户的食品消费额较低，为 5851元。失地后，由于土地的大量减少，导致采用纯农业生计模式农户的收入迅速减少，结果使得采用纯农业生计模式农户的户均食品消费额减少较多，为2729 元；而采用以非农为主农业为辅生计模式的农户因失地需要购买的食品数量有所增加，导致这些农户的户均食品消费额有所增加，为 9517 元；采用纯非农生计模式的农户由于消费的食品均需要通过购买获得，故户均食品消费额也较高，为 9475 元。

对失地程度在 0～50% 的 33 个农户来说，失地前，采用纯农业生计模式农户的食品自给能力较强，故户均食品消费额较低，仅为 6227 元，但采用以非农为主农业为辅生计模式的农户，因许多食品需要通过购买来获得，故户均食品消费额较高，为8501元。失地后，由于土地的减少以及农产品价格不稳定导致农业收入减少，进而使得采用纯农业生计模式农户的户均食品消费额下降较多，仅为2127元，而采用以非农为主农业为辅的农户因失地后更多的食品需要通过购买来获得，故导致户均食品消费额有所增加，为9236元。

对失地程度在50%～75%的36个农户来说，失地前，因食品自给能力的强弱不同，采用以非农为主农业为辅生计模式农户的户均食品消费额是最多的，为10105元，而采用纯农业生计模式农户的户均食品消费额是最少的，为6533元。失地后，因土地的大量减少，采用纯农业生计模式获得的收入也大大减少，从而造成这些农户的户均食品消费额较低，为3150元，采用以非农为主农业为辅生计模式农户的户均食品消费额变化较小，原因与这些农户的消费习惯有关；采用纯非农生计模式的农户由于是首次从事纯非农活动，对自身未来的收入和工作没有准确的判断和预期，故在食品消费额方面比较谨慎，因而这些农户的食品消费额较少，为6334元。

对失地程度在75%～100%的37个农户来说，失地前，受商品自给程度的影响，采用以非农为主农业为辅生计模式农户的户均食品消费额是最多的，达到9445元，而采用纯农业生计模式农户的户均食品消费额是最少的，为6557元。失地后，因土地的大量减少，采用纯农业生计模式农户取得的收入大大减少，导致纯农业生计模式的户均食品消费额迅速下降，具体为3000元；采用以非农为主农业为辅生计模式农户的户均食品消费额基本稳定，原因与这些农户的消费习惯有关；采用纯非农生计模式的农户因食品消费均须通过购买来解决，故户均食品消费额较多，为9396元。需要指出的是，在失地前采用纯农业生计模式的6户中，有1户失地后仍然采用纯农业的生计模式，但由于其收入下降很多，导致其食品消费额也下降较多，为1500元。

在100%失地的54个农户中，失地前，采用以农业为主非农为辅生计模式的1个农户的食品消费额是最多的，为10720元，原因主要是这个农户种植的大多是经济作物，因而需要购买的食品较多；采用纯农业生计模式农户的户均食品消费额是最少的，为4702元，主要是他们可以自给自足一部分食品。失地后，54个农户均采用纯非农的生计模式，由于所有的食品均需要购买，故食品消费额最多，为9667元。

4. 九江市失地农户采用不同生计模式后的消费支出情况分析

表 4-14 描述了九江市农户失地前后采用不同生计模式后的食品消费支出情况。

表 4-14 九江市农户失地前后采用不同生计模式后的食品消费支出情况 单位：元

失地程度	生计类型	失地前		失地后							
				M1		M2		M3		M4	
		户数	食品消费额	户数	食品消费额	户数	食品消费额	户数	食品消费额	户数	食品消费额
0~50%	M1	8	3039	0	0	0	0	4	7418	4	9518
	M2	1	7450	0	0	0	0	1	8925	0	0
	M3	17	7793	0	0	1	6960	7	8921	9	8832
	M4	6	8759	0	0	0	0	1	9440	5	9326
	均值	32	6775	0	0	1	6960	13	8499	18	9121
50%~75%	M1	10	3295	5	3269	0	0	3	4845	2	7250
	M2	1	3440	1	3690	0	0	0	0	0	0
	M3	15	7821	0	0	0	0	3	8220	12	9311
	M4	3	9253	0	0	0	0	0	0	3	9030
	均值	29	6258	6	3339	0	0	6	6533	17	9019
75%~100%	M1	6	4077	3	2903	0	0	2	5828	1	9360
	M2	1	3800	1	3870	0	0	0	0	0	0
	M3	11	8204	2	4928	1	5630	4	9613	4	9709
	M4	4	6480	0	0	0	0	0	0	4	6638
	均值	22	6565	6	3739	1	5630	6	8351	9	8305
100%	M1	82	5654	0	0	0	0	0	0	82	5998
	M2	15	7733	0	0	0	0	0	0	15	7955
	M3	99	9049	0	0	0	0	3	7425	96	8930
	M4	15	9104	0	0	0	0	1	10080	14	9118
	均值	211	7640	0	0	0	0	4	8089	207	7710
总均值		294	7329	12	3539	2	6295	29	8005	251	7922

资料来源：根据调研资料整理所得。

在九江市全部被调研的 294 个农户中，失地前，采用纯非农、以非农为主农业为辅这两种生计模式农户的户均食品消费额比较接近，且数值均较大，分别为 8671 元和 8704 元，原因主要是这两种生计模式农户的食品消费均需要通过大量购买来获得，相比之下，采用纯农业生计模式农户的户均食品消费额是最少的，为 5145 元，主要是由于这些农户可以自给自足一部分食品。失地后，因土地大幅度减少，导致采用农业生计模式农户的收入大大下降，从而使得采用纯农业、以农业为主非农为辅这两种生计模式农户的户均食品消费额大幅度减少，具体为 3539 元和 6295 元；采用以非农为主农业为辅农户的户均食品消费额也较失地前有所减少，为 8005 元，原因主要是这些农户失地后的农业收入也有一定程度的减少，故对食品消费额构成一定的不利影响。失地后，采用纯非农生计模式农户的户均食品消费额出现下降，为 7922 元，其原因主要是农户数增加太多导致户均的食品消费额变少。

在失地程度为 0 ~ 50% 的 32 个农户中，失地前，由于受不同农户食品自给能力的影响，导致采用纯非农生计模式农户的户均食品消费额是最多的，为 8759 元，而采用纯农业生计模式农户的户均食品消费额是最少的，为 3039 元。失地后，随着土地的减少，采用以农业为主非农为辅生计模式的 1 个农户的收入有所减少，因而其食品消费额也相应减少，为 6960 元；采用以非农为主农业为辅这种生计模式的农户因失地后需要购买的食品增多，故导致这些农户的户均食品消费额也有所增加，为 8499 元；采用纯非农生计模式的农户失地后因物价上涨因素导致户均的食品消费额更多，具体为 9121 元。

在失地程度为 50% ~ 75% 的 29 个农户中，失地前，由于各个农户食品自给能力的不同，结果仍然是采用纯非农生计模式农户的户均食品消费额最多，为 9253 元，而采用纯农业生计模式农户的户均食品消费额很低，仅为 3295 元。失地后，采用纯农业生计模式农户的户均食品消费额和失地前相比，变化很小，原因主要与这些农户的消费习惯有关；采用以非农为主农业为辅生计模式农户的户均食品消费额有所下降，原因主要是由于失地后他们的总收入因农业收入而减少，从而限制了食品消费额的增加；失地后采用纯非农生计模式农户的户均食品消费额较失地前略有减少，原因主要是失地后这类农户数大量增多后使得户均的食品消费额减少。

在失地程度为 75% ~ 100% 的 22 个农户中，失地前，采用以非农为主农业为辅生计模式农户的户均食品消费额是最多的，为 8204 元，主要是这类农户在农业方面种植的是经济作物，因而有较多的食品需要通过购买来解决；采用纯非农生计模式农户的户均食品消费额为 6480 元，比采用以非农为主农业为辅生计模式农户的户均食品消费额要小，原因主要是这些农户在非农工作中很多是解决吃住问题的。采用纯农业生计模式农户的户均食品消费额比采用以农业为主非农为辅农户的户均食品消费额略低一些，原因主要是由于纯农业生计模式农户种植经济作物多一些，故需要购买的食品多一些。失地后，由于失地导致纯农业生计模式的收入减少，进而使得采用纯农业生计模式农户户均食品消费额有所减少；失地后，采用以农业为主非农为辅的生计模式只有 1 户，但由于这 1 户在失地前的消费水平就较高，因而导致失地后这 1 户的消费水平仍然较高，为 5630 元；失地后，采用以非农为主农业为辅生计模式农户的户均食品消费额略有增加，为 8351 元，原因主要是物价上涨；失地后，采用纯非农生计模式农户的户均食品消费额增加较多，为 8305 元，原因也主要是物价上涨。

在 100% 失地的 211 个农户中，失地前，受各个农户食品自给程度的影响，采用纯非农生计模式农户的户均食品消费额是最多的，为 9104 元，而采用纯农业生计模式农户的户均食品消费额是最少的，为 5654 元。失地后，有 4 个农户选择了以非农为主农业为辅的生计模式，户均食品消费额为 8089 元，这一数额比失地前有所减少，原因主要是失地后选择这一模式的 4 户中有 3 户的消费水平普遍较低；有 207 个农户选择了纯非农的生计模式，户均食品消费额为 7710 元，这一数额比失地前采用纯非农生计模式农户的户均食品消费额低，原因主要是失地后采用纯非农生计模式的农户数大量增加，且有些农户的食品消费额相对较低。

（三）失地后采用不同生计模式农户的住房情况分析

住房情况也是考量农户生计转型后生计结果的一项重要指标。后文主要从农户采用不同生计模式后的住房面积变动情况、农户采用不同生计模式后的地面材料类型使用情况、农户采用不同生计模式后的厕所类型使用情况、农户采用不同生计模式后的能源类型使用情况等四个方面来分析。

1. 失地农户采用不同生计模式后的住房面积变动分析

住房面积是衡量农户家庭住房条件的一项直接指标，在农户生计模式转型过程中，分析住房面积变动状况，可以有效衡量农户住房条件是否得到改善，生活质量是否提高。在这里，为了方便统计与比较，我们统一将户均住房面积作为统计分析口径来考察。

（1）全部样本农户失地前后采用不同生计模式后的住房面积变动分析。表4-15描述了全部样本农户失地前后采用不同生计模式后的住房面积变动情况。

表 4-15　　全部样本农户失地前后采用不同生计模式后的住房面积变动情况

单位：平方米

生计类型	失地前		失地后								
	户数	户均住房面积	M1		M2		M3		M4		均值
			户数	户均住房面积	户数	户均住房面积	户数	户均住房面积	户数	户均住房面积	
M1	198	264.52	18	250.06	2	240.00	29	243.38	149	231.95	235.35
M2	47	230.53	2	120.00	0	0.00	3	467.33	42	206.07	219.09
M3	502	261.83	5	330.00	3	250.00	161	262.30	333	248.57	253.79
M4	34	346.76	0	0.00	0	0.00	2	440.00	32	326.72	333.38
总计	781	264.32	25	255.64	5	246.00	195	264.46	556	245.40	250.49

资料来源：根据调研资料整理所得。

失地前，采用纯非农生计模式农户的户均住房面积是最大的，主要原因是这些农户的收入相对较高，因而有经济实力扩建房屋，此外还与他们距离城中心相对较远（平均距离为4.77公里），地块比较充足有关；采用以农业为主非农为辅生计模式农户的户均住房面积是最小的，主要原因是这些农户基本处于城市近郊（平均距离为3.81公里），地方有限导致住房面积较小。失地后，采用以非农为主农业为辅生计模式农户的户均住房面积最大，为264.46平方米，原因是对这些农户进行住房征收的情况很少；采用纯非农生计模式农户的户均住房面积是最小的，为245.40平方米，原因与这些农户的住房被征收情况较多有关。需要说明的是，在失地前采用纯非农生计模式的34个农户中，失地后有2个农户选择了以非农为主农业为辅的生计模式，户均住房面积为440平方米，但这2个农户的住房面积差别很大，1户为80平方米，1户为800平方米。

（2）襄阳市农户失地前后采用不同生计模式后的住房面积变动分析。表4-16描述了襄阳市农户失地前后采用不同生计模式后的住房面积变动情况。

表4-16 襄阳市农户失地前后采用不同生计模式后的住房面积变动情况

单位：平方米

失地程度	生计类型	失地前		失地后							
				M1		M2		M3		M4	
		户数	户均住房面积	户数	户均住房面积	户数	户均住房面积	户数	户均住房面积	户数	户均住房面积
0~50%	M1	7	227.86	1	240.00	0	0.00	5	268.00	1	110.00
	M2	0	0.00	0	0.00	0	0.00	0	0.00	0	0.00
	M3	46	316.94	0	0.00	0	0.00	39	303.16	7	324.43
	M4	1	420.00	0	0.00	0	0.00	0	0.00	1	420.00
	均值	54	307.30	1	240.00	0	0.00	44	299.16	9	311.22
50%~75%	M1	11	264.45	2	321.00	0	0.00	2	300.00	7	185.14
	M2	7	186.86	0	0.00	0	0.00	1	542.00	6	154.00
	M3	36	268.49	1	800.00	1	420.00	17	280.06	17	194.50
	M4	3	228.33	0	0.00	0	0.00	0	0.00	3	228.33
	均值	57	255.57	3	480.67	1	420.00	20	295.15	33	188.23
75%~100%	M1	13	215.80	1	260.00	2	240.00	0	0.00	10	207.84
	M2	8	264.88	0	0.00	0	0.00	1	600.00	7	175.86
	M3	62	244.79	0	0.00	0	0.00	17	306.71	45	190.56
	M4	2	375.00	0	0.00	0	0.00	0	0.00	2	375.00
	均值	85	245.31	1	260.00	2	240.00	18	323.00	64	197.41
100%	M1	29	243.08	0	0.00	0	0.00	0	0.00	29	184.79
	M2	13	189.08	0	0.00	0	0.00	0	0.00	13	185.69
	M3	89	236.10	0	0.00	0	0.00	1	200.00	88	220.99
	M4	0	0.00	0	0.00	0	0.00	0	0.00	0	0.00
	均值	131	232.98	0	0.00	0	0.00	1	200.00	130	209.38
总均值		327	252.40	5	388.40	3	300.00	83	302.17	236	207.06

资料来源：根据调研资料整理所得。

　　失地前，采用纯非农生计模式农户的户均住房面积是最大的，一方面是因为他们的非农收入较高，有扩建房屋的经济基础，另一方面，他们距城中心又相对较远（平均距离为 6.50 公里），地块相对充足；而采用以农业为主非农为辅生计模式农户拥有的户均住房面积是最小的，原因是这些农户距城中心很近（平均距离 3.60 公里），地块相对紧张。失地后，采用纯农业生计模式的农户拥有的户均住房面积最大，达到 388.40 平方米，主要是因为这些农户的住房面积普遍较大，特别是有 1 户的住房面积达到了 800 平方米；而采用纯非农生计模式农户的户均住房面积是最小的，主要是由于对这些农户征收过住房的情况较多。

　　在失地程度为 0～50% 的 54 个农户中，失地前，采用纯非农生计模式的 1 个农户住房面积最大，达到 420 平方米，一方面该农户的经济实力较好，另一方面这个农户距城中心较远（7.20 公里），地块相对充足；而采用纯农业生计模式农户的户均住房面积是最小的，为 227.86 平方米，主要是这些农户的经济实力有限导致的。失地后，仍然是采用纯非农生计模式农户的户均住房面积是最大的，而采用纯农业生计模式的户均住房面积是最小的，主要原因是采用纯非农生计模式的农户经济实力较强，有些农户对自己的住房进行了扩建；纯农业生计模式的那 1 个农户经济实力有限，无力对自己的住房进行扩建。

　　在失地程度为 50%～75% 的 57 个农户中，失地前，采用以非农为主农业为辅生计模式农户的户均住房面积是最大的，达到 268.49 平方米，原因主要是这些农户距离城中心相对较远（平均距离为 5.57 公里），地皮充足，再加上收入水平较高有能力扩建房屋，而采用以农业为主非农为辅生计模式农户的户均住房面积是最小的，为 186.86 平方米，原因主要是这些农户距城中心较近（平均距离为 3.60 公里），地块紧张且经济实力有限。失地后，采用纯农业生计模式农户的户均住房面积最大，为 480.67 平方米，原因是这些农户住房均未被征收，且失地前的住房面积就较大；采用纯非农生计模式农户的户均住房面积是最小的，为 188.23 平方米，原因主要是这些农户距城中心较近（平均距离为 3.76 公里），因城市建设对这些农户住房征收的比较多。

　　在失地程度为 75%～100% 的 85 户中，失地前，采用纯非农生计模式农户的户均住房面积最大，为 375.00 平方米，原因主要是这些农户的家庭规模较大（平均7.5人）；采用纯农业生计模式农户的户均住房面积是最小的，为215.80平方米，原因主要是他们的经济实力有限。失地后，采用以非农为主农业为辅生计模式农户的户均住房面积最大，为323.00平方米，原因是这些农户距城中心相对较远（平均距离为7.20公里），地皮充足，且经济实力较强；采用纯非农生计模式农户的户均住房面积是最小的，为197.41平方米，原因是这些农户距城相对较近（平均距离为4.51公里），因城市建设，农户住房被征收的情况较多。

在100%失地的131个农户中，失地前，采用纯农业生计模式农户的户均住房面积最大，为243.08平方米，而采用以农业为主非农为辅生计模式农户的户均住房面积最小，为189.08平方米，这一特征出现的原因与这两种生计模式农户距城中心的距离有关，具体来看，采用纯农业生计模式农户距城中心平均3.87公里，相对于采用以农业为主非农为辅农户距城中心平均3.65公里的距离，相对较远，地皮较多，故住房面积较大。失地后，只有1个农户采用以非农为主农业为辅的生计模式，住房面积失地前后不变，为200.00平方米；剩下的130个农户全部采用纯非农的生计模式，由于一些农户住房被征收，住房面积减少为209.38平方米。

（3）黄冈市失地农户采用不同生计模式后的住房面积统计情况分析。表4-17描述了黄冈市农户失地前后采用不同生计模式后的住房面积变动情况。

表4-17　黄冈市农户失地前后采用不同生计模式后的住房面积变动情况

单位：平方米

失地程度	失地前			失地后							
	生计类型	户数	户均住房面积	M1		M2		M3		M4	
				户数	户均住房面积	户数	户均住房面积	户数	户均住房面积	户数	户均住房面积
0~50%	M1	6	212.50	3	210.00	0	0.00	3	208.33	0	0.00
	M2	0	0.00	0	0.00	0	0.00	0	0.00	0	0.00
	M3	27	211.93	0	0.00	0	0.00	27	208.22	0	0.00
	M4	0	0.00	0	0.00	0	0.00	0	0.00	0	0.00
	均值	33	212.03	3	210.00	0	0.00	30	208.23	0	0.00

失地程度	失地前			失地后							
	生计类型	户数	户均住房面积	M1		M2		M3		M4	
				户数	户均住房面积	户数	户均住房面积	户数	户均住房面积	户数	户均住房面积
50%~75%	M1	9	228.44	2	235.00	0	0.00	6	234.17	1	181.00
	M2	0	0.00	0	0.00	0	0.00	0	0.00	0	0.00
	M3	27	225.56	1	210.00	0	0.00	24	219.58	2	205.00
	M4	0	0.00	0	0.00	0	0.00	0	0.00	0	0.00
	均值	36	226.28	3	226.67	0	0.00	30	222.50	3	197.00
75%~100%	M1	6	208.33	1	200.00	0	0.00	4	212.50	1	200.00
	M2	0	0.00	0	0.00	0	0.00	0	0.00	0	0.00
	M3	31	220.00	1	200.00	0	0.00	19	217.89	11	213.64
	M4	0	0.00	0	0.00	0	0.00	0	0.00	0	0.00
	均值	37	218.11	2	200.00	0	0.00	23	216.96	12	212.50
100%	M1	11	202.73	0	0.00	0	0.00	0	0.00	11	202.73
	M2	1	190.00	0	0.00	0	0.00	0	0.00	1	190.00
	M3	42	211.43	0	0.00	0	0.00	0	0.00	42	205.00
	M4	0	0.00	0	0.00	0	0.00	0	0.00	0	0.00
	均值	54	209.26	0	0.00	0	0.00	0	0.00	54	204.26
总均值		160	215.71	8	213.75	0	0.00	83	215.81	69	205.38

资料来源：根据调研资料整理所得。

失地前，采用以非农为主农业为辅生计模式农户的户均住房面积是最大的，为216.63平方米，原因主要是这些农户距城中心的平均距离较远（平均距离为11.18公里），地皮较充足，同时这些农户的经济条件也较好；采用以农业为主非农为辅的1个农户的住房面积是最小的，为190.00平方米，原因主要是这个农户距城较近，距离城中心只有4公里，地块紧张。失地后，仍然是采用以非农为主农业为辅生计模式农户的户均住房面积是最大的，为215.81平方米，原因主要是这些农户距城中心的平均距离较远（平均距离为10.86公里），故住房征收较少；采用纯非农生计模式农户的户均住房面积是最小的，为205.38平方米，主要是房屋征收造成的。从总体上，黄冈市被调研农户失地前的户均住房面积为215.71平方米,失地后的住房面积为211.21平方米,表明失地对黄冈市农户家庭的住房影响较小。

在失地程度为0~50%的33个农户中,失地前,采用以非农为主农业为辅和纯农业这两种生计模式农户的户均住房面积差别很小,分别为211.93平方米和212.50平方米,原因主要是这两种生计模式的农户距离城中心比较近,分别为8.44公里和8公里。失地后,采用以非农为主务农为辅和纯农业这两种生计模式农户的户均住房面积也是差别很小,分别为208.23平方米和210.00平方米,原因主要是这两种生计模式的农户房屋被征收的情况均较少。

在失地程度为50%~75%的36个农户中,失地前,采用以非农为主农业为辅和纯农业这两种生计模式农户的户均住房面积差别不大,分别为225.56平方米和228.44平方米,原因也主要是这两种生计模式的农户距离城中心比较近。失地后,采用纯农业生计模式农户的户均住房面积最大,为226.67平方米,原因是这些农户的房屋均未被征收;而纯非农生计模式农户的户均住房面积最小,为197.00平方米,原因是有1户的住房面积因征地减少了20平方米。

在失地程度为75%~100%的37户中,失地前,采用以非农为主农业为辅生计模式农户的户均住房面积最大,为220.00平方米,原因主要是这些农户距城中心的距离相对较远(平均距离为13.29公里),地块充足,且经济实力较强;采用纯农业生计模式农户的户均住房面积最小,为208.33平方米,原因是这些农户距离城中心相对较近(平均距离为8公里),地块相对稀缺,且经济能力有限。失地后,采用以非农为主农业为辅生计模式农户的户均住房面积是最多的,为216.96平方米,原因是这些农户失地前的住房面积普遍较大;采用纯农业生计模式农户的户均住房面积是最小的,为200.00平方米,原因是这些农户失地前的住房面积较小。

在100%失地的54个农户中,失地前,采用以非农为主农业为辅生计模式农户的户均住房面积是最大的,为211.43平方米,原因主要是这些农户距离城中心较远(平均距离为12公里),地块充足,且经济能力较强;采用以农业为主非农为辅生计模式的1个农户的住房面积是最小的,为190.00平方米,原因是这个农户距城中心仅4公里,地块稀缺。失地后,54个农户均采用纯非农的生计模式，因一些农户住房被征收，导致户均住房面积减少为204.26平方米。

（4）九江市农户失地前后采用不同生计模式后的住房面积统计情况分析。表4-18描述了九江市农户失地前后采用不同生计模式后的住房面积变动情况。

表4-18　九江市农户失地前后采用不同生计模式后的住房面积变动情况

单位：平方米

失地程度	失地前			失地后							
	生计类型	户数	户均住房面积	M1		M2		M3		M4	
				户数	户均住房面积	户数	户均住房面积	户数	户均住房面积	户数	户均住房面积
0~50%	M1	8	256.00	0	0.00	0	0.00	4	277.00	4	217.50
	M2	1	260.00	0	0.00	0	0.00	1	260.00	0	0.00
	M3	17	318.47	0	0.00	1	150.00	7	307.14	9	363.33
	M4	6	300.00	0	0.00	0	0.00	1	80.00	5	326.00
	均值	32	297.56	0	0.00	1	150.00	13	276.77	18	320.56
50%~75%	M1	10	265.30	5	277.80	0	0.00	3	233.33	2	232.00
	M2	1	160.00	1	140.00	0	0.00	0	0.00	0	0.00
	M3	15	304.00	0	0.00	0	0.00	3	333.33	12	280.00
	M4	3	441.67	0	0.00	0	0.00	0	0.00	3	430.00
	均值	29	299.93	6	254.83	0	0.00	6	283.33	17	300.82
75%~100%	M1	6	246.67	3	223.33	0	0.00	2	215.00	1	330.00
	M2	1	100.00	1	100.00	0	0.00	0	0.00	0	0.00
	M3	11	276.36	2	220.00	1	180.00	4	307.50	4	265.00
	M4	4	262.50	0	0.00	0	0.00	0	0.00	4	235.00
	均值	22	257.73	6	201.67	1	180.00	6	276.67	9	258.89
100%	M1	82	305.18	0	0.00	0	0.00	0	0.00	82	261.50
	M2	15	282.67	0	0.00	0	0.00	0	0.00	15	259.73
	M3	99	307.84	0	0.00	0	0.00	3	273.33	96	313.69
	M4	15	384.00	0	0.00	0	0.00	1	800.00	14	338.57
	均值	211	310.43	0	0.00	0	0.00	4	405.00	207	290.79
总均值		294	304.05	12	228.25	2	165.00	29	295.79	251	292.46

资料来源：根据调研资料整理所得。

失地前，采用纯非农生计模式农户的户均住房面积最大，为 354.82 平方米，采用以农业为主非农为辅生计模式农户的户均住房面积最小，为 264.44 平方米，产生这一差异的原因主要是由农户的经济实力决定的，即纯非农生计模式农户收入较高，有经济能力扩建房屋，而以农业为主非农为辅农户的经济实力则相对较差。失地后，采用以非农为主农业为辅生计模式农户的户均住房面积最大，为 295.79 平方米，尽管失地后有些农户房屋被征收了，但大部分农户的住房面积均较大，故导致平均的住房面积也较大；采用以农业为主非农为辅生计模式农户的户均住房面积最小，为 165.00 平方米，原因是这些农户的住房面积本来就小，再加上征收房屋导致失地后的户均住房面积更小了。从总体上，九江市被调研农户失地前的户均住房面积为 304.05 平方米，失地后的户均住房面积为 289.30 平方米，表明失地对九江市农户家庭的住房影响相对较大。

在失地程度为 0~50% 的 32 个农户中，失地前，采用以非农为主农业为辅生计模式农户的户均住房面积最大，为 318.47 平方米，采用纯农业生计模式农户的户均住房面积最小，为 256.00 平方米，造成这一差异的原因主要是采用这两种生计模式农户的收入水平差距较大，即采用以非农为主农业为辅生计模式农户的收入水平较高，有经济能力扩建房屋，而纯农业生计模式农户的收入相对较低，因而经济能力有限。失地后，采用纯非农生计模式农户的户均住房面积最大，为 320.56 平方米，原因主要是有些农户房屋被征收后，获得了征地补偿款，再加上自身经济条件较好，故对房屋进行了扩建，使得住房面积反而扩大了；采用以农业为主非农为辅生计模式的 1 个农户的住房面积最小，为 150.00 平方米，原因主要是这一农户家庭人口总数仅有 2 人，故本来的住房面积就较小。

在失地程度为 50%~75% 的 29 个农户中，失地前，采用纯非农生计模式农户的户均住房面积是最多的，为 441.67 平方米，而采用以农业为主非农为辅生计模式农户的户均住房面积是最小的，为 160.00 平方米。原因一方面与这两种生计模式农户获得的收入差别较大有关，即采用纯非农生计模式农户获得的收入较高，但采用以农业为主非农为辅生计模式的农户获得的收入则较低；另一方面还与人口规模有关，采用纯非农生计模式农户的户均人口规模为 5.33 人，而采用以农业为主非农为辅生计模式农户的户均人口规模仅为 2 人。失地后，采用纯非农生计模式农户的户均住房面积是最多的，为 300.82 平方米，这里尽管有些农户房屋被征了，但由于大部分农户的住房面积普遍较大，故导致平均的住房面积较大；而采用纯农业生计模式农户的户均住房面积是最小的，为 254.83 平方米，原因主要是这些农户的家庭人口规模较小（平均 2.83 人）。

在失地程度为 75% ~ 100% 的 22 户中，失地前，采用以非农为主农业为辅生计模式农户的户均住房面积最大，为 276.36 平方米，而采用以农业为主非农为辅生计模式农户的户均住房面积最小，为 100.00 平方米，造成这一差异的原因除了与这两种生计模式下农户的户均收入有关外，还和两种生计模式下农户的家庭规模有关，采用以非农业为主农业为辅生计模式农户的户均家庭规模为 4.55 人，采用以农业为主非农为辅生计模式的 1 个农户的家庭规模为 2 人，而人口多的家庭需要的住房面积大一些。失地后，采用以非农为主农业为辅生计模式农户的户均住房面积最大，为 276.67 平方米，原因主要是这些农户的住房均未被征收，因而户均住房面积较大，而采用以农业为主非农为辅生计模式的 1 个农户的住房面积最小，为 180.00 平方米，原因主要是该农户失地后的住房被征收了 30 平方米。

在 100% 失地的 211 个农户中，失地前，采用纯非农生计模式农户的户均住房面积最大，为 384.00 平方米，采用以农业为主非农为辅生计模式农户的户均住房面积最小，为 282.67 平方米，产生这一差异主要是由于收入差距大造成的，即采用纯非农生计模式农户获得的收入较高，而采用以农业为主非农为辅生计模式农户获得的收入较低。失地后，有 4 个农户采用以非农为主农业为辅的生计模式，因这 4 户的住房面积普遍较大使得户均住房面积为 405.00 平方米；其余的 207 个农户均采用纯非农的生计模式，因一些农户住房被征收，户均住房面积减少为 290.79 平方米。

2. 失地农户采用不同生计模式后的地面材料使用分析

住房面积不是唯一的衡量生计结果的指标，为了能够准确地测度农户失地后的生计结果，有必要对其失地前后房屋的装修材料做比较分析。地面材料能够有效地反映农户家庭住房装修情况，还可以有效衡量农户住房条件是否得到改善，生活质量是否提高。因此，在这里，我们选取地面材料来测度农户住房质量的变化。按照地面材料的属性，结合农户家庭对地面材料的使用情况，本书所描述的地面材料主要包括土、砖或石板、水泥以及水磨石地板/瓷砖/木地板等四种类型。

（1）全部样本失地农户采用不同生计模式后的地面材料使用情况分析。表4－19描述了全部样本农户失地前后采用不同生计模式后的地面材料使用状况。

表4－19 全部样本农户失地前后采用不同生计模式后的地面材料使用情况

地面材料	失地前		失地后地面材料							
	户数	占比（%）	土		砖		水泥		水磨石/瓷砖/木地板	
			户数	占比（%）	户数	占比（%）	户数	占比（%）	户数	占比（%）
土	42	5.38	3	7.14	6	14.29	15	35.71	18	42.86
砖	45	5.76	0	0	7	15.56	14	31.11	24	53.33
水泥	350	44.81	0	0	0	0	171	48.86	179	51.14
水磨石/瓷砖/木地板	344	44.05	0	0	0	0	0	0	344	100
合计	781	100.00	3	0.38	13	1.66	200	25.61	565	72.34

资料来源：根据调研资料整理所得。

被调研农户在选择地面材料时，均是根据自己的经济条件作出选择，如果经济条件好，选择水磨石/瓷砖/木地板作为地面材料，但经济条件太差时，有可能选择"土"这样的地面材料。从数据来看，失地前，采用水泥和水磨石/瓷砖/木地板这两类地面材料的农户数是最多的，占比之和达到了88.86%，但仍有11.14%的农户采用土或砖这样的地面材料。失地后，选择水磨石/瓷砖/木地板作为地面材料的农户明显增多，占比达到72.34%，而选择"土"和"砖"这两种地面材料的农户迅速减少，占比之和也仅为2.04%。这些表明，失地后，被调研农户在地面材料选择方面大都选择较为高档的材料，从而反映出失地后被调研农户的生活质量有了一定提高。

（2）襄阳市失地农户采用不同生计模式后的地面材料使用情况分析。表

4-20描述了襄阳市农户失地前后采用不同生计模式后的地面材料使用状况。

表4-20　襄阳市农户失地前后采用不同生计模式后的地面材料使用情况

失地程度	失地前			失地后地面材料							
	地面材料	户数	占比（%）	土		砖		水泥		水磨石/瓷砖/木地板	
				户数	占比（%）	户数	占比（%）	户数	占比（%）	户数	占比（%）
0~50%	土	0	0.00	0	—	0	—	0	—	0	—
	砖	8	14.81	0	0.00	3	37.50	1	12.50	4	50.00
	水泥	10	18.52	0	0.00	0	0.00	7	70.00	3	30.00
	水磨石/瓷砖/木地板	36	66.67	0	0.00	0	0.00	0	0.00	36	100.00
	合计	54	100.00	0	0.00	3	5.56	8	14.81	43	79.63
50%~75%	土	1	1.75	0	0.00	0	0.00	0	0.00	1	100.00
	砖	7	12.28	0	0.00	1	14.29	0	0.00	6	85.71
	水泥	21	36.84	0	0.00	0	0.00	6	28.57	15	71.43
	水磨石/瓷砖/木地板	28	49.12	0	0.00	0	0.00	0	0.00	28	100.00
	合计	57	100.00	0	0.00	1	1.75	6	10.53	50	87.72
75%~100%	土	1	1.18	0	0.00	0	0.00	0	0.00	1	100.00
	砖	3	3.53	0	0.00	0	0.00	2	66.67	1	33.33
	水泥	38	44.71	0	0.00	0	0.00	10	26.32	28	73.68
	水磨石/瓷砖/木地板	43	50.59	0	0.00	0	0.00	0	0.00	43	100.00
	合计	85	100.00	0	0.00	0	0.00	12	14.12	73	85.88
100%	土	9	6.87	0	0.00	2	22.22	3	33.33	4	44.44
	砖	7	5.34	0	0.00	3	42.86	2	28.57	2	28.57
	水泥	58	44.27	0	0.00	0	0.00	22	37.93	36	62.07
	水磨石/瓷砖/木地板	57	43.51	0	0.00	0	0.00	0	0.00	57	100.00
	合计	131	100.00	0	0.00	5	3.82	27	20.61	99	75.57
总计		327	100.00	0	0.00	9	2.75	53	16.21	265	81.04

资料来源：根据调研资料整理所得。

在襄阳市被调研的 327 个农户中，失地前，选择水磨石/瓷砖/木地板和水泥这两种地面材料的农户最多，二者占比之和达到 88.99%，但同时还有 36 个农户因经济条件较差选择了"土"或"砖"。失地后，选择水磨石/瓷砖/木地板作为地面材料的农户达到 265 户，而没有农户选择"土"，选择"砖"的农户也仅有 9 户。造成上述变化的原因是，失地后，一方面大部分农户的收入增加了，另一方面各个农户均获得了一定的征地补偿款，因而经济条件较好，可以支持用更好的地面材料。

在失地程度为 0～50% 的 54 个农户中，失地前，选择水磨石/瓷砖/木地板作为地面材料的农户最多，达到 36 户，选择"砖"作为地面材料的农户有 8 户，没有农户选择"土"作为地面材料；失地后，随着大部分农户收入的提高以及各个农户均掌握了一定的征地补偿款，选择水磨石/瓷砖/木地板作为地面材料的农户进一步增加，达到 43 户，而选择"砖"作为地面材料的农户进一步减少，仅为 3 户。在失地程度为 50%～75% 的 57 个农户中，失地前，选择水磨石/瓷砖/木地板作为地面材料的农户最多，为 28 户，但同时还有 1 个农户选择"土"。失地后，随着大部分农户经济条件的改善，选择水磨石/瓷砖/木地板作为地面材料的农户数进一步增加，达到 50 户，而没有农户选择"土"作为地面材料，选择"砖"作为地面材料的也仅有 1 户。在失地程度为 75%～100% 的 85 个农户中，失地前，选择水磨石/瓷砖/木地板作为地面材料的农户最多，达到 43 户，但仍有 1 个农户选择"土"作为地面材料。失地后，随着失地程度的加深，农户获得的征地补偿款也相应增多，因而农户在地面材料的选择上更加优化，具体来看，农户选择水磨石/瓷砖/木地板作为地面材料的农户增加到 73 户，使用水泥作为地面材料的也仅有 12 户，没有农户使用"土"和"砖"。在 100% 失地的 131 个农户中，失地前，地面材料使用水泥和水磨石/瓷砖/木地板的农户最多，二者占比之和达到 87.78%，但仍然有 9 个农户选择"土"作为地面材料。失地后，随着各个农户经济条件的好转，选择水磨石/瓷砖/木地板作为地面材料的农户明显增多，达到 99 户，没有农户选择"土"，选择"砖"作为地面材料的仅有 5 户。

从上述分析还可得到，不论是哪一种失地程度的农户，失地后地面材料选择为水磨石/瓷砖/木地板的农户占比均有明显提高，这表明失地后被调研农户家庭在地面材料选择方面有很大的改进，从而反映出其住房质量在不断提高。

（3）黄冈市失地农户采用不同生计模式后的地面材料使用情况分析。表4－21描述了黄冈市农户失地前后采用不同生计模式后的地面材料使用状况。

表4－21　黄冈市农户失地前后采用不同生计模式后的地面材料使用情况

失地程度	失地前			失地后地面材料							
	地面材料	户数	占比（%）	土		砖		水泥		水磨石/瓷砖/木地板	
				户数	占比（%）	户数	占比（%）	户数	占比（%）	户数	占比（%）
0~50%	土	0	0.00	0	—	0	—	0	—	0	—
	砖	2	6.06	0	0.00	0	0.00	1	50.00	1	50.00
	水泥	16	48.48	0	0.00	0	0.00	11	68.75	5	31.25
	水磨石/瓷砖/木地板	15	45.45	0	0.00	0	0.00	0	0.00	15	100.00
	合计	33	100.00	0	0.00	0	0.00	12	36.36	21	63.64
50%~75%	土	1	2.78	0	0.00	0	0.00	1	100.00	0	0.00
	砖	2	5.56	0	0.00	0	0.00	1	50.00	1	50.00
	水泥	18	50.00	0	0.00	0	0.00	14	77.78	4	22.22
	水磨石/瓷砖/木地板	15	41.67	0	0.00	0	0.00	0	0.00	15	100.00
	合计	36	100.00	0	0.00	0	0.00	16	44.44	20	55.56
75%~100%	土	3	8.11	1	33.33	1	33.33	0	0.00	1	33.33
	砖	2	5.41	0	0.00	0	0.00	0	0.00	2	100.00
	水泥	13	35.14	0	0.00	0	0.00	8	61.54	5	38.46
	水磨石/瓷砖/木地板	19	51.35	0	0.00	0	0.00	0	0.00	19	100.00
	合计	37	100.00	1	2.70	1	2.70	8	21.62	27	72.97

失地程度	失地前			失地后地面材料							
	地面材料	户数	占比（%）	土		砖		水泥		水磨石/瓷砖/木地板	
				户数	占比（%）	户数	占比（%）	户数	占比（%）	户数	占比（%）
100%	土	3	5.56	0	0.00	0	0.00	0	0.00	3	100.00
	砖	2	3.70	0	0.00	0	0.00	1	50.00	1	50.00
	水泥	20	37.04	0	0.00	0	0.00	10	50.00	10	50.00
	水磨石/瓷砖/木地板	29	53.70	0	0.00	0	0.00	0	0.00	29	100.00
	合计	54	100.00	0	0.00	0	0.00	11	20.37	43	79.63
总计		160	100.00	1	0.63	1	0.63	47	29.38	111	69.38

资料来源：根据调研资料整理所得。

在黄冈市被调研的 160 个农户中，失地前，选择水磨石/瓷砖/木地板和水泥这两种地面材料的农户最多，二者占比之和超过了 90%，但仍然有 15 个农户因经济原因选择了"土"或"砖"作为地面材料。失地后，随着大部分农户收入的提高以及征地补偿款的推动，选择水磨石/瓷砖/木地板作为地面材料的农户迅速增加，达到 111 户，而选择"土"或"砖"作为地面材料的农户分别仅有 1 户。

在失地程度为 0～50% 的 33 个农户中，失地前，选择水泥和水磨石/瓷砖/木地板作为地面材料的农户最多，二者之和达到 31 户，但还有 2 个农户选择"砖"作为地面材料。失地后，随着人们经济条件的改善，选择水磨石/瓷砖/木地板作为地面材料的农户进一步增加，达到 21 户，选择"水泥"作为地面材料的农户有所减少，为 12 户，没有农户选择"土"或"砖"。在失地程度为 50%～75% 的 36 个农户中，失地前，选择水泥作为地面材料的农户最多，选择水磨石/瓷砖/木地板作为地面材料的农户次之，二者之和达到 33 户，但仍有 2 个农户选择"砖"，还有 1 个农户选择"土"。失地后，在征地补偿款的推动和绝大部分农户收入提高的作用下，选择水磨石/瓷砖/木地板作为地面材料的农户数进一步增加，达到 20 户，选择"水泥"作为地面材料

的农户有所减少，为 16 户，没有农户选择"土"或"砖"。在失地程度为
75%～100% 的 37 个农户中，失地前，选择水磨石/瓷砖/木地板作为地面材
料的农户最多，达到 19 户，但仍有 3 个农户选择"土"作为地面材料。失地
后，因失地程度较大，农户获得的征地补偿款也随之增加，从而有利于农户
优化地面材料选择，具体来看，农户选择水磨石/瓷砖/木地板作为地面材料
的农户增加到 27 户，使用水泥作为地面材料的也仅有 8 户，但仍各有 1 户使
用"土"或"砖"作为地面材料。在 100% 失地的 54 个农户中，失地前，地
面材料使用水磨石/瓷砖/木地板和水泥的农户最多，二者占比之和达到
90.74%，但仍然有 3 个农户选择"土"作为地面材料。失地后，随着大部分
农户收入的提高，选择水磨石/瓷砖/木地板作为地面材料的农户显著增加，
达到 43 户，没有农户选择"土"和"砖"，选择"水泥"作为地面材料的农
户减少为 11 户。

　　上述分析表明，失地后被调研农户家庭在地面材料选择方面大大优化，
从而有助于农户生活质量的提高。

　　(4) 九江市失地农户采用不同生计模式后的地面材料使用情况分析。
表 4－22 描述了九江市农户失地前后采用不同生计模式后的地面材料使用
状况。

表 4－22　九江市农户失地前后采用不同生计模式后的地面材料使用情况

失地程度	失地前			失地后地面材料							
	地面材料	户数	占比(%)	土		砖		水泥		水磨石/瓷砖/木地板	
				户数	占比(%)	户数	占比(%)	户数	占比(%)	户数	占比(%)
0～50%	土	3	9.38	0	0.00	1	33.33	1	33.33	1	33.33
	砖	1	3.13	0	0.00	0	0.00	1	100.00	0	0.00
	水泥	14	43.75	0	0.00	0	0.00	10	71.43	4	28.57
	水磨石/瓷砖/木地板	14	43.75	0	0.00	0	0.00	0	0.00	14	100.00
	合计	32	100.00	0	0.00	1	3.13	12	37.50	19	59.38

失地程度	失地前地面材料	户数	占比（%）	失地后地面材料							
				土		砖		水泥		水磨石/瓷砖/木地板	
				户数	占比（%）	户数	占比（%）	户数	占比（%）	户数	占比（%）
50%～75%	土	3	10.34	0	0.00	1	33.33	1	33.33	1	33.33
	砖	3	10.34	0	0.00	0	0.00	1	33.33	2	66.67
	水泥	13	44.83	0	0.00	0	0.00	8	61.54	5	38.46
	水磨石/瓷砖/木地板	10	34.48	0	0.00	0	0.00	0	0.00	10	100.00
	合计	29	100.00	0	0.00	1	3.45	10	34.48	18	62.07
75%～100%	土	5	22.73	0	0.00	0	0.00	4	80.00	1	20.00
	砖	0	0.00	0	—	0	—	0	—	0	—
	水泥	9	40.91	0	0.00	0	0.00	5	55.56	4	44.44
	水磨石/瓷砖/木地板	8	36.36	0	0.00	0	0.00	0	0.00	8	100.00
	合计	22	100.00	0	0.00	0	0.00	9	40.91	13	59.09
100%	土	13	6.16	2	15.38	1	7.69	5	38.46	5	38.46
	砖	8	3.79	0	0.00	0	0.00	4	50.00	4	50.00
	水泥	120	56.87	0	0.00	0	0.00	60	50.00	60	50.00
	水磨石/瓷砖/木地板	70	33.18	0	0.00	0	0.00	0	0.00	70	100.00
	合计	211	100.00	2	0.95	1	0.47	69	32.70	139	65.88
总计		294	100.00	2	0.68	3	1.02	100	34.01	189	64.29

资料来源：根据调研资料整理所得。

在九江市被调研的 294 个农户中，失地前，选择水泥作为地面材料的农户最多，使用水磨石/瓷砖/木地板作为地面材料的农户次之，二者之和达到 258 户，但仍有 36 户因经济原因选择了"土"或"砖"作为地面材料，占比也达到了 12.24%。失地后，因大部分农户收入提高和征地补偿款的影响，选择水磨石/瓷砖/木地板作为地面材料的农户大量增加，达到189户，而选择"土"或"砖"作为地面材料的农户分别仅有2户和3户。

在失地程度为0~50%的32个农户中，失地前，选择水泥和水磨石/瓷砖/木地板作为地面材料的农户一样多，各有14户，但仍然有3个农户选择"土"作为地面材料。失地后，因经济条件的改善，选择水磨石/瓷砖/木地板作为地面材料的农户明显增加，达到19户；选择"水泥"作为地面材料的农户有所减少，为12户；选择"砖"的只有1户；没有农户选择"土"。在失地程度为50%~75%的29个农户中，失地前，选择水泥作为地面材料的农户最多，选择水磨石/瓷砖/木地板作为地面材料的农户次之，二者之和达到23户，但仍各有3个农户选择"砖"或"土"。失地后，在绝大部分农户收入提高的影响下，选择水磨石/瓷砖/木地板作为地面材料的农户数进一步增加，达到18户；选择"水泥"作为地面材料的农户有所减少，为10户；选择"砖"作为地面材料的仅有1户；没有农户选择"土"。在失地程度为75%~100%的22个农户中，失地前，选择水泥作为地面材料的农户最多，选择水磨石/瓷砖/木地板作为地面材料的农户次之，二者之和达到17户，但仍有5个农户选择"土"作为地面材料。失地后，因失地程度较大导致农户获得的征地补偿款有所增加，从而对农户优化地面材料选择比较有利，具体来看，农户选择水磨石/瓷砖/木地板作为地面材料的农户增加到13户，使用水泥作为地面材料的还是9户，没有农户使用"土"或"砖"作为地面材料。在100%失地的211个农户中，失地前，地面材料选择水泥的农户最多，选择水磨石/瓷砖/木地板的农户次之，二者之和达到190户，但仍然有13个农户选择"土"作为地面材料。失地后，因大部分农户收入的提高，选择水磨石/瓷砖/木地板作为地面材料的农户显著增加，达到139户，选择"水泥"作为地面材料的减少为69户，选择"土"或"砖"的农户分别仅有2户和1户。

上述分析也表明，失地后，随着大部分农户收入的增加，被调研农户在地面材料选择方面更有主动权，从而有助于改善其生活质量。

3. 失地农户采用不同生计模式后的厕所类型使用分析

厕所类型的使用是衡量农户住房条件是否改善的重要参考指标。根据调研样本农户所使用厕所类型的实际情况，在本书中，被调研农户的厕所类型主要包括无厕所、旱厕和水冲式厕所三类。通过分析农户住宅内厕所类型使用的转换情况，可以有效反映在农户生计转型中，农户住房条件是否得到改善，生活质量是否提高。

（1）全部样本失地农户采用不同生计模式后的厕所类型使用情况分析。表4-23描述了全部样本农户失地前后采用不同生计模式后的厕所类型使用情况。

表4-23 全部样本农户失地前后采用不同生计模式后的厕所使用情况

失地前			失地后厕所类型					
			无厕所		旱厕		水冲式厕所	
厕所类型	户数	占比（%）	户数	占比（%）	户数	占比（%）	户数	占比（%）
无厕所	24	3.07	5	20.83	4	16.67	15	62.5
旱厕	479	61.33	0	0	161	33.61	318	66.39
水冲式厕所	278	35.60	0	0	0	0	278	100
总计	781	100.00	5	0.64	165	21.13	611	78.23

资料来源：根据调研资料整理所得。

失地前，厕所类型为旱厕的农户最多，达到479户，厕所类型为水冲式厕所的农户次之，为278户，但仍有24户没有厕所。失地前采用水冲式厕所的农户占比并不高，为35.60%，原因主要是农户的收入水平较低。失地后，随着大部分农户收入的增加，采用水冲式厕所的农户占比迅速上升，达到78.23%，而无厕所的农户占比骤降到0.64%。这些表明，失地后农户的生活质量有较大改善。

（2）襄阳市农户采用不同生计模式后的厕所使用情况分析。襄阳市农户失地前后采用不同生计模式后的厕所使用情况，如表4-24所示。

表 4 - 24   襄阳市农户失地前后采用不同生计模式后的厕所使用情况

失地程度	失地前			失地后厕所类型						
	厕所类型	户数	占比(%)	无厕所		旱厕		水冲式厕所		
				户数	占比(%)	户数	占比(%)	户数	占比(%)	
0 ~ 50%	无厕所	0	0.00	0	—	0	—	0	—	
	旱厕	25	46.30	0	0.00	20	80.00	5	20.00	
	水冲式厕所	29	53.70	0	0.00	0	0.00	29	100.00	
	合计	54	100.00	0	0.00	20	37.04	34	62.96	
50% ~ 75%	无厕所	0	0.00	0	—	0	—	0	—	
	旱厕	37	64.91	0	0.00	12	32.43	25	67.57	
	水冲式厕所	20	35.09	0	0.00	0	0.00	20	100.00	
	合计	57	100.00	0	0.00	12	21.05	45	78.95	
75% ~ 100%	无厕所	2	2.35	1	50.00	1	50.00	0	0.00	
	旱厕	60	70.59	0	0.00	25	41.67	35	58.33	
	水冲式厕所	23	27.06	0	0.00	0	0.00	23	100.00	
	合计	85	100.00	1	1.18	26	30.59	58	68.24	
100%	无厕所	6	4.58	0	0.00	2	33.33	4	66.67	
	旱厕	97	74.05	0	0.00	39	40.21	58	59.79	
	水冲式厕所	28	21.37	0	0.00	0	0.00	28	100.00	
	合计	131	100.00	0	0.00	41	31.30	90	68.70	
总计		327	100.00	1	0.31	99	30.28	227	69.42	

资料来源：根据调研资料整理所得。

在襄阳市被调研的 327 个农户中，失地前，厕所类型为旱厕的农户最多，达到 219 户，厕所类型为水冲式厕所的农户次之，为 100 户，但仍有 8 户没有厕所。失地后，随着大部分农户收入的提高，再加上征地补偿款的推动，采用水冲式厕所的农户数明显增加，达到 227 户，旱厕的使用户数减少到 99 户，仅有 1 个农户没有厕所。

在失地程度为 0 ~ 50% 的 54 个农户中，失地前，厕所类型为水冲式厕所的农户最多，达到 29 户，厕所类型为旱厕的有 25 户，没有农户无厕所。失地后，随着人们经济条件的普遍改善，采用水冲式厕所作为其厕所类型的农户数有所增加，达到34户，而采用旱厕作为其厕所类型的农户数减少，具体为20户。在失地程度为50%~75%的57个农户中，失地前，厕所类型为旱厕的农户最多，达到37户，厕所类型为水冲式厕所的有20户，无厕所的农户数为0。失地后，因各个农户均获得了一定数额的补偿款，这有利于农户改善厕所类型，故使用水冲式厕所的农户数明显增加，达到45户，而使用旱厕的农户数减少为12户。在失地程度为75%~100%的85个农户中，失地前，厕所类型为旱厕的农户最多，有60户，厕所类型为水冲式厕所的有23户，但还有2户无厕所。失地后，因大部分农户收入水平的提高，选择水冲式厕所作为其厕所类型的农户数明显增加，达到58户，选择旱厕的农户数减少为26户，仅有1个农户没有厕所。在100%失地的131个农户中，失地前，厕所类型为旱厕的农户最多，达到97户，厕所类型为水冲式厕所的农户次之，为28户，但仍有6个农户无厕所。失地后，因大部分农户收入提高和对征地补偿款的使用，采用水冲式厕所作为其厕所类型的农户明显增加，达到90户，而选择旱厕的农户减少为41户。

从上述分析可知，失地后，各种失地程度的农户使用水冲式厕所的占比均有显著提高，从而表明被调研农户在厕所使用方面较失地前有明显改善。

（3）黄冈市农户采用不同生计模式后的厕所使用情况分析。表4-25描述了黄冈市农户失地前后采用不同生计模式后的厕所使用情况。

表4-25　　黄冈市农户失地前后采用不同生计模式后的厕所使用情况

失地程度	失地前			失地后厕所类型					
	厕所类型	户数	占比（%）	无厕所		旱厕		水冲式厕所	
				户数	占比（%）	户数	占比（%）	户数	占比（%）
0~50%	无厕所	0	0.00	0	—	0	—	0	—
	旱厕	26	78.79	0	0.00	11	42.31	15	57.69
	水冲式厕所	7	21.21	0	0.00	0	0.00	7	100.00
	合计	33	100.00	0	0.00	11	33.33	22	66.67

失地程度	失地前			失地后厕所类型					
	厕所类型	户数	占比(%)	无厕所		旱厕		水冲式厕所	
				户数	占比(%)	户数	占比(%)	户数	占比(%)
50%~75%	无厕所	0	0.00	0	—	0	—	0	—
	旱厕	23	63.89	0	0.00	12	52.17	11	47.83
	水冲式厕所	13	36.11	0	0.00	0	0.00	13	100.00
	合计	36	100.00	0	0.00	12	33.33	24	66.67
75%~100%	无厕所	1	2.70	1	100.00	0	0.00	0	0.00
	旱厕	20	54.05	0	0.00	9	45.00	11	55.00
	水冲式厕所	16	43.24	0	0.00	0	0.00	16	100.00
	合计	37	100.00	1	2.70	9	24.32	27	72.97
100%	无厕所	2	3.70	1	50.00	0	0.00	1	50.00
	旱厕	37	68.52	0	0.00	18	48.65	19	51.35
	水冲式厕所	15	27.78	0	0.00	0	0.00	15	100.00
	合计	54	100.00	1	1.85	18	33.33	35	64.81
总计		160	100.00	2	1.25	50	31.25	108	67.50

在黄冈市被调研的 160 个农户中，失地前，厕所类型为旱厕的农户最多，有 106 户，厕所类型为水冲式厕所的农户次之，有 51 户，但仍有 3 户没有厕所。失地后，随着大部分农户收入的增加，采用水冲式厕所的农户数明显增多，达到 108 户，旱厕的使用户数减少到 50 户，仅有 2 个农户没有厕所。

在失地程度为 0~50% 的 33 个农户中，失地前，厕所类型为旱厕的农户最多，为 26 户，厕所类型为水冲式厕所的农户次之，为 7 户，无厕所的农户为 0。失地后，因大多数农户经济条件的提高，采用水冲式厕所作为其厕所类型的农户数有所增加，达到 22 户，而采用旱厕作为其厕所类型的农户数减少为 11 户。在失地程度为 50%~75% 的 36 个农户中，失地前，厕所类型为旱厕的农户最多，达到 23 户，厕所类型为水冲式厕所的有 13 户，没有农户无厕所。失地后，各个农户因获得了一定的征地补偿款，从而有条件来改善厕所状况，结果是采用水冲式厕所的农户数明显增加，达到 24 户，而使用旱厕的农户数减少为 12 户。在失地程度为 75% ~ 100% 的 37 个农户中，失地前，厕所类型为旱厕的农户最多，有 20 户，厕所类型为水冲式厕所的有 16 户，但还有 1 户无厕所。失地后，随着大部分农户收入的增加，选择水冲式厕所作为其厕所类型的农户数明显增加，达到 27 户，选择旱厕的农户数减少为 9 户，仅有 1 个农户没有厕所。在 100% 失地的 54 个农户中，失地前，厕所类型为旱厕的农户最多，达到 37 户，厕所类型为水冲式厕所的农户次之，为 15 户，但仍有 2 个农户无厕所。失地后，因大部分农户收入的增加和征地补偿款的推动，采用水冲式厕所作为其厕所类型的农户明显增加，达到 35 户，而选择旱厕的农户减少为 18 户，仅有 1 个农户没有厕所。

上述分析表明，失地后，被调研农户在厕所使用方面有明显改善，从而有助于其生活质量的改善。

（4）九江市农户采用不同生计模式后的厕所使用情况分析。表 4 - 26 描述了九江市农户失地前后采用不同生计模式后的厕所使用情况。

表 4 - 26　　　九江市农户失地前后采用不同生计模式后的厕所使用情况

失地程度	失地前			失地后厕所类型					
	厕所类型	户数	占比（%）	无厕所		旱厕		水冲式厕所	
				户数	占比（%）	户数	占比（%）	户数	占比（%）
0 ~ 50%	无厕所	0	0.00	0	—	0	—	0	—
	旱厕	13	40.63	0	0.00	1	7.69	12	92.31
	水冲式厕所	19	59.38	0	0.00	0	0.00	19	100.00
	合计	32	100.00	0	0.00	1	3.13	31	96.88
50% ~ 75%	无厕所	1	3.45	1	100.00	0	0.00	0	0.00
	旱厕	18	62.07	0	0.00	5	27.78	13	72.22
	水冲式厕所	10	34.48	0	0.00	0	0.00	10	100.00
	合计	29	100.00	1	3.45	5	17.24	23	79.31

续表

失地程度	失地前			失地后厕所类型					
	厕所类型	户数	占比（%）	无厕所		旱厕		水冲式厕所	
				户数	占比（%）	户数	占比（%）	户数	占比（%）
75%~100%	无厕所	1	4.55	0	0.00	0	0.00	1	100.00
	旱厕	11	50.00	0	0.00	2	18.18	9	81.82
	水冲式厕所	10	45.45	0	0.00	0	0.00	10	100.00
	合计	22	100.00	0	0.00	2	9.09	20	90.91
100%	无厕所	11	5.21	1	9.09	1	9.09	9	81.82
	旱厕	112	53.08	0	0.00	7	6.25	105	93.75
	水冲式厕所	88	41.71	0	0.00	0	0.00	88	100.00
	合计	211	100.00	1	0.47	8	3.79	202	95.73
总计		294	100.00	2	0.68	16	5.44	276	93.88

资料来源：根据调研资料整理所得。

在九江市被调研的 294 个农户中，失地前，厕所类型为旱厕的农户最多，有 154 户，厕所类型为水冲式厕所的农户次之，有 127 户，但仍有 13 户没有厕所。失地后，因大部分农户收入水平的提高，采用水冲式厕所的农户数明显增多，达到 276 户，旱厕的使用户数减少到 16 户，仅有 2 个农户没有厕所。

在失地程度为 0~50% 的 32 个农户中，失地前，厕所类型为水冲式厕所的农户最多，为 19 户，厕所类型为旱厕的农户次之，为 13 户，没有厕所的农户为 0。失地后，因大多数农户经济实力的提升，采用水冲式厕所作为其厕所类型的农户数大大增加，达到 31 户，而只有 1 个农户将旱厕作为其厕所类型。在失地程度为 50%~75% 的 29 个农户中，失地前，厕所类型为旱厕的农户最多，达到 18 户，厕所类型为水冲式厕所的有 10 户，还有 1 户没有厕所。失地后，各个农户因获得一定的征地补偿款，从而有利于改善其厕所状况，故采用水冲式厕所的农户数明显增加，达到 23 户，而使用旱厕的农户数减少为 5 户，仅有 1 个农户无厕所。在失地程度为 75%~100% 的 22 个农户中，失地前，厕所类型为旱厕的农户最多，有 11 户，厕所类型为水冲式厕所的有 10 户，但还有 1 户无厕所。失地后，随着大部分农户收入的提高，选择水冲式厕所作为其厕所类型的农户数明显增加，达到 20 户，选择旱厕的农户数减少为 2 户。在 100% 失地的 211 个农户中，失地前，厕所类型为旱厕的农户最多，达到 112 户，厕所类型为水冲式厕所的农户次之，为 88 户，但仍有 11 个农户无厕所。失地后，随着大部分农户收入的增加以及征地补偿款的影响，采用水冲式厕所作为其厕所类型的农户明显增加，达到 202 户，而选择旱厕的农户减少为 8 户，仅有 1 个农户没有厕所。

上述分析表明，失地后，被调研农户在厕所使用方面的改善，有助于农户生活质量的改善。

4. 失地后不同生计模式农户的能源使用分析

能源也是一项衡量住房条件是否改善的重要参考指标。被调研农户的能源类型主要包括柴草、沼气、煤、电、液化气等五类。

（1）全部样本农户采用不同生计模式后的能源使用情况分析。表 4 - 27 描述了全部样本农户失地前后采用不同生计模式后的能源使用情况。

表 4 - 27　全部样本农户失地前后采用不同生计模式后的能源使用情况

失地前			失地后使用不同能源的户数									
能源种类	户数	占比（%）	柴草		沼气		煤		天然气/液化气		电	
			户数	占比（%）	户数	占比（%）	户数	占比（%）	户数	占比（%）	户数	占比（%）
柴草	443	56.72	103	23.25	3	0.68	21	4.74	314	70.88	2	0.45
沼气	8	1.02	0	0	4	50	0	0	4	50	0	0
煤	14	1.79	0	0	0	0	6	42.86	8	57.14	0	0
天然气/液化气	305	39.05	0	0	0	0	0	0	301	98.69	4	1.31
电	11	1.41	0	0	0	0	0	0	0	0	11	100
总计	781	100.00	103	13.19	7	0.9	27	3.46	627	80.28	17	2.18

资料来源：根据调研资料整理所得。

失地前，受农村做饭传统习惯的影响，将柴草作为其做饭能源的农户最多，达到 443 户，其次是天然气/液化气，有 305 户，相比之下，采用沼气、煤和电作为其做饭能源的农户均较少，三者之和也仅为 33 户。失地后，随着大部分农户收入的提高，采用天然气/液化气作为其做饭能源的农户明显增多，达到627户，由于环保的要求，采用柴草作为其做饭能源的农户明显减少，仅为103户，而采用煤、电和沼气这三种做饭能源的农户依然较少。

（2）襄阳市农户失地前后采用不同生计模式后的能源使用情况分析。表4-28描述了襄阳市农户失地前后采用不同生计模式后的能源使用情况。

表4-28　　襄阳市农户失地前后采用不同生计模式后的能源使用情况

失地程度	能源种类	失地前		失地后使用不同能源的户数									
		户数	占比(%)	柴草		沼气		煤		天然气/液化气		电	
				户数	占比(%)	户数	占比(%)	户数	占比(%)	户数	占比(%)	户数	占比(%)
0~50%	柴草	21	38.89	14	66.67	0	0.00	2	9.52	5	23.81	0	0.00
	沼气	1	1.85	0	0.00	1	100.00	0	0.00	0	0.00	0	0.00
	煤	1	1.85	0	0.00	0	0.00	1	100.00	0	0.00	0	0.00
	天然气/液化气	31	57.41	0	0.00	0	0.00	0	0.00	31	100.00	0	0.00
	电	0	0.00	0	—	0	—	0	—	0	—	0	—
	合计	54	100.00	14	25.93	1	1.85	3	5.56	36	66.67	0	0.00
50%~75%	柴草	36	63.16	10	27.78	0	0.00	0	0.00	26	72.22	0	0.00
	沼气	0	0.00	0	—	0	—	0	—	0	—	0	—
	煤	0	0.00	0	—	0	—	0	—	0	—	0	—
	天然气/液化气	20	35.09	0	0.00	0	0.00	0	0.00	20	100.00	0	0.00
	电	1	1.75	0	0.00	0	0.00	0	0.00	0	0.00	1	100.00
	合计	57	100.00	10	17.54	0	0.00	0	0.00	46	80.70	1	1.75
75%~100%	柴草	56	65.88	12	21.43	1	1.79	1	1.79	41	73.21	1	1.79
	沼气	1	1.18	0	0.00	0	0.00	0	0.00	1	100.00	0	0.00
	煤	0	0.00	0	—	0	—	0	—	0	—	0	—
	天然气/液化气	27	31.76	0	0.00	0	0.00	0	0.00	27	100.00	0	0.00
	电	1	1.18	0	0.00	0	0.00	0	0.00	0	0.00	1	100.00
	合计	85	100.00	12	14.12	1	1.18	1	1.18	69	81.18	2	2.35

失地程度	失地前			失地后使用不同能源的户数										
	能源种类	户数	占比（%）	柴草		沼气		煤		天然气/液化气		电		
				户数	占比（%）	户数	占比（%）	户数	占比（%）	户数	占比（%）	户数	占比（%）	
100%	柴草	88	67.18	24	27.27	0	0.00	4	4.55	60	68.18	0	0.00	
	沼气	0	0.00	0	—	0	—	0	—	0	—	0	—	
	煤	3	2.29	0	0.00	0	0.00	1	33.33	2	66.67	0	0.00	
	天然气/液化气	38	29.01	0	0.00	0	0.00	0	0.00	37	97.37	1	2.63	
	电	2	1.53	0	0.00	0	0.00	0	0.00	0	0.00	2	100.00	
	合计	131	100.00	24	18.32	0	0.00	5	3.82	99	75.57	3	2.29	
总计		327	100.00	60	18.35	2	0.61	9	2.75	250	76.45	6	1.83	

资料来源：根据调研资料整理所得。

在襄阳市所有被调研的 327 个农户中，失地前，由于受农村传统做饭习惯的影响，做饭能源类型为柴草的农户最多，达到 201 户，占比为 61.47%；做饭能源类型为天然气/液化气的农户次之，为 116 户，占比为 35.47%；相比之下，采用沼气、煤和电作为其做饭能源的户数很少，三者之和仅为 10户。失地后，随着大多数农户经济条件的提高，再加上农村防治环境污染的整治力度加大，做饭能源采用天然气/液化气的农户明显增加，达到 250 户，而做饭能源为柴草的农户迅速减少，为 60 户。尽管采用电作为能源类型的农户有所增加，但增加较少。因此，从总体上看，失地后使用沼气、煤和电作为能源类型的农户依然很少。

在失地程度为 0~50% 的 54 个农户中，失地前，做饭使用能源为天然气/液化气的农户最多，达到 31 户，占比为 57.14%，做饭使用能源为柴草的农户次之，有 21 户，占比为 38.89%，而使用沼气和煤作为其能源材料的仅各有 1 户，这些差异产生的原因主要与农户的经济条件、习惯等因素有关。失地后，随着大部分农户经济实力的增强以及受环保督查的影响，做饭使用能源为天然气/液化气的农户明显增加，达到 36 户，而使用能源为柴草的农户减少为 14 户，使用煤和沼气的农户依然很少，没有农户使用电。失地程度为

50%~75%的农户、失地程度为75%~100%的农户、100%全部失地的农户，这三种失地程度的农户在使用能源方面的规律基本一致，即：失地前，由于受农村做饭习惯和经济条件的影响，使用能源为柴草的农户最多，使用能源为天然气/液化气的农户次之，而使用其他能源类型的农户很少或者为0；失地后，随着大部分农户收入水平的提高和农村环境整治力度的加大，使用天然气/液化气作为其能源材料的农户迅速增加，使用柴草的农户大大减少，而使用其他能源类型的农户依然很少或为0。

从上述分析可知，失地后，使用天然气/液化气成为大多数农户在能源使用方面的选择，从而可反映出失地后农户生活水平有一定的提升。

（3）黄冈市农户失地前后采用不同生计模式后的能源使用情况分析。表4-29描述了黄冈市农户失地前后采用不同生计模式后的能源使用情况。

表4-29　　黄冈市农户失地前后采用不同生计模式后的能源使用情况

失地程度	能源种类	失地前		失地后使用不同能源的户数									
		户数	占比（%）	柴草		沼气		煤		天然气/液化气		电	
				户数	占比（%）	户数	占比（%）	户数	占比（%）	户数	占比（%）	户数	占比（%）
0~50%	柴草	13	39.39	5	38.46	1	7.69	1	7.69	6	46.15	0	0.00
	沼气	0	0.00	0	—	0	—	0	—	0	—	0	—
	煤	0	0.00	0	—	0	—	0	—	0	—	0	—
	天然气/液化气	17	51.52	0	0.00	0	0.00	0	0.00	17	100.00	0	0.00
	电	3	9.09	0	0.00	0	0.00	0	0.00	0	0.00	3	100.00
	合计	33	100.00	5	15.15	1	3.03	1	3.03	23	69.70	3	9.09
50%~75%	柴草	17	47.22	6	35.29	1	5.88	1	5.88	9	52.94	0	0.00
	沼气	1	2.78	0	0.00	0	0.00	0	0.00	1	100.00	0	0.00
	煤	0	0.00	0	—	0	—	0	—	0	—	0	—
	天然气/液化气	16	44.44	0	0.00	0	0.00	0	0.00	15	93.75	1	6.25
	电	2	5.56	0	0.00	0	0.00	0	0.00	0	0.00	2	100.00
	合计	36	100.00	6	16.67	1	2.78	1	2.78	25	69.44	3	8.33

失地程度	能源种类	失地前		失地后使用不同能源的户数									
				柴草		沼气		煤		天然气/液化气		电	
		户数	占比（%）	户数	占比（%）	户数	占比（%）	户数	占比（%）	户数	占比（%）	户数	占比（%）
75%~100%	柴草	20	54.05	8	40.00	0	0.00	1	5.00	11	55.00	0	0.00
	沼气	0	0.00	0	—	0	—	0	—	0	—	0	—
	煤	1	2.70	0	0.00	0	0.00	0	0.00	1	100.00	0	0.00
	天然气/液化气	15	40.54	0	0.00	0	0.00	0	0.00	15	100.00	0	0.00
	电	1	2.70	0	0.00	0	0.00	0	0.00	0	0.00	1	100.00
	合计	37	100.00	8	21.62	0	0.00	1	2.70	27	72.97	1	2.70
100%	柴草	20	37.04	7	35.00	0	0.00	0	0.00	13	65.00	0	0.00
	沼气	2	3.70	0	0.00	2	100.00	0	0.00	0	0.00	0	0.00
	煤	1	1.85	0	0.00	0	0.00	1	100.00	0	0.00	0	0.00
	天然气/液化气	30	55.56	0	0.00	0	0.00	0	0.00	29	96.67	1	3.33
	电	1	1.85	0	0.00	0	0.00	0	0.00	0	0.00	1	100.00
	合计	54	100.00	7	12.96	2	3.70	1	1.85	42	77.78	2	3.70
总计		160	100.00	26	16.25	4	2.50	4	2.50	117	73.13	9	5.63

资料来源：根据调研资料整理所得。

在黄冈市所有被调研的 160 个农户中，失地前，做饭能源类型为天然气/液化气的农户最多，达到 78 户，占比为 48.75%；由于受农村传统做饭习惯的影响，做饭能源类型为柴草的农户也较多，达到 70 户，占比为 43.75%；采用沼气、煤和电作为其做饭能源的户数较少，三者之和仅为 12 户。失地后，因大多数农户经济水平的提高以及农村环境整治的力度逐渐加大，做饭能源采用天然气/液化气的农户增加明显，达到 117 户，而做饭能源为柴草的农户迅速减少，为 26 户，采用沼气、煤和电作为其能源类型的农户依然很少，变化不明显。

在失地程度为 0~50% 的 33 个农户中，失地前，做饭使用能源为天然气/液化气的农户最多，达到 17 户，占比为 51.52%；做饭使用能源为柴草的农户次之，有 13 户，占比为 39.39%；而使用电的农户仅有 3 户，没有农户使用沼气和煤。这些差异产生的原因主要与农户的经济实力和做饭习惯有关。失地后，因大部分农户收入水平的提升，再加上环保督查的力度逐渐加大，做饭使用能源为天然气/液化气的农户增加明显，达到 23 户，而使用能源为柴草的农户减少为 5 户，使用其他三种能源类型的农户依然很少。失地程度为 50%~75% 的农户和失地程度为 75%~100% 的农户，在使用能源方面的规律基本一致，即：失地前，在农村做饭习惯和收入水平的影响下，使用能源为柴草的农户最多，使用能源为天然气/液化气的农户次之，而使用其他能源类型的农户很少或者为 0；失地后，由于大部分农户收入增加以及农村环境整治力度的不断加大，使用天然气/液化气作为其能源材料的农户迅速增加，使用柴草的农户大大减少，而使用其他能源类型的农户依然很少或为 0。在100% 失地的 54 个农户中，失地前，做饭使用能源为天然气/液化气的农户最多，达到 30 户；由于受农村传统做饭习惯的影响，做饭能源使用柴草的农户也较多，有 20 户；而采用其他类型能源的农户很少。失地后，在大部分农户收入水平提高和农村环境整治力度加大的作用下，使用天然气/液化气的农户迅速增多，达到 42 户，使用柴草的农户明显减少，仅有 7 户，而采用其他能源类型的农户仍然很少。

从以上分析可得到，失地后，天然气/液化气成为大多数农户在使用做饭能源方面的选择，从而表明农户在生活质量方面也有一定的提高。

（4）九江市农户失地前后采用不同生计模式后的能源使用情况分析。表 4-30 描述了九江市农户失地前后采用不同生计模式后的能源使用情况。

表4-30 九江市农户失地前后采用不同生计模式后的能源使用情况

失地程度	失地前			失地后使用不同能源的户数										
	能源种类	户数	占比(%)	柴草		沼气		煤		天然气/液化气		电	
				户数	占比(%)	户数	占比(%)	户数	占比(%)	户数	占比(%)	户数	占比(%)
0～50%	柴草	17	53.13	4	23.53	0	0.00	2	11.76	11	64.71	0	0.00
	沼气	1	3.13	0	0.00	1	100.00	0	0.00	0	0.00	0	0.00
	煤	0	0.00	0	—	0	—	0		0		0	—
	天然气/液化气	14	43.75	0	0.00	0	0.00	0	0.00	14	100.00	0	0.00
	电	0	0.00	0	—	0	—	0		0		0	—
	合计	32	100.00	4	12.50	1	3.13	2	6.25	25	78.13	0	0.00
50%～75%	柴草	15	51.72	2	13.33	0	0.00	2	13.33	10	66.67	1	6.67
	沼气	1	3.45	0	0.00	0	0.00	0	0.00	1	100.00	0	0.00
	煤	2	6.90	0	0.00	0	0.00	0	0.00	2	100.00	0	0.00
	天然气/液化气	11	37.93	0	0.00	0	0.00	0	0.00	11	100.00	0	0.00
	电	0	0.00	0	—	0		0		0		0	
	合计	29	100.00	2	6.90	0	0.00	2	6.90	24	82.76	1	3.45
75%～100%	柴草	11	50.00	0	0.00	0	0.00	1	9.09	10	90.91	0	0.00
	沼气	0	0.00	0	—	0	—	0	—	0	—	0	—
	煤	1	4.55	0	0.00	0	0.00	1	100.00	0	0.00	0	0.00
	天然气/液化气	10	45.45	0	0.00	0	0.00	0	0.00	10	100.00	0	0.00
	电	0	0.00	0	—	0	—	0		0		0	—
	合计	22	100.00	0	0.00	0	0.00	2	9.09	20	90.91	0	0.00
100%	柴草	129	61.14	8	6.20	0	0.00	7	5.43	114	88.37	0	0.00
	沼气	1	0.47	0	0.00	0	0.00	0	0.00	1	100.00	0	0.00
	煤	5	2.37	0	0.00	0	0.00	2	40.00	3	60.00	0	0.00
	天然气/液化气	76	36.02	0	0.00	0	0.00	0	0.00	75	98.68	1	1.32
	电	0	0.00	0	—	0	—	0		0		0	—
	合计	211	100.00	8	3.79	0	0.00	9	4.27	193	91.47	1	0.47
总计		294	100.00	14	4.76	1	0.34	15	5.10	262	89.12	2	0.68

资料来源：根据调研资料整理所得。

在九江市所有被调研的 294 个农户中，失地前，由于受农村做饭习惯和经济收入的影响，做饭能源类型为柴草的农户最多，达到 172 户，占比为58.50%；做饭能源为天然气/液化气的农户次之，达到 111 户，占比为37.76%；而做饭能源为沼气、煤和电的农户很少或为 0。失地后，随着大多数农户收入的增加，再加上农村环境整治力度的加大，做饭能源采用天然气/液化气的农户迅速增加，达到 260 户；而做饭能源为柴草的农户迅速减少，仅有 17 户；采用沼气、煤和电作为其能源类型的农户很少，且变化均较小。

失地程度为 0~50% 的农户、失地程度为 50%~75% 的农户、失地程度为 75%~100% 的农户、100% 失地的农户，这四种失地程度的农户在使用能源方面的规律基本一致，即：失地前，在农村做饭习惯和经济条件的影响下，使用柴草作为其能源类型的农户最多，使用天然气/液化气作为其能源类型的农户次之，而使用其他能源类型的农户很少或为 0；失地后，在大部分农户收入增加的情况下，再加上农村环境整治力度的不断加大，使用天然气/液化气作为其能源材料的农户迅速增加，使用柴草的农户大大减少，而使用其他能源类型的农户依然很少或为 0，如在 100% 失地的 211 个农户中，失地前，做饭使用能源为柴草的农户最多，为 129 户，做饭使用能源为天然气/液化气的农户次之，有 76 户；失地后，做饭使用能源为天然气/液化气的农户猛增到193 户，而使用柴草的农户迅速减少到 8 户。

从上述数据分析中可知，不管是哪一种失地程度，失地后采用天然气/液化气作为其做饭能源的占比都显著提高，从而反映出农户生活质量有一定提高。

二、生计模式转型对生计结果的影响

(一) 模型构建

根据分析需要，结合调研取得的数据资料，为了更好地测度生计模式转型对生计结果的影响，特构建多元线性回归模型，模型的表达式为：

$$Y_i = \alpha + \beta_1 x_i + \beta_2 D_i + \beta_3 T_i + \beta_4 C + \mu_i \qquad (4-3)$$

其中，Y_i 表示被解释变量，α 为常数项，x_i 表示一组家庭特征因素，D_i 表示生计模式转型因素，T_i 表示失地程度因素，C 表示区域控制变量，β 为解释变量的系数，μ_i 为随机干扰项。

（二）变量选取及描述性统计

基于所构建的计量模型，在被解释变量中，本书选取了三个指标，分别是人均年纯收入、人均住房面积、人均年食物消费额。由于这三项指标数值均较大，在回归分析时，首先对以上三个被解释变量分别取对数。

解释变量共选取了四类，分别是家庭特征、生计模式转型、失地程度和控制变量。其中，在家庭特征变量中，选取家庭人口总数、户主年龄、户主受教育年限、户主健康得分、劳动力占家庭人口比、劳动力接受技术培训占比这六项指标；在生计模式转型中，共包括纯农业生计模式向纯非农生计模式转型、以农业为主非农为辅生计模式向纯非农生计模式转型、以非农为主农业为辅生计模式向纯非农生计模式转型以及其他转型类型四类，其中其他转型类型主要包括由纯农业生计模式或以农业为主非农为辅生计模式转向以非农为主农业为辅生计模式。由于其他转型类型包含的转型情况较多，故本书在回归分析时，主要考察纯农业生计模式向纯非农生计模式转型、以农业为主非农为辅生计模式向纯非农生计模式转型、以非农为主农业为辅生计模式向纯非农生计模式转型这三种转型类型对生计结果的影响，具体是以纯农业向纯非农生计模式转型作为参照组进行回归估计。在失地程度中，引入100%失地程度、75%~100%失地程度、50%~75%失地程度、0~50%失地程度这四种失地类型，并以100%失地程度作为参照组进行回归估计。同时，为了保证估计结果的可靠性，本书在回归估计时，还引入了地区变量作为控制变量。

表4-31给出了变量选取情况和描述性统计结果。

表 4 - 31 变量选取及描述性统计结果

变量类别	变量名称	选取指标	均值	标准差
被解释变量	收入	人均年纯收入取对数	8.94	0.81
	住房	人均住房面积取对数	3.98	0.56
	消费	人均年食物消费额取对数	7.55	0.28
解释变量	家庭特征变量	家庭人口总数（人）	4.46	1.59
		户主年龄（岁）	53.85	11.82
		户主受教育年限（年）	6.55	3.74
		户主健康得分（非常差=1；比较差=2；一般=3；比较好=4；非常好=5）	3.52	1.04
		劳动力占家庭人口比	0.51	0.17
		劳动力接受技术培训占比	0.08	0.19
	生计模式转型	纯农业向纯非农转型=1；以农业为主非农为辅向纯非农转型=2；以非农为主农业为辅向纯非农转型=3；其他转型类型=4	2.89	1.07
控制变量	失地程度	100%失地=1；75%~100%失地=2；50%~75%失地=3；0~50%失地=4	1.95	1.13
	地区变量	襄阳=1；黄冈=2；九江=3	1.96	0.89

（三）模型估计结果

根据所构建的计量模型，借助于 Stata 软件，我们可得到回归估计结果，如表 4 - 32 ~ 表 4 - 34 所示。

表 4 - 32 生计模式转型对人均年纯收入的回归估计结果

变量 （Variables）	系数 （Coefficients）	标准误 （Std. Error）	t 统计量 （t - statistics）	伴随概率 （probability）
家庭人口总数	- 0.0817 ***	0.0170	- 4.80	0.000
户主年龄	- 0.0139 ***	0.0027	- 5.07	0.000
户主受教育年限	- 0.0068	0.0080	- 0.85	0.396
户主健康得分	0.0019	0.0273	0.07	0.944

变量 （Variables）		系数 （Coefficients）	标准误 （Std. Error）	t 统计量 （t - statistics）	伴随概率 （probability）
劳动力占家庭人口比		0.8105 ***	0.1667	4.86	0.000
劳动力接受技术培训占比		0.2403 *	0.1398	1.72	0.086
生计模式转型（参照组：纯农业向纯非农转型）	以农业为主非农为辅向纯非农转型	0.1211	0.1284	0.94	0.346
	以非农为主农业为辅向纯非农转型	0.2694 ***	0.0751	3.59	0.000
失地程度（参照组：100% 失地）	75% ~100% 失地	- 0.0218	0.0795	- 0.27	0.784
	50% ~75% 失地	- 0.1372	0.0871	- 1.57	0.116
	0 ~50% 失地	- 0.0391	0.0957	- 0.41	0.683
地区变量（参照组：襄阳市）	黄冈市	- 0.2617 ***	0.0732	- 3.58	0.000
	九江市	- 0.3748 ***	0.0631	- 5.94	0.000
R-squared		0.2087			
AdjR-squared		0.1941			
P 值		0.0000			

注：*** 、 * 分别表示在1%、10% 的水平下通过显著性检验。

表4-32 的估计结果显示：

从家庭因素来看，家庭人口总数、户主年龄这2 项指标均对人均年纯收入产生显著的负向影响。原因主要是家庭人口总数越多，非农劳动力就相应越多，从而导致人均年纯收入有所减少；户主年龄越大，户主的劳动能力则会下降，从而不利于人均年纯收入的增加。

户主受教育年限和户主健康得分均未对人均年纯收入产生显著的影响，原因主要与户主的受教育年限普遍不高和户主健康得分需要进一步提高有关。

劳动力占家庭人口比、劳动力接受技术培训占比均对人均年纯收入产生显著的正向影响，原因主要是劳动力占家庭人口比越多，能够参加工作挣钱的人就越多，因而有利于人均年纯收入水平的提升，劳动力接受技术培训占比越高，劳动力掌握的劳动技能就越多，也有利于收入的增加。

在生计模式转型因素方面，以纯农业向纯非农转型为参照组，在其他因素不变的情况下，以农业为主非农为辅向纯非农转型、以非农为主农业为辅向纯非农转型这两种转型类型下获得的人均年纯收入均要高于以纯农业向纯非农的转型，尤其是以非农为主农业为辅向纯非农转型的这种影响更显著，原因主要是和纯农业向纯非农这种转型类型相比，以非农为主农业为辅向纯非农转型需要的过渡时间更短、转型成本更低有关。

从失地程度来看，表4-32显示，以100%失地的农户作为参照组，在其他因素不变的情况下，75%~100%失地、50%~75%失地、0~50%失地这三种失地程度下获得的人均年纯收入均要少于100%失地的农户，但失地程度对人均年纯收入的影响均未通过显著性检验，原因主要与农户失地后与失地前的时间间隔较短，影响效应还未完全显现有关。

从地区来看，以襄阳市为参照组，在其他条件不变的情况下，黄冈市农户的人均年纯收入和九江市农户的人均年纯收入均低于襄阳市，且这些影响均通过了显著性检验，原因主要与当地的经济发展水平有关。

表4-33　　　　　　　　生计模式转型对人均住房面积的回归估计结果

变量	系数	标准误	t统计量	伴随概率
家庭人口总数	-0.1712***	0.0111	-15.43	0.000
户主年龄	0.0054***	0.0018	3.06	0.002
户主受教育年限	0.0108**	0.0052	2.09	0.037
户主健康得分	0.0426**	0.0178	2.39	0.017
劳动力占家庭人口比	0.0079	0.1084	0.07	0.942
劳动力接受技术培训占比	-0.0391	0.0908	-0.43	0.667
生计模式转型（参照组：纯农业向纯非农转型）				
务农为主非农为辅向纯非农转型	0.0170	0.0839	0.20	0.839
非农为主务农为辅向纯非农转型	0.0628	0.0486	1.29	0.197
失地程度（参照组：100%失地）				
75%~100%失地	-0.1057**	0.0515	-2.05	0.041
50%~75%失地	-0.0713	0.0564	-1.26	0.207
0~50%失地	-0.0152	0.0620	-0.25	0.806

续表

变量	系数	标准误	t 统计量	伴随概率
地区变量（参照组：襄阳市）				
黄冈市	- 0. 1159 **	0. 0475	- 2. 44	0. 015
九江市	0. 2182 ***	0. 0410	5. 32	0. 000
R-squared	0. 3413			
Adj R-squared	0. 3291			
P 值	0. 0000			

注：*** 、 ** 分别表示在1%、5%的水平下通过显著性检验。

表4 - 33 的回归估计结果显示：

在家庭因素方面，家庭人口总数对人均住房面积产生显著的负向影响，即家庭人口总数越多，按人口平均的住房面积就越少。户主年龄、户主受教育年限、户主健康得分均对人均住房面积产生显著的正向影响，原因主要是户主年龄越大，因子女已经成家独立成户，家庭人口往往很少，因而住房面积较大；户主受教育年限越长、户主健康得分越高，户主获取较高收入工作岗位的机会越大，从而有利于住房面积的扩大。劳动力占家庭人口比、劳动力接受技术培训占比对人均住房面积的影响均未通过显著性检验，原因主要是失地前后这两项指标的变化很小，因而未对人均住房面积产生显著影响。

在生计模式转型方面，以纯农业向纯非农转型作为参照组，在其他条件保持不变时，以农业为主非农为辅向纯非农转型、以非农为主农业为辅向纯非农的转型这两种转型类型下农户拥有的人均住房面积均要多于以纯农业向纯非农的转型，但未通过显著性检验，原因主要与农户发生生计模式转型的时间普遍较短有关。

从失地程度来看，表4 - 33 显示，以100% 失地的农户作为参照组，75% ~100% 失地的农户拥有的人均住房面积少于100% 失地的农户，且通过了显著性检验，原因主要是100% 失地的农户主要失去的是耕地，而失去宅基地的农户数和面积均较少，而50% ~75% 失地、0 ~50% 失地这两种失地程度对人均住房面积的影响均未通过显著性检验，原因也主要是与这些农户和100% 失地的农户一样，失去宅基地相对较少，因而差异不明显有关。

从地区来看，以襄阳市为参照组，估计结果显示，在其他条件不变的情况下，黄冈市的人均住房面积比襄阳市少，而九江市的人均住房面积比襄阳市多，且这些影响均通过了显著性检验，原因主要与当地的征地补偿政策有关，即九江市采取一次性货币补偿，因而农户有较为充足的资金修建房屋，但黄冈市在货币补偿方面是分期进行的，显然很难满足农户在修建房屋方面对资金的较大需求。

表4-34　　　　生计模式转型对人均年食物消费额的回归估计结果

变量	系数	标准误	t 统计量	伴随概率
家庭人口总数	-0.0366 ***	0.0064	-5.76	0.000
户主年龄	-0.0036 ***	0.0010	-3.52	0.000
户主受教育年限	-0.0015	0.0030	-0.50	0.615
户主健康得分	-0.0064	0.0102	-0.63	0.531
劳动力占家庭人口比	0.0667	0.0622	1.07	0.283
劳动力接受技术培训占比	0.0383	0.0521	0.73	0.463
生计模式转型（参照组：纯农业向纯非农转型）				
以农业为主非农为辅向纯非农转型	0.0687	0.0479	1.44	0.151
以非农为主农业为辅向纯非农转型	0.0814 ***	0.0280	2.91	0.004
失地程度（参照组：100%失地）				
75% ~100% 失地	0.0215	0.0296	0.73	0.468
50% ~75% 失地	-0.0133	0.0325	-0.41	0.683
0 ~50% 失地	0.0603 *	0.0357	1.69	0.091
地区变量（参照组：襄阳市）				
黄冈市	-0.0659 **	0.0273	-2.42	0.016
九江市	-0.1043 ***	0.0235	-4.43	0.000
R-squared	0.1288			
Adj R-squared	0.1128			
P 值	0.0000			

注：*** 、** 、* 分别表示在1%、5%和10%的水平下通过显著性检验。

表4-34的回归结果显示：

从家庭因素来看，家庭人口总数、户主年龄这2项指标对人均年食物消费额均产生了显著的负向影响，即家庭人口总数越多，人均需要支出的食物消费额就越少，户主年龄越大，很多户主的食物消费均是由子女承担的，因而户主自己支出的食物消费额较少。户主受教育年限、户主健康得分、劳动力占家庭人口比、劳动力接受技术培训占比这4项指标对人均年食物消费额的影响未通过显著性检验，原因主要与失地前后这4项指标的变化很小有关。

从生计模式转型来看，以纯农业向纯非农转型作为参照组，在其他因素不变的情况下，由以农业为主非农为辅向纯非农转型、由以非农为主农业为辅向纯非农转型这两种转型类型下需要的食物消费额均高于由纯农业向纯非农转型，尤其是由以非农为主农业为辅向纯非农转型的这种影响更显著。原因主要是由纯农业向纯非农转型的农户发生生计模式转型的跨度最大，还没有完全适应从事纯非农工作的消费习惯和消费结构，基于预防和谨慎的考虑，因而在食物消费方面往往比较节省。

从失地程度来看，以100%失地的农户作为参照组，在其他条件不变的情况下，75%～100%失地、50%～75%失地这两种失地程度对人均年食物消费额的影响未通过显著性检验，但0～50%失地对人均年食物消费额的影响通过了显著性检验，0～50%失地的农户需要的食物消费额比100%失地的农户要多。原因主要是100%失地的农户失地后从事非农工作，由于有部分非农工作是解决食宿问题的，故他们的平均食物消费支出较少。

从地区来看，以襄阳市为参照组，在其他因素不变的前提下，黄冈市和九江市农户的人均年食物消费额均比襄阳市少一些，且这些影响均通过了显著性检验。黄冈市农户人均年食物消费额比襄阳市少的主要原因是黄冈市农户的家庭规模较大，因而平均计算的食物消费支出较低。九江市农户人均食物消费额比襄阳市少的主要原因是九江市农户从事纯非农活动的农户占比更高，由于部分非农工作解决食宿问题，导致九江市农户的平均消费支出低于襄阳市。

第五章　失地农户生计模式转型的
影响因素分析

本章首先对失地农户生计模式转型的影响因素进行理论分析，然后通过构建适当的计量模型对失地农户生计模式转型的影响因素进行实证检验。

第一节　失地农户生计模式转型影响因素的理论分析

在前面的分析中，我们分别选用相应的指标来判断失地农户采用何种生计模式。而促使失地农户作出生计模式转型的因素也是多种多样的。本节将基于可持续生计理论，从农户拥有的生计资本变化和城镇化率、政府的政策、与县（区）中心的距离、地区差异等外在因素两大方面来分析失地农户生计模式转型的影响因素。

一、生计资本变化对失地农户生计模式转型的影响

从可持续生计分析框架中我们可以发现生计资本包括自然资本、物质资本、人力资本、金融资本和社会资本五种类型。下面逐一分析这五类资本变化对失地农户生计模式转型的影响。

（一）自然资本对失地农户生计模式转型的影响

根据前面的分析，我们是用土地资源面积的多少来反映失地农户自然资

本的变化情况，而土地资源的类型包括耕地、园地、林地、养殖水域等。从理论上说，若失地前农户拥有的土地资源面积越多，则失地前农户越倾向于采用纯农业或以农业为主的生计模式，但失地后，随着农户拥有的土地面积大量减少，农户就会主动或被动地选择全部或者部分非农活动的生计模式。因此，失地后较失地前土地资源面积发生大量减少后，将会促使失地农户由失地前的纯农业或以农业为主的生计模式向失地后的纯非农生计模式或者以非农生计模式为主转型。

（二）物质资本对失地农户生计模式转型的影响

本书选取的衡量农户家庭物质资本状况的指标包括生产性固定资产变化、耐用消费品变化等。一般来讲，生产性固定资产，尤其是农业机械类固定资产的增加，会有利于农户作出纯农业或以农业为主的生计模式选择，因而对农户从纯农业向纯非农的生计模式转型是不利的。家庭耐用消费品，尤其是高档耐用消费品的增加，如电脑、汽车等，则对农户实现由纯农业向纯非农的生计模式转型是有利的。

（三）人力资本对失地农户生计模式转型的影响

本书选取的衡量人力资本的指标有农户家庭劳动力总数、户均劳动力占比、户主的年龄、户主的受教育状况、农户家庭劳动力的健康状况等。农户家庭劳动力总数、户均劳动力占比这 2 项指标数值越大，农户家庭从事非农活动的机会就越多、概率就越大，进而会对农户作出由纯农业或农业为主的生计模式转型为纯非农的生计模式较为有利。户主的年龄则会对农户从纯农业或农业为主的生计模式向纯非农的生计模式转型产生不利影响，即户主年龄越大，越不利于这一转型的实现。若户主的受教育程度越高，农户家庭的市场意识越强，则越有利于农户作出从纯农业或农业为主的生计模式向纯非农的生计模式转型。若农户家庭劳动力的健康得分越高，则对农户实现向纯非农活动的生计模式转型比较有利。

（四）金融资本对失地农户生计模式转型的影响

衡量农户金融资本的指标有农户借入金额、农户贷入金额、农户借出金额、农户贷出金额以及农户家庭现金和存款数额等。本书认为，农户借入金额、农户贷入金额、农户借出金额、农户贷出金额这些指标的变化，在很大程度上要受农户家庭现金和存款数额的影响，因此，这里我们主要分析农户家庭现金和存款数额的变化对失地农户生计模式转型的影响。农户家庭现金和存款数额增加，则农户家庭在一定时间内可以免除基本生计问题的困扰，从而在生计模式选择方面有更多的主动权和选择权，在这种情况下，农户越倾向于向非农活动的生计模式转型。

（五）社会资本对失地农户生计模式转型的影响

衡量农户社会资本变化的指标有：农户参加协会组织的比例；春节期间农户相互拜年走访的亲戚朋友数量；春节期间农户人情支出情况；遇到经济困难时，能够给予农户经济支持的亲戚朋友数量；农户遇到事情需要帮忙时，能够提供劳动力支持的亲戚朋友数量等。这里主要分析春节期间农户相互拜年走访的亲戚朋友数量对失地农户生计模式转型的影响。在调研过程中，我们发现，农户生计模式的选择往往存在跟风的现象，即如果某一农户选择某一种生计模式，其他农户就会跟风和效仿，选择同样的生计模式。因此，在失地农户的亲戚朋友中，如果选择非农活动的生计模式较多，则失地农户也比较容易作出非农活动的生计模式选择，反之，如果失地农户的亲戚朋友中很少有人从事非农活动，则失地农户从事非农活动的概率也相对较低。

二、外在因素对失地农户生计模式转型的影响

可持续生计理论告诉我们，除了生计资本会对失地农户的生计模式转型产生影响之外，城镇化率、政府的政策、与县（区）中心的距离、地区差异等外在因素也会对失地农户生计模式转型产生影响。故接下来分析城镇化率、政府的政策、与县（区）中心的距离、地区差异等对失地农户生计模式转型

的影响。

（一）城镇化率对失地农户生计模式转型的影响

城镇化率可以在一定程度上反映一个地区的经济发展程度。如果一个地区的城镇化水平越高，则农户采用非农生计模式的意识越强、机会越多、概率越大，相反，如果一个地区的城镇化水平越低，则会越不利于该地区农户采用非农生计模式，因为就地非农务工的机会很少。因此，从理论上分析，如果失地农户所在地区的城镇化水平较高，则比较有利于农户向纯非农生计模式转型，故我们预计城镇化水平越高，失地农户越容易向纯非农的生计模式转型。

（二）政府的政策对失地农户生计模式转型的影响

当农户失去土地后，政府部门会根据农户失地情况出台相应的政策，如征地补偿政策、对失地农户的社会保障政策、就业帮扶政策等，这些政策的出台和实施，势必会对失地农户一段时间内的基本生活提供重要保障。这样一来，必然会对失地农户的生计模式选择产生影响，进而会影响失地农户的生计模式转型过程。在调研过程中，我们发现不管是襄阳市、黄冈市，还是九江市，当地政府均根据农户的失地情况出台了相应的补偿政策，这些补偿政策的出台，可以在一段时间内很大程度上缓解农户失地后的生计压力，可以让失地农户把更多的时间和精力放在生计模式选择问题上。如果政府针对农户失地的补偿政策越充分，农户的基本生计实现也就越有保障，在这种情况下，农户就越容易跳出农业活动的生计模式，进而有助于农户作出向纯非农活动的生计模式转型。

（三）与县（区）中心的距离对失地农户生计模式转型的影响

与县（区）中心的距离，可以在一定程度上反映失地农户从事非农活动的难易程度。若农户与县（区）中心的距离越短，则越有利于农户采用非农活动的生计模式，反之，如果农户与县（区）中心的距离越远，本地非农就业的机会较少，则农户采用非农活动生计模式概率越小。因此，我们预计与县（区）中心的距离，会对农户选择非农活动生计模式产生影响。

（四）地区差异对失地农户生计模式转型的影响

这里的地区差异，主要是指地区之间的经济发展水平差异。一个地区经济发展程度的高低对失地农户生计模式能否顺利实现转型起着重要作用，因为该地区经济发展程度的高低可以在很大程度上决定失地农户能否实现就地非农化的问题。如果当地的经济发展程度相对较高，则失地农户可以就近从事非农活动，也就是说，失地农户在实现向纯非农活动的生计模式转型的过程中，面临的困难就更少一些，因而生计模式转型就比较容易；反之，当地的经济发展程度较低，农户如果要作出非农活动的生计模式选择，就要以背井离乡作为代价，从而使得农户在将生计模式由纯农业或农业为主转向纯非农活动时面临的阻力也更大，故在这种情况下失地农户选择纯非农活动生计模式的概率就相对较低。

同时，需要指出的是失地农户生计模式的转型是一个动态过程。对一个农户来说，在不同的时间节点上可能有不同的生计模式；对于同一时期调查的不同农户可能采用不同的生计模式。这样，在同一个时间节点上，采用不同生计模式的农户可以认为他们处于不同的转型阶段。因此，可以采用截面数据来分析影响农户生计模式转型的因素。

第二节　失地农户生计模式转型影响因素的实证检验

本节将通过模型选取、变量选择及描述统计、结果说明三个步骤来对失地农户生计模式转型的影响因素进行实证检验。

一、模型选取

在本书研究中，如果某一农户由失地前的第 i 种生计模式转型为失地后的第 j 种生计模式，则我们赋值为 1，否则将赋值为 0。因此，对于每个失地农户生计模式的转型结果，都只有 0 和 1 两个可能取值，故这里可以选择二元 Logit 模型进行回归估计。Logit 模型也被译作"评定模型""分类评定模型"。该模型属于离散选择法模型之一，属于多重变量分析范畴，是社会学、生物统计学、计量经济学等进行实证分析时常用的方法。

二元 Logit 模型的表达式为：

$$\text{Prob}(Y = j) = \alpha + \beta_1 x_1 + \beta_2 x_2 + \beta_3 x_3 + \cdots \beta_k x_k + \varepsilon \qquad (5-1)$$

其中，Y 为因变量，Prob 为因变量 Y 取某个值的概率，α 为常数项，x_1，x_2，$x_3 \cdots x_k$ 为一组自变量，β 是各个自变量的系数，ε 为随机误差项。

二、变量选择及描述统计

（一）被解释变量的选择

根据研究需要，这里我们选取的被解释变量是生计模式的转型。结合前面的分析结果，我们主要考察失地农户生计模式的三种转型类型：一是由纯农业的生计模式转向纯非农的生计模式；二是由以农业为主非农为辅的生计模式转向纯非农的生计模式；三是由以非农为主农业为辅的生计模式转向纯非农的生计模式。

（二）解释变量的选择

在第一节的理论分析中，我们主要是分析生计资本变化和外在因素对失地农户生计模式转型可能的影响。基于可持续生计分析框架，生计资本是影响失地农户生计模式转型的内在变量。对于每一类型的生计资本，我们将选取合适的指标纳入回归模型，以实证检验每一类生计资本变化对失地农户生计模式转型的影响。除此之外，我们还将在回归模型中引入外生变量，同时将失地程度和地区差异这两个变量作为控制变量，以得到更为全面和可靠的估计结果。

1. 内生变量的选取

根据实地调研获得的数据以及问题研究的需要，在自然资本方面，将失地前农户拥有的土地面积纳入回归模型。我们预期失地前农户拥有的土地面积越多，则失地前农户采用纯农业生计模式的概率就越大，从而在失地后发生由纯农业生计模式转型为纯非农生计模式的概率就相应越大。在物质资本方面，将农户拥有的农业生产性机器设备数量纳入回归模型进行考察，我们预期失地前农户拥有的生产性机器设备数量越多，则失地前农户越倾向于采用纯农业或农业为主的生计模式，因而失地后发生由纯农业或农业为主生计模式向纯非农生计模式转型的可能性就越大。在人力资本方面，选取家庭人口总数、劳动力占家庭人口比、劳动力平均年龄、劳动力平均受教育年限、劳动力健康平均得分这五个指标进行考察，我们的预期是劳动力平均年龄越大，会对农户转向非农活动的生计模式产生不利影响；家庭人口总数、劳动力占家庭人口比、劳动力平均受教育年限、劳动力健康平均得分这四项指标值的提高，将有助于农户作出非农活动的生计模式选择。在金融资本方面，将现金和存款数额这一指标纳入回归模型进行考察。我们预期，农户拥有的现金和存款数额越多，农户越容易跳出纯农业或以农业为主的生计模式，从而对其转向纯非农的生计模式是有利的。在社会资本方面，将失地农户春节期间拜访的农户数纳入回归模型，并预期失地农户春节期间拜访的农户数越多，可能对其转向纯非农的生计模式越有利。

2. 外生变量的选取

根据前面的理论分析，结合数据的可获得性，本书将城镇化率、征地补偿款数额、与县（区）中心的距离这三个指标纳入回归模型中。具体来说，城镇化率越高，则会对农户采用纯非农的生计模式产生积极影响；失地后农户获得的征地补偿款数额越多，则农户越容易摆脱维持基本生计的束缚，从而对其转向纯非农活动的生计模式比较有利；与县（区）中心的距离越短，则越有利于农户选择纯非农活动的生计模式，反之，则会影响农户对纯非农活动生计模式的选择。

3. 控制变量的选取

根据调研结果以及前面的分析，失地程度不同，则失地农户选择的生计模式就可能不同。在前面分析时，我们将失地农户的失地程度划分为四种类型——失去的土地分别在 0～50%、50%～75%、75%～100% 以及 100% 失地。在进行回归分析时，我们将这四类失地程度作为控制变量纳入回归模型进行考察，并预期失地程度越深，则越有利于农户向纯非农的生计模式转型。同时，我们的样本数据来自三大调研地区，而地区差异也可能会对失地农户生计模式的转型产生影响，因此，本书也将地区差异作为控制变量纳入模型进行考察。

变量的选取及描述统计结果如表 5-1 所示。

表 5-1　　　　　　　　　　　变量选取及描述性统计

变量类别	变量名称	选取指标	均值	标准差
被解释变量	生计模式转型	生计模式由 M1 转向 M4，若是 =1，否 =0	0.19	0.39
		生计模式由 M2 转向 M4，若是 =1，否 =0	0.05	0.23
		生计模式由 M3 转向 M4，若是 =1，否 =0	0.43	0.49
解释变量	内生变量	土地面积（亩）	7.53	10.30
		拥有生产性机器设备数量（台）	0.49	0.69
		家庭人口总数（人）	4.49	1.60
		劳动力占家庭人口比	0.53	0.15
		劳动力平均年龄（岁）	39.99	12.16
		劳动力平均受教育年限（年）	8.32	3.24
		劳动力健康平均得分（分）	3.96	0.92
		现金和存款数额取对数	8.09	2.10
		春节拜访农户数（户）	20.28	15.37
	外生变量	城镇化率（%）	49.55	5.21
		征地补偿款取对数	10.41	1.13
		与县（区）中心的距离（公里）	6.06	5.80
	控制变量	失地程度（100% 失地 =1，75%～100% 失地 =2，50%～75% 失地 =3，0～50% 失地 =4）	1.95	1.13
		地区变量（襄阳市 =1，黄冈市 =2，九江市 =3）	1.96	0.89

注：M1 是指纯农业生计模式，M2 是指以农业为主非农为辅生计模式，M3 是指以非农为主农业为辅生计模式，M4 是指纯非农生计模式。

资料来源：根据调研资料整理所得，以上数据除征地补偿款以外，其余均为失地前的数据资料。

三、结果分析

从表 5-1 中我们可以看出，被解释变量为生计模式的转型，而失地农户生计模式的转型我们主要考察三种情况：一是由纯农业的生计模式转向纯非农的生计模式，在回归分析时，如果某一农户生计模式的转型属于这种情况，则记为 1，反之则记为 0；二是由以农业为主非农为辅的生计模式转向纯非农的生计模式，如果某一农户生计模式的转型属于这种情况，则记为 1，否则记为 0；三是由以非农为主农业为辅的生计模式转向纯非农的生计模式，如果某一农户生计模式的转型属于该种情况，则记为 1，反之就记为 0。

因此，在回归估计时，我们将逐一以上述三种情况中的某一种作为被解释变量，将被选取的解释变量纳入模型进行回归，因而就有 3 个回归方程，相应地，就有 3 个回归估计结果，如表 5-2～表 5-4 所示。

表 5-2　失地农户生计模式由 M1 向 M4 转型的影响因素回归估计结果

变量		系数	标准误	Z 统计量	伴随概率
土地面积		0.0243 **	0.0100	2.43	0.015
拥有生产性机器设备数量		0.3278 *	0.1836	1.79	0.074
家庭人口总数		-0.2065 ***	0.0775	-2.66	0.008
劳动力占家庭人口比		-0.7270	0.7998	-0.91	0.363
劳动力平均年龄		0.0065	0.0089	0.73	0.467
劳动力平均受教育年限		-0.0996 ***	0.0361	-2.76	0.006
劳动力健康平均得分		-0.1448	0.1346	-1.08	0.282
现金和存款数额取对数		-0.1554 ***	0.0546	-2.85	0.004
春节拜访农户数		0.0042	0.0065	0.64	0.524
城镇化率		0.6433 **	0.2548	2.53	0.012
征地补偿款取对数		0.1740 *	0.1024	1.70	0.089
与县（区）中心的距离		0.0730 **	0.0331	2.20	0.028
失地程度（参照组：100% 失地）	75% ≤ 失地程度 <100%	-1.5849 ***	0.3521	-4.50	0.000
	50% ≤ 失地程度 <75%	-1.3770 ***	0.3780	-3.64	0.000
	0 < 失地程度 <50%	-1.7547 ***	0.5482	-3.20	0.001

变量		系数	标准误	Z 统计量	伴随概率
地区变量 （参照组： 襄阳市）	黄冈市	8.0726 **	3.3804	2.39	0.017
	九江市	4.9217 ***	1.6779	2.93	0.003
P 值		0.0000			
Pseudo R²		0.2307			

注：***、**、*分别表示在1%、5%、10%的水平上通过显著性检验。

从表5-2可以看出：

失地前农户拥有的土地面积对其实现由纯农业向纯非农的生计模式转型有显著的正向影响，即失地前土地面积越多，失地后农户发生由纯农业向纯非农生计模式转型的概率就越大。原因主要是，在实现这一转型的农户中，失地前的土地面积普遍较多（平均为9.10亩），故失地前采用的是纯农业的生计模式，但失地后很多农户没有土地或者土地大幅度减少，因此选择了纯非农的生计模式。

失地前农户家庭拥有的生产性机器设备数量对失地农户实现由纯农业向纯非农的生计模式转型也有显著的正向影响，与前面的理论假设结果相反，原因主要是失地前这些农户家庭的土地规模普遍较大，故需要使用较多的生产性机器设备以提高农业生产效率，但在失地后，随着农户土地规模的大幅度减少甚至减少为0，农业机械发挥的作用大大减小，故农户更倾向于选择纯非农的生计模式。

家庭人口总数对失地农户实现由纯农业向纯非农生计模式的转型有显著的负向影响，原因可能是失地前纯农业家庭人口总数越多，家庭中往往有需要照顾的老人或小孩的，故这些农户家庭能够出去从事非农活动的概率就越低。

劳动力平均受教育年限对失地农户发生由纯农业向纯非农的生计模式转型产生显著的负向影响，这与我们的预期相反，原因可能有：在调研过程中，在失地前纯农业农户中，一是失地后有些农户因为土地的减少调整了种植结构，基本上种植的是经济作物，因而需要劳动力，尤其是受教育程度较高的劳动力进行精细化管理；二是村干部的受教育程度普遍较高且大多为党员，他们要负责落实政府对农业的支持政策，组织村民抓好农业生产活动，提高村民的农业收入因而没有选择外出从事非农活动。

现金和存款数额对失地农户发生由纯农业向纯非农的生计模式转型产生显著的负向影响，产生这一结果的原因主要是在发生这一转型的农户中，家庭中往往有需要照顾的老人或小孩，同时较多的现金和存款数额可以让农户家庭维持基本的生计需要，故在失地后这些农户并不急着出去打工，因而选择向纯非农生计模式转型的概率较低。

劳动力占家庭人口比、劳动力平均年龄、劳动力健康平均得分、春节拜访农户数对失地农户发生由纯农业生计模式向纯非农生计模式转型的影响均不显著，原因主要与这四项指标在失地前后的变化很小有关。

在外生变量方面，城镇化率、征地补偿款均对失地农户发生由纯农业向纯非农的生计模式转型产生显著的正向影响，原因主要是城镇化水平越高，失地农户获取本地非农就业机会的概率就越大，因而有利于失地农户，尤其是家庭中有需要照顾的老人和孩子的农户作出向纯非农的生计模式转型；在征地补偿款方面，我们发现在发生这一转型的农户中，很多农户将征地补偿款用于自己投资做生意，故征地补偿款越多，越有利于农户从事纯非农活动。与县（区）中心的距离也对失地农户发生由纯农业生计模式向纯非农的生计模式转型产生显著的正向影响，这与我们的预期有所不同，原因主要是尽管这些农户与县（区）中心的距离较远，但失地后这些农户在政府的就业帮扶下，大多去所在的乡镇或村办企业从事非农活动（如板栗加工厂、食品加工厂等），故也有很多农户实现了由纯农业向纯非农的生计模式转型。

在失地程度方面，以100%失地的农户作为参照组，在其他条件不变的情况下，75%≤失地程度<100%的农户、50%≤失地程度<75%的农户、0<失地程度<50%的农户发生由纯农业向纯非农生计模式转型的概率均要小于100%失地的农户，且这些影响均通过了显著性检验。原因主要是失地程度越小，失地后农户仍然有一部分土地可以经营，故从事纯非农活动的概率就越低。这一结果还告诉我们，在失地程度较小的时候，失地农户发生由纯农业向纯非农生计模式转型的概率较低，但当失地程度逐步加深后，失地农户发生由纯农业向纯非农生计模式转型的概率也随之提高。

从地区因素来看，以襄阳市作为参照组，在其他条件不变的情况下，黄冈市的失地农户、九江市的失地农户发生由纯农业向纯非农生计模式转型的概率均要大于襄阳市，原因主要与不同地区失地后农户拥有的土地规模有关。据统计，在发生这一转型的农户中，失地后襄阳市农户平均拥有的土地规模最大（3.09 亩），九江市农户平均拥有的土地规模次之（0.22 亩），黄冈市农户平均拥有的土地规模最少（0.14 亩）。由于失地后黄冈市农户家庭拥有的土地规模最少，故黄冈市由纯农业向纯非农生计模式转型的概率是最大的；九江市农户家庭拥有的土地规模居中，故九江市由纯农业向纯非农生计模式转型的概率也是居中；襄阳市农户家庭拥有的土地面积是最多的，故发生由纯农业向纯非农生计模式转型的概率也是最低的。

表 5 - 3 失地农户生计模式由 M2 向 M4 转型的影响因素回归估计结果

变量		系数	标准误	Z 统计量	伴随概率
土地面积		0.0335	0.0244	1.38	0.169
拥有生产性机器设备数量		0.4047	0.2941	1.38	0.169
家庭人口总数		0.0004	0.1304	0.00	0.998
劳动力占家庭人口比		1.4575	1.3808	1.06	0.291
劳动力平均年龄		− 0.0123	0.0165	− 0.75	0.454
劳动力平均受教育年限		− 0.0434	0.0610	− 0.71	0.477
劳动力健康平均得分		− 0.1542	0.2179	− 0.71	0.479
现金和存款数额取对数		0.2973 ***	0.0899	3.31	0.001
春节拜访农户数		0.0080	0.0098	0.82	0.414
城镇化率		1.4432 ***	0.6276	2.30	0.021
征地补偿款取对数		− 0.0879	0.1526	− 0.58	0.564
与县（区）中心的距离		0.0586	0.1146	0.51	0.609
失地程度（参照组：100% 失地）	75% ≤ 失地程度 < 100%	− 0.6605	0.4975	− 1.33	0.184
	50% ≤ 失地程度 < 75%	− 0.6198	0.5736	− 1.08	0.280
	0 < 失地程度 < 50%	—	—	—	—

变量		系数	标准误	Z统计量	伴随概率
地区变量 （参照组： 襄阳市）	黄冈市	18.4409**	8.4974	2.17	0.030
	九江市	10.0208***	4.2833	2.34	0.019
P值		0.0000			
Pseudo R²		0.2093			

注：***、**分别表示在1%、5%的水平上通过显著性检验。

由于在0<失地程度<50%的农户中，发生由M2向M4转型的农户数为0，故在0<失地程度<50%这里，没有估计结果。

从表5-3中我们可以看出：

现金和存款数额对失地农户实现由以农业为主非农为辅向纯非农的生计模式转型有显著的正向影响，这一结果与表5-2刚好相反。造成这一差异主要是由于家庭人口结构造成的，在由纯农业向纯非农生计模式转型的农户中，很多家庭由于有老人和小孩需要照顾，使得失地后农户不得已而选择留在家里，如果这时农户拥有的现金和存款数额越多，则农户可以暂时不受生计的压力而较为安定地留下来，故这些农户失地后向纯非农生计模式转型的概率较低。但对于由以农业为主非农为辅向纯非农生计模式转型的农户来说，其家庭人口规模较小（平均为4.14人），农户受老人和小孩的牵制较少，因而他们可以比较自由地出去从事非农活动，在从事非农活动的过程中，需要投入一些费用，包括交通费、住宿费以及生活费等，或者农户可以自己做生意，开展自经营活动，但也需要费用投入，所以现金和存款数额越多，越有利于他们从事纯非农活动。

除了现金和存款数额这一内生变量之外，其余的内生变量对失地农户由以农业为主非农为辅向纯非农生计模式转型的影响均不显著。具体来看，土地面积对失地农户由以农业为主非农为辅向纯非农生计模式转型产生一定的正向影响，但不显著，原因主要是失地后发生这一转型的农户尽管拥有的土地面积大幅度减少，但农户户均拥有的土地面积仍然达到1.78亩，比发生由纯农业向纯非农生计模式转型的农户失地后拥有的土地面积多0.66亩，由于失地后仍然有相对较多的土地，使得土地面积对农户发生由以农业为主非农为辅向纯非农生计模式转型的影响不显著。

在生产性机器设备数量方面，由于发生这一转型的农户家庭失地后仍然有相对较多的土地，故在失地后生产性机器设备还可以为农业生产发挥一定的作用，故生产性机器设备对这些农户家庭发生由以农业为主非农为辅向纯非农生计模式转型的影响不显著。

家庭人口总数、劳动力占家庭人口比对失地农户发生由以农业为主非农为辅向纯非农生计模式转型的影响也不显著，原因主要是在发生这一转型的农户中，失地前已经有劳动力从事非农活动，且这些农户的家庭规模普遍不大，所以失地后能够新加入非农活动中的劳动力并不多，故导致家庭人口总数、劳动力占家庭人口比对失地农户发生这一转型的影响不显著。

劳动力平均年龄、劳动力平均受教育年限、劳动力健康平均得分对失地农户发生由以农业为主非农为辅向纯非农生计模式转型的影响也不显著，原因也与失地后能够新加入非农活动中的劳动力极其有限有关。

春节拜访农户数对失地农户发生由以农业为主非农为辅向纯非农生计模式转型的影响也不显著，原因主要是这一指标数值在农户失地前后的变化非常小，因而对农户生计模式转型的影响也较小。

在外生变量方面，城镇化率对失地农户实现由以农业为主非农为辅向纯非农生计模式的转型有显著的正向影响，这一结果与表5-2是一致的，原因也主要是城镇化水平越高，可以给农户提供的非农就业机会就越多，因而有利于农户向纯非农的生计模式转型。但征地补偿款对失地农户实现由以农业为主非农为辅向纯非农生计模式转型的影响不显著，这一结果与表5-2有较大差异，造成这一差异的原因主要是不同的农户在征地补偿款的使用用途方面有较大差异。在由纯农业向纯非农生计模式转型的农户家庭中，征地补偿款主要是用于农户自己投资做生意，但在由以农业为主非农为辅向纯非农生计模式转型的农户中，很多农户将征地补偿款中的很大一部分甚至全部用于日常生活开支和修建房屋，而没有用于生计模式转型方面，故这些农户获得的征地补偿款对其生计模式转型的影响不显著。与县（区）中心的距离对失地农户实现由以农业为主非农为辅向纯非农生计模式转型的影响也不显著，原因主要与发生由以农业为主非农为辅向纯非农生计模式转型的农户与县

（区）中心的距离普遍较短有关（平均为 3.58 公里）。

在失地程度方面，以 100% 失地的农户作为参照组，在其他条件不变的情况下，75%≤失地程度<100% 的农户、50%≤失地程度<75% 的农户发生由以农业为主非农为辅向纯非农生计模式转型的概率均要小于 100% 失地的农户，表明失地程度越低，发生由以农业为主非农为辅向纯非农生计模式转型的概率就越低，但这些影响并未通过显著性检验，原因主要是这些农户在失地前就有人外出务工或经营，故失地程度对这些家庭是没有影响的。

从地区因素来看，以襄阳市作为参照组，在其他条件不变的情况下，黄冈市的失地农户、九江市的失地农户发生由以农业为主非农为辅向纯非农生计模式转型的概率均要大于襄阳市，原因与表 5-2 的分析一样，主要还是由不同地区失地后拥有的土地规模有关。统计结果显示，在发生这一转型的农户中，失地后襄阳市农户平均拥有的土地规模最大（2.88 亩），黄冈市和九江市农户平均拥有的土地规模均为 0，故黄冈市和九江市失地农户发生这一转型的概率均要大于襄阳市。

表 5-4　失地农户生计模式由 M3 向 M4 转型的影响因素回归估计结果

变量	系数	标准误	Z 统计量	伴随概率
土地面积	0.0056	0.0087	0.64	0.525
拥有生产性机器设备数量	-0.3936 **	0.1640	-2.40	0.016
家庭人口总数	0.1552 ***	0.0574	2.70	0.007
劳动力占家庭人口比	0.7280	0.6749	1.08	0.281
劳动力平均年龄	0.0065	0.0086	0.75	0.451
劳动力平均受教育年限	0.1031 ***	0.0304	3.39	0.001
劳动力健康平均得分	0.1737	0.1159	1.50	0.134
现金和存款数额取对数	0.0413	0.0408	1.01	0.312
春节拜访农户数	-0.0053	0.0055	-0.95	0.342
城镇化率	-0.0242	0.1894	-0.13	0.898
征地补偿款取对数	-0.1933 **	0.0766	-2.52	0.012
与县（区）中心的距离	-0.0344	0.0226	-1.52	0.128

变量		系数	标准误	Z 统计量	伴随概率
失地程度 （参照组： 100% 失 地）	75% ≤ 失地程度 <100%	− 0.8844 ***	0.2228	− 3.97	0.000
	50% ≤ 失地程度 <75%	− 1.7562 ***	0.2559	− 6.86	0.000
	0 < 失地程度 <50%	− 2.7800 ***	0.3262	− 8.52	0.000
地区变量 （参照组： 襄阳市）	黄冈市	− 0.8037	2.4850	− 0.32	0.746
	九江市	− 0.9907	1.2320	− 0.80	0.421
P 值		0.0000			
Pseudo R^2		0.1635			

注：*** 、** 分别表示在1%、5%的水平上通过显著性检验。

从表 5 - 4 中我们可以看出：

失地前农户拥有的生产性机器设备数量对失地农户实现由以非农为主农业为辅向纯非农生计模式转型有显著的负向影响，原因主要是虽然失地前这些农户的生计活动已经是以非农活动为主了，生产性机器设备对绝大多数农户的作用也已经很小了，但也有一些农户因为土地规模较大（10 亩以上）而持有生产性机器设备，在失地后，尽管每个农户拥有的土地面积都下降较多，但也有些农户因失地前的土地面积较多而失地后保留下来的土地面积也相对较多，故他们仍然使用生产性机器设备来提高农业的生产效率，因此拥有生产性机器设备对失地农户发生这一转型起着显著的负向影响。

家庭人口总数对失地农户发生由以非农为主农业为辅向纯非农的生计模式转型起着显著的正向影响。原因主要是在发生这一转型的农户家庭中，需要照顾的老人或小孩的数量很少，如果家庭人口总数较多，失地后随着土地面积的锐减，则在失地前有一些从事农业生产的劳动力就会转入非农活动方面，故向纯非农生计模式转型的概率就较大。

劳动力平均受教育年限对失地农户发生由以非农为主农业为辅向纯非农生计模式转型有显著的正向影响，原因主要是在发生这一转型的农户家庭中，受教育程度较高的往往是青壮年劳动力，故在失地后，随着土地的流失，这些青壮年劳动力必然会向纯非农生计模式转型。

劳动力健康平均得分对失地农户发生由以非农为主农业为辅向纯非农的生计模式转型有正向影响，但影响不显著，原因可能与失地前后劳动力的健康平均得分变化不明显有关。

土地面积对失地农户由以非农为主农业为辅向纯非农生计模式转型的影响不显著，原因主要是在发生这一转型的农户中，失地前就已经是非农为主了，绝大多数劳动力已经从事了非农活动，故土地面积对这一转型的影响不显著。

劳动力占家庭人口比、劳动力平均年龄对失地农户发生由以非农为主农业为辅向纯非农生计模式转型的影响也不显著，原因主要是这两项指标的数值在失地前后的变化较小，即失地前的劳动力占比为 0.54，失地后的劳动力占比为 0.53，失地后的劳动力平均年龄为 40.38 岁，由于失地前后间隔的时间较短，故劳动力的平均年龄变化也较小。

现金和存款数额对失地农户发生由以非农为主农业为辅向纯非农生计模式转型的影响也不显著，原因主要是失地前绝大多数劳动力已经非农化了，故现金和存款数额对这些农户发挥的帮助作用（具体是帮助失地农户到非农领域找工作的作用）比由以农业为主非农为辅向纯非农生计模式转型的农户要小很多。

春节拜访农户数对失地农户发生由以非农为主农业为辅向纯非农生计模式转型的影响不显著，原因主要是失地后与失地前相比，发生这一转型的农户家庭春节拜访的农户数变化很小（失地前这一指标数值为 20.24 户，失地后这一指标数值为 19.58 户）。

在外生因素方面，征地补偿款对失地农户发生由以非农为主农业为辅向纯非农的生计模式转型有显著的负向影响，原因也主要是与征地补偿款的使用用途有关。根据对这些农户家庭征地补偿款的使用用途的分析发现，发生这一转型的农户将获得的征地补偿款主要用于购买、建造和装修房屋方面，由于购买房屋或建造房屋需要一大笔费用开支，所以除了使用征地补偿款外，失地农户还将自己持有的另一部分钱投入到购买房屋或建造房屋方面，因而对失地农户的生计模式发生这一转型产生了不利影响。与县（区）中心的距离、城镇化率均对失地农户发生由以非农为主农业为辅向纯非农生计模式转型的影响不显著，原因主要与失地前农户家庭中已经有很多劳动力从事非农活动有关。

在失地程度方面，以100%失地的农户作为参照组，在其他条件不变的情况下，75%≤失地程度<100%的农户、50%≤失地程度<75%的农户、0<失地程度<50%的农户发生由以非农为主农业为辅向纯非农生计模式转型的概率均要小于100%失地的农户，且这些影响均通过了显著性检验。原因也主要是失地程度越小，失地后有一部分农户仍然保留一些土地可以经营，故从事纯非农活动的概率就越低。这一检验结果表明，随着失地程度的逐步加深，失地农户发生由以非农为主农业为辅向纯非农生计模式转型的概率也逐步提高。

从地区因素来看，以襄阳市作为参照组，在其他条件不变的情况下，黄冈市的失地农户、九江市的失地农户发生由以非农为主农业为辅向纯非农生计模式转型的概率均要小于襄阳市，但这些影响未通过显著性检验，原因主要是这些农户的家庭失地前非农化程度已经很高了，故失地后转型为纯非农生计模式受地区的影响较小。

通过分析以上三个方程的估计结果，我们可以得到：

一是不同因素对失地农户生计模式转型的影响因原有生计模式不同而不同，如土地面积对失地农户由纯农业向纯非农生计模式转型的影响显著，而对以农业为主非农为辅向纯非农生计模式转型和以非农为主农业为辅向纯非农生计模式转型的影响不显著；拥有生产性机器设备数量对失地农户由纯农业向纯非农的生计模式转型、以非农为主农业为辅向纯非农的生计模式转型的影响显著，而对以农业为主非农为辅向纯非农生计模式转型的影响不显著；家庭人口总数、劳动力平均受教育年限、征地补偿款数额、与县（区）中心的距离对失地农户由纯农业向纯非农的生计模式转型和以非农为主农业为辅向纯非农的生计模式转型的影响显著，而对由以农业为主非农为辅向纯非农的生计模式转型的影响不显著；与县（区）中心的距离对失地农户由纯农业向纯非农的生计模式转型的影响显著，而对由以非农为主农业为辅向纯非农的生计模式转型的影响、对由以农业为主非农为辅向纯非农的生计模式转型的影响均不显著；现金和存款数额对失地农户由纯农业向纯非农的生计模式转型和农业为主非农为辅向纯非农的生计模式转型的影响显著，而对以非农为主农业为辅向纯非农的生计模式转型的影响不显著；城镇化率对失地农户由纯农业向纯非农的生计模式转型、以农业为主非农为辅向纯非农的生计模式转型的影响显著，而对失地农户由以非农为主农业为辅向纯非农的生计模式转型的影响不显著。

二是从总体上看，土地面积、拥有生产性机器设备数量、家庭人口总数、劳动力平均受教育年限、现金和存款数额、城镇化率、征地补偿款数额、与县（区）中心的距离对失地农户生计模式转型的影响比较突出。

三是失地程度、地区差异也对失地农户生计模式转型有着显著影响。

第六章 结论与建议

基于前面的分析，本章首先总结研究结论，然后针对研究结论提出相应的对策建议。

第一节 主要研究结论

在前面分析的基础上，我们总结得到的研究结论主要有以下六点。

一、失地程度促进了农户生计模式的转型

根据研究需要，本书将农户的失地程度划分为 4 个档次，分别是 100% 失地、75% ≤ 失地程度 < 100%、50% ≤ 失地程度 < 75%、0 < 失地程度 < 50%。无论从前面的描述统计来看，还是从实证检验结果来看，随着失地程度的加深，选择纯非农生计模式的农户占比明显提高。

经过前面的描述统计发现，失地程度越大，失地后选择纯非农生计模式的农户占比就越高。具体来看，100% 失地的农户共有 396 户，在这 396 户中，仅仅有 2 个农户因为养殖活动的连续性，失地后选择的是以非农为主农业为辅的生计模式，其余的 394 个农户全部选择纯非农的生计模式，占比高达 99.49%。75% ≤ 失地程度 < 100% 的农户共有 144 户，失地后选择纯非农生计模式的共有 85 户，占比为 59.03%。50% ≤ 失地程度 < 75% 的农户共有 122 户，失地后选择纯非农生计模式的农户共有 53 户，占比为 43.44%。0 < 失地

195

程度 <50% 的农户共有 119 户，失地后选择纯非农生计模式的共有 27 户，占比为 22.69%。

在实证检验方面，本书根据发生每一种转型类型农户数的多少，选取了三种转型类型进行考察：一是由纯农业向纯非农的生计模式转型；二是由以农业为主非农为辅向纯非农的生计模式转型；三是由以非农为主农业为辅向纯非农的生计模式转型。实证检验结果表明，以 100% 失地的农户作为参照组，失地程度对失地农户由纯农业向纯非农的生计模式转型产生显著影响，在其他条件不变的前提下，75% ≤ 失地程度 < 100%、50% ≤ 失地程度 < 75%、0 < 失地程度 <50% 这三种失地程度的农户发生由纯农业向纯非农生计模式转型的概率均小于 100% 失地的农户，从而反映出失地程度越大，失地农户越倾向于做出由纯农业向纯非农的生计模式转型；失地程度对失地农户由以农业为主非农为辅向纯非农的生计模式转型影响的显著性相对差一些，原因主要是发生由以农业为主非农为辅向纯非农生计模式转型的农户数相对较少，但也能看出失地程度越低，失地农户发生由以农业为主非农为辅向纯非农生计模式转型的概率越低这样的变化趋势；失地程度对失地农户由以非农为主农业为辅向纯非农的生计模式转型有显著的影响，在其他因素不变时，随着失地程度的加深，失地农户发生由以非农为主农业为辅向纯非农生计模式转型的概率逐步提高。

二、失地农户生计模式转型因生计资本而异

可持续生计理论指出，生计资本是决定失地农户生计模式采用以及生计结果是否可持续的关键因素，故本书将生计资本作为内生变量来分析其对失地农户生计模式转型的影响。在分析时，首先从自然资本、物质资本、人力资本、金融资本、社会资本中分别选取代表性指标，然后考察这些代表性指标对失地农户选择各种生计模式转型的影响。

在自然资本方面，本书选取土地面积这一指标来考察其对失地农户生计模式转型的影响。从实证检验结果来看，失地前的土地面积对失地农户发生由纯农业向纯非农的生计模式转型起着显著的正向影响，即失地前的土地面

积越多，失地后农户越倾向于作出由纯农业向纯非农的生计模式转型；但失地前的土地面积对失地农户由以农业为主非农为辅向纯非农的生计模式转型以及由以非农为主农业为辅向纯非农的生计模式转型的影响不显著。

在物质资本方面，本书选取农户拥有的农业生产性机器设备的数量这一指标来考察其对生计模式转型的影响。结果发现：失地前的农业生产性机器设备数量对失地农户由纯农业向纯非农的生计模式转型有显著的正向影响，即失地前的农业生产性机器设备数量越多，失地后农户越倾向于作出由纯农业向纯非农的生计模式转型；失地前的农业生产性机器设备数量对失地农户由以农业为主非农为辅向纯非农生计模式转型的影响不显著；农业生产性机器设备数量对失地农户发生由以非农为主农业为辅向纯非农的生计模式转型有显著的负向影响，即农业生产性机器设备数量越多，失地农户由以非农为主农业为辅向纯非农生计模式转型的概率就越小，主要可能由于以非农为主家庭中已经有部分劳动力在从事非农产业，家庭经济压力不是很大，只要还有土地，农业机械也多，家庭中年纪大的劳动力往往会继续留下来从事农业生产。

在人力资本方面，主要选取农户家庭劳动力总数、户均劳动力占比、劳动力平均年龄、劳动力平均受教育状况、农户家庭劳动力的健康状况等指标，以考察这些指标对失地农户生计模式转型的影响。结果表明，这些指标对失地前采用不同生计模式的农户影响不同，失地前农户家庭劳动力总数对失地农户由纯农业向纯非农的生计模式转型有显著的负向影响，但对失地农户由以农业为主非农为辅向纯非农生计模式转型的影响不显著，而对失地农户由以非农为主农业为辅向纯非农的生计模式转型有显著的负向影响。户均劳动力占比、劳动力平均年龄这两项指标对失地农户生计模式转型的影响均不显著。劳动力平均受教育状况对失地农户由纯农业向纯非农的生计模式转型产生显著的负向影响，但对失地农户由以农业为主非农为辅向纯非农生计模式转型的影响不显著，而对失地农户由以非农为主农业为辅向纯非农的生计模式转型有显著的正向影响。

在金融资本方面，主要选取现金和存款数额这项指标以考察其对失地农户生计模式转型的影响。结果显示，失地前的现金和存款数额对失地前采用不同生计模式的农户影响不同，对失地农户由纯农业向纯非农的生计模式转型有显著的负向影响，但对失地农户由以农业为主非农为辅向纯非农的生计模式转型有显著的正向影响，而对失地农户由以非农为主农业为辅向纯非农生计模式转型的影响不显著。

在社会资本方面，主要选取春节拜访的农户数这一指标来考察其对失地农户生计模式转型的影响。结果得到，失地前的春节拜访农户数对失地农户由纯农业向纯非农的生计模式转型、由以农业为主非农为辅向纯非农的生计模式转型、由以非农为主农业为辅向纯非农的生计模式转型的影响均不显著。这可能与近年来网络发达，有一定文化程度的农户都可以通过手机网络快速地从外界获得信息有关。

三、失地农户的生计结果因其生计模式而异

关于失地农户的生计结果，本书主要用失地农户的人均年纯收入、人均住房面积和人均年消费额来反映。故本书主要考察生计模式转型对失地农户以上三方面生计结果的影响。

在生计模式转型对失地农户人均年纯收入的影响方面，实证检验结果表明，以纯农业向纯非农的生计模式转型作为参照组，在其他因素不变时，由以农业为主非农为辅向纯非农的生计模式转型、由以非农为主农业为辅向纯非农的生计模式转型，这两种转型发生后，农户获得的人均年纯收入均要高于由纯农业向纯非农的生计模式转型，尤其是由以非农为主农业为辅向纯非农的生计模式转型发生后，这种影响更为显著，原因主要是在失地前采用以非农为主农业为辅生计模式的农户家庭中，已经有较多劳动力从事非农活动了，受这些劳动力的影响，失地后，原来从事农业活动的劳动力向非农领域转移需要花费的时间更短、成本更低，因而更有利于其收入水平的提高。

在生计模式转型对失地农户人均住房面积的影响方面，实证检验结果显示，与实现由纯农业向纯非农生计模式转型的这一类农户相比，在其他条件不变时，由以农业为主非农为辅向纯非农的生计模式转型、由以非农为主农业为辅向纯非农的生计模式转型，这两种转型发生后，农户拥有的人均住房

面积均要多一些，但没有通过显著性检验。表明生计模式转型对失地农户人均住房面积的影响不显著。主要原因与被调研农户宅基地的失去面积较少有关。

在生计模式转型对失地农户人均年消费额的影响方面，实证检验结果表明，以失地农户由纯农业向纯非农的生计模式转型作为参照组，在其他因素不变时，失地农户由以农业为主非农为辅向纯非农的生计模式转型以及由以非农为主农业为辅向纯非农的生计模式转型，这两种转型发生后，农户需要的人均年消费额更多一些。尤其是由以非农为主农业为辅向纯非农的生计模式转型，这种转型的影响更大也更显著，原因主要是由纯农业向纯非农生计模式的转型，对农户来说跨度最大，需要较长的时间去适应，因此出于对未来不确定性的考虑，这部分农户在食物消费方面往往比较节省，从而减轻自己的生计压力。

四、经济发展水平影响失地农户生计模式转型的进程

前面分析显示，地区经济发展程度的不同，也会对失地农户的生计模式转型产生影响。经济发展水平越高，失地农户接受相应技术培训的机会就越多，也更容易在本地区实现非农就业。因此，如果一个地区的经济发展水平越高，越有利于加快本地区失地农户生计模式转型的进程。在所调研的三大地区中，从整体上看，襄阳市的经济发展水平是最高的，九江市次之，黄冈市的经济发展水平是最低的。数据分析也表明，襄阳市和九江市的农户失地后在本地从事非农就业的人数要明显多于黄冈市。黄冈市由于经济发展程度相对较低，本地所能够提供的非农就业岗位比较有限，而这对于失地农户生计模式转型的顺利推进显然是不利的。

同时，地区经济发展水平的不同也带来了地区之间城镇化水平的不同。从理论上说，城镇化率越高，失地农户在城镇找到非农就业机会的概率就越大，同时取得的收入可能也越高，因而可以为失地农户作出纯非农的生计模式选择提供较大的诱因，故有利于农户失地后作出生计模式的转型。实证检验结果也进一步支持了这一结论，即城镇化水平越高，越有利于失地农户从

纯农业或以农业为主的生计模式向纯非农的生计模式转型。

五、极少数农户失地前后生计模式未发生转型

失地后和失地前相比，大部分农户的生计模式均发生了转型。但经过对数据的整理和分析，我们发现仍然有极少数农户失地前后生计模式未发生转型，如在失地前采用纯农业生计模式的 198 个农户中，失地后仍然有 18 个农户依旧采用纯农业生计模式；在失地前采用以非农为主农业为辅生计模式的 502 个农户中，失地后仍然有 159 个农户采用以非农为主农业为辅的生计模式。造成部分农户失地前后生计模式未发生转型的原因可以从主观和客观两方面来探寻。具体来看，造成失地前后 18 个农户均采用纯农业生计模式的客观原因主要是他们的失地程度均属于部分失地，故失地后仍然有土地可以进行农业活动；主观原因是这些农户家庭劳动力的年龄普遍偏大，大多属于"大龄"劳动力，一方面因他们自身掌握的非农就业技能很少，很难胜任非农就业工作，另一方面，提供非农就业岗位的工作单位出于工作效率和自身承担风险的角度考虑也不愿意招聘"大龄"劳动力从事非农工作，此外，这些"大龄"劳动力也不太愿意放弃传统的生计模式，更不愿意冒在城镇从事非农打工的风险，其结果是失地后他们仍然采用纯农业的生计模式，但因失地后土地面积的减少，这些"大龄"劳动力往往处于不充分就业状态，他们的劳动收入没有保障，进而对其生计可持续产生不利影响。造成失地前后 159 个农户均采用以非农为主农业为辅生计模式的客观原因是这些农户中有 157 个也属于部分失地，故失地后仍然有一定的土地可以经营，另外 2 户虽然没有土地，但因养殖活动的连续性和周期性（如养猪），致使这 2 个农户仍然需要从事养殖活动；另外，这些家庭中过去能够从事非农就业的人员已经在失地前就从事非农产业，无非失地后这些家庭中可能会增加一些非农就业人员。主观原因是这些农户家庭中有老人或小孩需要照顾，因而需要少数劳动力留下来一边照顾家里，一边利用剩余的土地从事农业生产活动。

六、一些因素影响失地农户生计可持续的实现

根据调研我们发现，一些因素的出现，对失地农户生计可持续的实现构成严重威胁。这些因素可以从失地农户自身和用人单位两方面来探寻。

在失地农户自身方面，很多农户在失地后对于自身的生计问题没有长远的打算和规划，往往只顾眼前利益，具体表现在：对于因失地获得的征地补偿款没有做到合理规划，合理使用，如有些农户将获得的征地补偿款全部用于修建房屋，甚至除了征地补偿款之外，还向亲戚朋友借钱或向银行贷款，以获取资金满足修建房屋的需要，虽然自己当下的住房条件改善了，但对于未来的生计怎么办，这些农户并没有认真考虑；对于农户维持生计至关重要的养老保险很多农户没有考虑或者不愿意购买，他们认为购买保险会立即形成自己的一笔开支，因而会导致当期自己的收入减少，再加上购买的这些保险对他们发挥作用可能是几年甚至十几年以后的事情了，故很多农户不愿意购买保险。因此，对于未来自身的生计问题，他们并没有很好的规划和安排，甚至只是依靠子女养老，如果子女的经济条件好，他们的生计还可以维持，一旦子女的经济条件不好，他们的生计维持就非常困难。

在用人单位方面，现行的农村养老保险政策规定，用人单位和农民工个人共同缴纳基本养老保险费。缴费基数按基本养老保险有关规定确定。单位缴费比例为12%；农民工个人缴费比例为4%~8%。但当很多农户实现非农就业后，为了当前自己每个月能多发一点工资，他们不愿意按照自身承担的比例为自己购买养老保险，而对于用人单位来说，他们在给农户购买养老保险问题上也不积极、不主动，因为购买养老保险也会形成他们的一项支出，甚至是数额不小的一项支出。这样一来，农户在年老退休之后的养老问题没有基本保障，这也成为失地农户实现生计可持续的一大障碍。

第二节　对策建议

根据本书的分析结果和研究结论，为做好失地农户的生计转型工作，特提出以下对策建议。

一、提高失地农户非农就业水平

前面分析表明，农户失去土地后，有多达71.57%的农户选择了纯非农活动的生计模式，实证检验结果也显示，失地后采用纯非农活动的生计模式有助于农户收入水平的提高。但也有一些农户家庭的劳动力因自身的非农就业技能掌握不足，不能胜任相应非农就业岗位的工作，从而导致其生计模式只能保持原有形式或待在家里从事家务活动，这严重影响了失地农户生计结果的改善和生计可持续的实现。为此，建议政府及有关的管理部门，应做到：

一是应对失地农户做好"分类管理、分类培训"工作。一方面，把那些非农就业难度大、困难多的失地农户筛选出来，如把那些年龄大于55岁，没有从事过非农工作的这部分失地农户查找出来，并针对这部分农户开展就业培训强化训练；另一方面，还可以将失地农户按照受教育程度、经济条件、失地程度等因素的不同，划分成若干类型的失地农户，如可以按受教育程度将失地农户划分为受教育程度在高中以上、受教育程度为初中水平、受教育程度为小学及以下三种类型，分别进行非农就业技能培训，增强培训的目的，提高培训的效果。

二是在做好培训的基础上积极为这些失地农户做好就业推荐工作。对那些受教育水平较高的青壮年劳动力，可以推荐到相关公司、企业从事专业技术岗位工作；对于那些年龄偏大、受教育程度不高的劳动力，可以推荐到大型的商超、物业公司从事保安员或保洁员等服务性工作；对于那些没有完全失地的劳动力，可以就近推荐一些工作，这样，这些劳动力就可以在农忙时从事务农活动，在闲暇时可以到邻近工厂、企业上班，以提高自己的收入。

二、千方百计提高农户农业生产的收入

前面研究发现，和采用非农生计模式的农户相比，从事农业活动的农户收入相对降低。尽管失地后已经有 559 个农户采用了纯非农的生计模式，但仍然有 222 个农户未脱离或未完全脱离农业，因此提高这些农户的农业收入，对实现失地农户的生计可持续也至关重要。为此，应做到：

一是应为这些农户经营、管理农业活动提供技术指导。失地后，因为土地的减少，土地成为这些农户的稀缺资源，那么，如何才能让这些稀缺资源发挥更大的作用，增加农民的收入，有些农户并不完全清楚，如有些农户只是将失地前的粮食作物调整成失地后的经济作物，但如何经营好、管理好这些经济作物，可能心里并没有把握。为此，建议当地的农业管理部门，如农业局，可以为这些农户指派技术指导员，让农户和这些技术指导员积极联系，开展合作。如可以针对黄冈市的板栗经营、九江市的蔬菜经营提供技术指导，预防病虫害，提高产量。

二是应引导农户选择名、特、优品种。失地农户收入水平低下的重要原因是农产品价格低下，而农产品价格较低的原因可从种植品种方面来探寻。为此，应根据市场的需求和消费者的偏好，选择名、特、优品种，如在橘子的种植上可多选用"砂糖橘"等品种，一方面这样的橘子市场价格较高，另一方面，市场销路也较好，从而可实现增加农业收入的目的。

三、想方设法改善失地农户的生计结果

前面分析结果表明，地区经济发展水平之间的差异也会对失地农户的生计模式转型工作产生影响。一个地区经济发展程度越高，可以在本地为失地农户提供非农就业的机会就越多，在这种情况下，失地农户在向纯非农的生计模式转型过程中需要花费的成本就较低，因此就越有利于失地农户生计模式转型工作的顺利推进。而且，一些农户失地后，因为家里有老人或小孩需要照顾，被迫留在家里从事务农活动，如果能够在本地找到非农工作，就可

以将工作和照顾家庭兼顾起来，这是一个非常好的办法和选择。为此，对一个地区，特别是失地农户较多的地区来说，应通过各种方法加快自身的经济发展，包括招商引资、加大对高级人才和技术人才的引进力度、不断向经济发展先进地区学习等手段，切实加快本地区的经济发展步伐，为失地农户实现就地非农就业提供更多机会和更好平台，让失地农户在不远离亲人和家乡的情况下实现生计模式转型。

除了为更多的失地农户创造条件，从而实现本地非农化经营或打工之外，还有一些农户，因其家庭规模较小，可以全家一起迁移到城市等原因，导致这些农户在选择外地非农化经营或打工时，遇到的阻力和限制条件相对较少，再加上这些农户往往也是去发达地区从事非农活动，工资收入水平相对较高，故这些农户更倾向于赴外地从事非农经营或打工。因此，对这部分农户来说，可以重点向他们宣传和介绍有关的就业或招工信息，从而实现这部分农户的生计模式转型。

总之，通过本地非农化和外地非农化相结合的方式，争取让更多的失地农户能够较为迅速地实现非农打工或经营，最终将有助于改善失地农户的生计结果，提高失地农户的幸福指数。

四、多渠道解决农户生计转型的资金需求

从前面分析中也可得到，有些农户是因为缺少资金的支持，而被迫留在家里务农，其结果是限制了失地农户的生计模式选择。为此，建议政府及有关管理部门应针对失地农户生计模式转型工作设立专项资金，建立专款专用机制，并根据农户失地程度、地区经济发展情况以及农户自身经济条件等因素的不同，合理确定每个农户可以使用的资金额度，同时要规范资金的使用用途，提高资金的使用效率，最大限度解决失地农户在生计模式转型过程中遇到的资金困难。同时，还应积极鼓励失地农户从其他渠道，如从亲戚朋友处，从正规金融机构等渠道争取发展资金，最大限度消除失地农户在生计模式转型过程中遇到的资金障碍，加快失地农户生计模式转型的进程，从而有助于其生计模式转型工作的顺利推进，为其生计结果的改善和生计可持续的

实现提供保障。

五、大力提高失地农户的社会保障水平

在调研过程中我们发现，很大一部分农户由于只顾眼前利益，没有对其失地后的生计问题作出长远的、合理的规划，从而严重影响其生计可持续的实现。同时，政府应牵头合理宣传和引导失地农户购买相应的养老保险，切实解决失地农户养老难的问题。为此，应做到：

一是政府应对失地农户获得的征地补偿款的合理分配、使用进行引导。征地补偿款对很多农户来说是一笔大的，甚至是很大的临时收入款项。但当农户拿到这笔款项后，由于自身没有学习过专业的理财知识，考虑问题也不够长远，导致这笔款项在较短的时间内就被用完了（如用于修建房屋、买车等），其结果是这笔款项没有发挥应有的作用。为此，政府及有关的管理部门可以针对如何分配使用这笔征地补偿款开展专门的讲座培训，同时，还应建议和鼓励失地农户将征地补偿款中的一定比例拿出来用于购买养老保险，这样，可以大大提高征地补偿款在失地农户实现生计可持续方面的作用。

二是加大对失地农户开展保险普及的宣传力度。很多农户由于知识的欠缺，对保险的认识和理解不到位，甚至是错误的理解，因此，应采取定期和不定期相结合的方式，通过与村委会、社区积极联系与沟通，利用村委会会议室、社区服务大厅等场所，邀请专业人士为失地农户做好、做足保险的宣传和讲解工作，同时要对国家、省以及当地政府在保险方面的最新政策向失地农户宣讲到位，为失地农户能够合理安排和筹划未来的生计活动奠定基础。

三是引导和鼓励失地农户购买商业养老保险。针对长期在外务工人员，鼓励他们积极配合企业为他们购买养老保险；针对临时外出务工人员，引导和鼓励他们为自己购买灵活就业人员保险；针对尚未外出打工，仍然留在农村务农的人员，建议政府加大宣传，出面引导这部分农民购买养老保险，如在征地补偿款发放时，引导和鼓励失地农户将征地补偿款中的一定比例拿出来用于购买养老保险，以解决他们年老时的基本生活。

四是应根据条件变化适当提高农村养老保险标准。由于物价上涨、生活

成本上升等因素的影响，原来的养老保险标准过低、额度太小，难以有效缓解失地农户未来的生计压力。为此，建议政府有关部门及时根据经济形势的变化，增加农村养老保险的投入，不断修订和上调农村养老标准，并参照城市居民养老保险标准，努力做好失地农户的养老保险工作。

五是监督检查养老保险政策的执行情况。从理论上说，保险对于失地农户的生计维持和生计可持续的实现发挥着重要作用。但根据调研我们发现，失地农户为了当前可以多获得一部分收入，从而不愿意承担自身需要支付的购买保险费用。对用人单位来说，由于为员工购买保险需要支付相应比例的费用，这会增加用工单位的费用开支，故用工单位在给员工购买保险方面也不主动、不积极，最终导致失地农户因没有购买保险而使其未来的生计充满风险和不确定性，严重影响了失地农户生计的可持续性。为此，应加大对失地农户各项保险的宣传力度，切实加强失地农户购买保险的意识，让失地农户充分认识到保险对于自身维持生计的重要性，同时政府及有关管理部门应针对用工单位是否为员工购买保险工作进行督促检查，以降低失地农户的生计风险，促进其生计可持续的实现。

附录　全部样本农户采用各种生计模式的类别及相应户数

生计类型	生计模式代码	总户数		
		失地前	失地后	绝对变化
一、纯农业农户	M1			
纯粮食作物种植农户	m11	31	6	−25
纯经济作物种植农户	m12	50	9	−41
纯家庭专业养殖	m13	0	3	3
以粮食作物为主种植农户，兼养殖	m14	56	1	−55
以经济作物为主种植农户，兼养殖	m15	20	2	−18
以养殖为主，兼粮食作物为主种植农户	m16	7	2	−5
以养殖为主，兼经济作物为主种植农户	m17	34	2	−32
合计		198	25	−173
二、以农业为主、非农为辅农户	M2			
以粮食作物种植为主，兼打工农户	m21	25	1	−24
以经济作物种植为主，兼打工农户	m22	14	3	−11
以粮食作物种植为主，兼经营农户	m23	2	0	−2
以经济作物种植为主，兼经营农户	m24	6	1	−5
合计		47	5	−42
三、以非农为主、农业为辅农户	M3			
以打工为主，兼粮食作物种植为主农户	m31	321	84	−237
以打工为主，兼经济作物种植为主农户	m32	117	83	−34
以经营为主，兼粮食作物种植为主农户	m33	47	15	−32
以经营为主，兼经济作物种植为主农户	m34	16	8	−8
经营为主，兼养殖	m35	1	2	1
打工为主，兼养殖	m36	0	3	3
合计		502	195	−307
四、纯非农农户	M4			
纯打工	m41	24	458	434

生计类型	生计模式代码	总户数		
		失地前	失地后	绝对变化
纯经营	m42	10	52	42
打工为主，兼经营	m43	0	22	22
经营为主，兼打工	m44	0	24	24
合计		34	556	522
总计		781	781	0

注：计量单位为户。

资料来源：根据调研资料整理所得。

参 考 文 献

［1］安危森、邹璇：《失地农民补偿问题研究》，载于《求索》，2006 年第 6 期。

［2］鲍海君、吴次芳：《论失地农民社会保障体系建设》，载于《管理世界》，2002 年第 10 期。

［3］陈传波、丁士军：《对农户风险及其处理策略的分析》，载于《中国农村经济》，2003 年第 11 期。

［4］陈传波：《农户风险与脆弱性：一个分析框架及贫困地区的经验》，载于《农业经济问题》，2005 年第 8 期。

［5］陈传锋：《被征地农民的社会心理与市民化研究》，中国农业出版社 2005 年版。

［6］陈浩、陈雪春：《城镇化进程中失地农民就业分化及特征分析——基于长三角 858 户调研数据》，载于《调研世界》，2013 年第 7 期。

［7］陈浩、陈雪春、谢勇：《城镇化进程中失地农民职业分化及其影响因素研究》，载于《中国人口·资源与环境》，2013 年第 6 期。

［8］陈美球、黄靓、王亚平：《土地征用安置补偿农民意愿的实证分析》，载于《农村经济》，2009 年第 11 期。

［9］陈沙麦、曾晓真：《从性别的角度看失地农民的职业获得——对福州上街镇的调查与思考》，载于《福州大学学报（哲学社会科学版）》，2007 年第 5 期。

［10］陈胜东、孔凡斌：《基于生态移民的农户可持续生计研究进展与展

望》，载于《鄱阳湖学刊》，2016 年第 5 期。

[11] 陈信勇、蓝邓俊：《失地农民社会保障的制度建构》，载于《中国软科学》，2004 年第 3 期。

[12] 陈砚国、牟守国、丁忠义等：《徐州东部矿区失地农民生活水平变动分析》，载于《中国土地科学》，2008 年第 8 期。

[13] 陈艳华、林依标、黄贤金：《被征地农户意愿受偿价格影响因素及其差异性的实证分析——基于福建省 16 个县 1436 户入户调查数据》，载于《中国农村经济》，2011 年第 4 期。

[14] 陈颐：《论"以土地换保障"》，载于《学海》，2000 年第 3 期。

[15] 陈莹、谭术魁：《征地补偿的分配模式与困境摆脱：武汉例证》，载于《改革》，2010 年第 1 期。

[16] 陈莹、张安录：《农地转用过程中农民的认知与福利变化分析——基于武汉市城乡结合部农户与村级问卷调查》，载于《中国农村观察》，2007 年第 5 期。

[17] 陈占锋：《我国城镇化进程中失地农民生活满意度研究》，载于《国家行政学院学报》，2013 年第 1 期。

[18] 陈占江：《转型期失地农民问题的社会风险及其治理》，载于《东南学术》，2007 年第 6 期。

[19] 陈志刚、曲福田、韩立等：《工业化、城镇化进程中的农村土地问题：特征、诱因与解决路径》，载于《经济体制改革》，2010 年第 5 期。

[20] 成得礼：《城乡结合部地区失地农民劳动供给的影响因素：成都与南宁的证据》，载于《改革》，2008 年第 9 期。

[21] 崔宝玉、谢煜：《失地农户养老保障对劳动供给的影响——农村土地的社会保障功能》，载于《中国人口·资源与环境》，2015 年第 12 期。

[22] 崔宝玉、谢煜、徐英婷：《土地征用的农户收入效应——基于倾向得分匹配（PSM）的反事实估计》，载于《中国人口·资源与环境》，2016 年第 2 期。

[23] 代富强：《农户生计可持续性评价理论解析及指标体系构建》，载于《湖北农业科学》，2015 年第 2 期。

[24] 丁士军等：《基于流动性视角的失地农户收入变化分析——来自襄阳和昆明的数据》，载于《中国农村观察》，2017 年第 1 期。

[25] 丁士军、张银银、马志雄：《被征地农户生计能力变化研究——基于可持续生计框架的改进》，载于《农业经济问题》，2016 年第 6 期。

[26] 杜伟、黄善明：《失地农民权益保障问题研究综述及建议》，载于《生产力研究》，2007 年第 2 期。

[27] 樊胜根、钱克明：《农业科研与贫困》，中国农业出版社 2005 年版。

[28] 冯昌中：《我国征地制度变迁》，载于《中国土地》，2001 年第 9 期。

[29] 冯晓平、江立华：《阶层分化下的失地农民风险研究》，载于《中州学刊》，2011 年第 5 期。

[30] 冯晓平：《两级博弈下的征地风险流动分析》，载于《农村经济》，2012 年第 1 期。

[31] 高进云、周智、乔荣锋：《森的可行能力理论框架下土地征收对农民福利的影响测度》，载于《中国软科学》，2010 年第 12 期。

[32] 高君、汪清：《城市化进程中失地农民就业问题研究——以浙江省杭州市为例》，载于《昆明理工大学学报（社会科学版）》，2010 年第 1 期。

[33] 高珊、徐元明：《江苏省农村土地征用与收益分配研究》，载于《中国人口·资源与环境》，2004 年第 2 期。

[34] 顾栋、羌怡芳：《农村进城务工妇女融入城市文明调查》，载于《中国妇运》，2005 年第 6 期。

[35] 郭玲霞：《基于可持续生计的失地农民补偿模式探讨》，载于《湖北农业科学》，2014 年第 11 期。

[36] 国家统计局：《2016 年中国城镇化率达到 57.35%》，中国经济网，2017 年 1 月 20 日。

[37] 韩俊：《基本公共服务均等化与新农村建设》，载于《红旗文稿》，2007 年第 17 期。

[38] 何格等：《合理安置失地农民的构想》，载于《农村经济》，2005 年第 1 期。

［39］何景熙、卢阳：《失地农民中特殊群体非正规就业问题实证研究——以成都市郊两镇为例》，载于《市场与人口分析》，2007年第3期。

［40］何仁伟、李光勤、刘邵权等：《可持续生计视角下中国农村贫困治理研究综述》，载于《中国人口·资源与环境》，2017年第11期。

［41］何艳冰、黄晓军、杨新军：《西安城市边缘区失地农户社会脆弱性评价》，载于《经济地理》，2017年第4期。

［42］贺水金：《关于城市化进程中离土妇女就业、创业的思考与分析——以上海临港四镇动拆迁地区实证研究为例》，载于《上海经济研究》，2008年第9期。

［43］胡初枝、黄贤金、陈志刚等：《被征地农民可持续性生计评价初步研究》，载于《中国土地科学》，2008年第8期。

［44］胡初枝、黄贤金：《农户可持续生计与征地意愿分析——以江苏省苏南、苏北典型村庄农户问卷调查为例》，载于《广东土地科学》，2011年第2期。

［45］黄建伟、刘典文、喻洁：《失地农民可持续生计的理论模型研究》，载于《农村经济》，2009年第10期。

［46］黄建伟：《失地农民的概念问题研究》，载于《调研世界》，2009年第3期。

［47］黄建伟：《失地农民可持续生计问题研究综述》，载于《中国土地科学》，2011年第6期。

［48］黄建伟、喻洁：《失地农民关键自然资本的丧失、补偿及其对收入的影响研究》，载于《探索》，2010年第4期。

［49］黄宗智：《华北的小农经济与社会变迁》，中华书局出版社2000年版。

［50］姜长云：《农村土地与农民的社会保障》，载于《经济社会体制比较》，2002年第1期。

［51］金晶、许恒周：《失地农民的社会保障与权益保护探析——基于江苏省16县（市、区）320户失地农民的调查数据分析》，载于《调研世界》，2010年第7期。

[52] 金丽馥、谢素兰:《新形势下失地农民社会保障制度的构建》,载于《调研世界》,2007 年第 3 期。

[53] 金一虹:《城市化——妇女发展的又一机遇与挑战》,载于《妇女研究论丛》,2001 年第 6 期。

[54] 雷寰:《北京市郊区城市化进程中失地农民利益问题研究》,中国农业大学博士学位论文,2005 年。

[55] 黎洁、李亚莉、邰秀军、李聪:《可持续生计分析框架下西部贫困退耕山区农户生计状况分析》,载于《中国农村观察》,2009 年第 5 期。

[56] 李斌、李小云、左停:《农村发展中的生计途径研究与实践》,载于《农业技术经济》,2004 年第 4 期。

[57] 李富田:《失地与失业:城市化进程中失地农民就业状况调查》,载于《江汉论坛》,2009 年第 2 期。

[58] 李国梁:《可持续生计视角下失地农民就业能力开发》,载于《开发研究》,2014 年第 1 期。

[59] 李明友、胡竹枝:《失地农民内涵与数量估算——以广东省为例》,载于《中国人口科学》,2012 年第 4 期。

[60] 李茜、毕如田:《新农村建设中农民生计问题的调查与思考》,载于《中国农学通报》,2007 年第 5 期。

[61] 李琴、孙良媛、罗凤金:《失地农民是自愿还是非自愿退出劳动力市场——基于珠江三角洲的实证研究》,载于《农业经济问题》,2009 年第 8 期。

[62] 李善山:《城市化进程中失地农民利益保障的制度安排》,载于《农村经济》,2006 年第 8 期。

[63] 李树苗:《退耕还林政策对农户生计的影响研究——基于家庭结构视角的可持续生计分析》,载于《公共管理学报》,2010 年第 2 期。

[64] 李小云、董强、饶小龙等:《农户脆弱性分析方法及其本土化应用》,载于《中国农户经济》,2007 年第 4 期。

[65] 李小云、董强、饶小龙、赵丽霞:《农户脆弱性分析方法及其本土化应用》,载于《中国农村经济》,2007 年第 4 期。

[66] 李永友、徐楠：《个体特征、制度性因素与失地农民市民化—基于浙江省富阳等地调查数据的实证考察》，载于《管理世界》，2011 年第 1 期。

[67] 李佐军：《中国的根本问题——九亿农民何处去》，中国发展出版社 2000 年版。

[68] 廖小军：《中国失地农民问题研究》，中国社会文献出版社 2005 年版。

[69] 林乐芬、葛扬：《基于福利经济学视角的失地农民补偿问题研究》，载于《经济学家》，2010 年第 1 期。

[70] 刘爱军：《征地补偿：制度困境与路径选择》，载于《理论与改革》，2010 年第 2 期。

[71] 刘继华、王晓：《农村妇女土地权利保障的法律规制研究》，载于《中华女子学院学报》，2005 年第 1 期。

[72] 刘家强、罗蓉、石建昌：《可持续生计视野下的失地农民社会保障制度研究——基于成都市的调查与思考》，载于《人口研究》，2007 年第 4 期。

[73] 刘晓霞、汪继福：《失地农民的可持续生计问题及其对策探析》，载于《税务与经济》，2008 年第 5 期。

[74] 刘晓霞、周军：《城镇化进程中失地农民"问题化"的成因分析》，载于《社会科学战线》，2012 年第 5 期。

[75] 楼培敏：《就业与培训：土地被征用后的农村妇女——基于上海浦东、浙江温州、四川广元的实证研究》，载于《社会科学》，2008 年第 9 期。

[76] 卢海元：《被征地农民社会保障工作的基本情况与政策取向》，载于《社会保障研究》，2009 年第 1 期。

[77] 卢海元：《土地换保障：妥善安置失地农民的基本设想》，载于《中国农村观察》，2003 年第 6 期。

[78] 罗承松：《苦聪人生计模式的变迁及其适应》，载于《经济研究导刊》，2010 年第 33 期。

[79] 罗拾平：《失地失业的富农群体就业研究——关于农村城市化进程中失地农民的调查报告》，载于《中国人力资源开发》，2007 年第 2 期。

［80］罗文春、李世平：《城市化进程中失地农民的权益保护探析》，载于《农村经济》，2011 年第 9 期。

［81］马弛、张荣、彭霞：《城市化进程中失地农民就业问题研究》，载于《软科学》，2004 年第 6 期。

［82］马新文：《我国现行征地补偿制度剖析》，载于《同济大学学报（社会科学版）》，2009 年第 3 期。

［83］穆向丽、孙国兴、张安录：《农户农用地征用意愿的影响因素实证分析》，载于《中国农村观察》，2009 年第 8 期。

［84］宁泽逵：《农户可持续生计资本与精准扶贫》，载于《华南农业大学学报（社会科学版）》，2017 年第 1 期。

［85］朴商道：《中韩两国农村失地农民政策比较分析》，载于《上海行政学院学报》，2007 年第 2 期。

［86］钱忠好、肖屹、曲福田：《农民土地产权认知、土地征用意愿与征地制度改革——基于江西省鹰潭市的实证研究》，载于《中国农村经济》，2007 年第 1 期。

［87］秦立建、蒋中一：《失地对中国农村居民健康风险的影响分析》，载于《中国人口科学》，2012 年第 1 期。

［88］沈关宝、王慧博：《解读"失地农民问题"——国内外失地农民问题研究综述》，载于《江西社会科学》，2008 年第 1 期。

［89］史清华、晋洪涛、卓建伟：《征地一定降低农民收入吗：上海 7 村调查——兼论现行征地制度的缺陷与改革》，载于《管理世界》，2011 年第 3 期。

［90］宋建辉、李瑾、孙国兴：《天津城市化进程中失地农民收入问题探讨》，载于《中国农业资源与区划》，2014 年第 3 期。

［91］宋全成：《中国城市化进程中的失地农民问题及对策——非自愿移民与社会学研究的双重视角》，载于《社会科学辑刊》，2009 年第 2 期。

［92］苏东海、杨永芳：《城市化进程中民族地区失地妇女发展问题研究——以宁夏银川市为例》，载于《西北人口》，2008 年第 2 期。

［93］苏芳、蒲欣冬、徐中民等：《生计资本与生计策略关系研究——以

张掖市甘州区为例》，载于《中国人口·资源与环境》，2009 年第 6 期。

[94] 苏芳、尚海洋：《农户生计资本对其风险应对策略的影响——以黑河流域张掖市为例》，载于《中国农村经济》，2012 年第 8 期。

[95] 孙良媛、李琴、林相森：《城镇化进程中失地农村妇女就业及其影响因素——以广东省为基础的研究》，载于《管理世界》，2007 年第 1 期。

[96] 孙绪民、周森林：《论我国失地农民的可持续生计》，载于《理论探讨》，2017 年第 9 期。

[97] 汤志林、陈芳：《国外土地政策研究：价值导向、特征和热点》，载于《中国地质大学学报（社会科学版）》，2007 年第 1 期。

[98] 唐钧、张时飞：《着力解决失地农民生计的可持续性》，载于《中国劳动保障》，2005 年第 8 期。

[99] 唐丽霞、李小云、左停：《社会排斥、脆弱性和可持续生计：贫困的三种分析框架及比较》，载于《贵州社会科学》，2010 年第 12 期。

[100] 陶然：《城市化、农地制度与迁移人口社会保障：一个转轨中发展的大国视角与政策选择》，载于《经济研究》，2005 年第 12 期。

[101] 汪晖：《城乡结合部的土地征用：征用权与征地补偿》，载于《中国农村经济》，2002 年第 2 期。

[102] 汪力斌、李小云、肖艳：《当前中国农村妇女状况透视》，载于《中国农业大学学报（社会科学版）》，2004 年第 4 期。

[103] 汪三贵、张伟宾：《城镇化如何保证农民生计可持续》，载于《人民论坛》，2011 年第 23 期。

[104] 王春玲：《城市化进程中失地农民可持续收入增长难问题研究——以兰州市为例》，载于《特区经济》，2015 年第 12 期。

[105] 王娟、吴海涛、丁士军：《山区农户生计转型及其影响因素分析——以滇西南为例》，载于《中南财经政法大学学报》，2014 年第 5 期。

[106] 王娟、吴海涛、丁士军：《山区农户最优生计策略选择分析——基于滇西南农户的调查》，载于《农业技术经济》，2014 年第 9 期。

[107] 王俊凤：《城市化进程中失地农民权益保障的路径分析》，载于《东北农业大学学报（社会科学版）》，2012 年第 1 期。

［108］王伟林、黄贤金、陈志刚：《发达地区农户被征地意愿及其影响因素》，载于《中国土地科学》，2009 年第 4 期。

［109］王伟、马超：《基于可行能力理论的失地农民福利水平研究——以江苏省宜兴市和太仓市为例》，载于《农业技术经济》，2013 年第 6 期。

［110］王文川、马红莉：《城市化进程中失地农民的可持续生计问题》，载于《理论界》，2006 年第 9 期。

［111］王冶英、赵娟：《论我国沿海地区失地农民社会保障法律体系的构建》，载于《山西财经大学学报》，2012 年 S1 期。

［112］王瑛、杨清、安琦丽：《兰州市安宁区城乡边缘区农户家庭就业行为空间选择调查》，载于《甘肃农业科技》，2018 年第 1 期。

［113］温士贤：《市场经济与怒族社会生计转型——以怒江峡谷秋那桶村为例》，载于《广西民族大学学报（哲学社会科学版）》，2014 年第 1 期。

［114］吴春、朱美玲：《城市化进程中失地农民就业问题探讨》，载于《新疆财经大学学报》，2012 年第 1 期。

［115］吴次芳：《城市化进程中的征地安置途径探索》，载于《中国土地》，2003 年第 4 期。

［116］吴翠萍：《失地农民中的女性再就业研究——一个城郊村落的个案呈现》，载于《人口与发展》，2013 年第 5 期。

［117］吴海涛、丁士军：《贫困动态性：理论与实证》，武汉大学出版社 2013 年版。

［118］吴海涛、王娟、丁士军：《贫困山区少数民族农户生计模式动态演变——以滇西南为例》，载于《中南民族大学学报（人文社会科学版）》，2015 年第 1 期。

［119］西奥多·W. 舒尔茨：《改造传统农业》，商务印书馆 2006 年版。

［120］夏玉珍、王志丹：《农民失地风险分配差异》，载于《甘肃社会科学》，2008 年第 3 期。

［121］肖屹、钱忠好、曲福田：《农民土地产权认知、土地征用意愿与征地制度改革》，载于《中国农村经济》，2007 年第 1 期。

［122］谢旭轩、张世秋、朱山涛：《退耕还林对农户可持续生计的影

响》，载于《北京大学学报（自然科学版）》，2010 年第 3 期。

[123] 谢勇：《土地征用、就业冲击与就业分化——基于江苏省南京市失地农民的实证研究》，载于《中国人口科学》，2010 年第 2 期。

[124] 信桂新、阎建忠、杨庆媛：《新农村建设中农户的居住生活变化及其生计转型》，载于《西南大学学报（自然科学版）》，2012 年第 2 期。

[125] 徐烽烽、李放、唐焱：《苏南农户土地承包经营权置换城镇社会保障前后福利变化的模糊评价》，载于《中国农村经济》，2010 年第 8 期。

[126] 徐鹏、徐明凯、杜漪：《农户可持续生计资本的整合与应用研究——基于西部 10 县（区）农户可持续生计资本状况的实证分析》，载于《农村经济》，2008 年第 12 期。

[127] 徐唐奇、杨俊、张安录：《农地社会保障功能与现代农业发展的现实矛盾与化解途径》，载于《农业现代化研究》，2010 年第 6 期。

[128] 许恒周、郭玉燕：《不同发展水平地区农民被征地意愿及影响因素——基于南京市、鹰潭市的实证研究》，载于《中国人口·资源与环境》，2011 年第 1 期。

[129] 阳盼盼：《少数民族失地农民就业问题研究——以湖南为例》，载于《贵州民族研究》，2014 年第 3 期。

[130] 杨达：《潜隐性"拐点"现象与城乡协调发展新需求——赣南 90村农业剩余劳动力转移的实证研究》，载于《江西社会科学》，2007 年第 4 期。

[131] 杨钢桥、李岩、马广超、文高辉：《农地整治过程中不同类型农户权益诉求研究——以湖北省和湖南省部分县区为例》，载于《华中农业大学学报（社会科学版）》，2016 年第 2 期。

[132] 杨琳琳、李静：《可持续生计视角下失地农民的困境与出路》，载于《中共青岛市委党校青岛行政学院学报》，2013 年第 6 期。

[133] 杨一帆：《中国农村社会养老保险制度的困境、反思与展望——基于城乡统筹发展视角的研究》，载于《人口与经济》，2009 年第 1 期。

[134] 杨云彦、赵锋：《可持续生计分析框架下农户生计资本的调查与分析——以南水北调（中线）工程库区为例》，载于《农业经济问题》，2009 年

第 3 期。

[135] 姚洋:《中国农地制度:一个分析框架》,载于《中国社会科学》,2000 年第 2 期。

[136] 尹奇、马璐璐、王庆日:《基于森的功能和能力福利理论的失地农民福利水平评价》,载于《中国土地科学》,2010 年第 7 期。

[137] 袁方、蔡银莺:《城市近郊被征地农民的福利变化测度——以武汉市江夏区五里界镇为实证》,载于《资源科学》,2012 年第 3 期。

[138] 张丙乾、靳乐山、汪力斌等:《少数民族现代化与赫哲族农户生计转型:一个分析框架》,载于《山东农业大学学报(社会科学版)》,2008 年第 4 期。

[139] 张等文、管文行:《城镇化进程中失地农民的权利流失与保护路径》,载于《湖北社会科学》,2014 年第 6 期。

[140] 张芳芳、赵雪雁:《我国农户生计转型的生态效应研究综述》,载于《生态学报》,2015 年第 10 期。

[141] 张俊莹、赵锐、梁山:《河北省失地农民生活水平变化分析》,载于《职业时空》,2010 年第 5 期。

[142] 张科静、丁士军、黄朝阳:《上升还是下沉——基于收入流动性视角的失地农户收入研究》,载于《学术论坛》,2014 年第 10 期。

[143] 张萌:《论城镇化进程中失地农民权益保护》,载于《法制博览》,2016 年第 4 期。

[144] 张汝立:《从农转工到农转居——征地安置方式的变化与成效》,载于《城市发展研究》,2004 年第 4 期。

[145] 张时飞、唐钧、占少华:《以土地换保障:解决失地农民问题的可行之策》,载于《红旗文稿》,2004 年第 8 期。

[146] 张时飞:《为城郊失地农民再造一个可持续生计——宁波市江东区的调查与思考》,载于《公共管理高层论坛》,2006 年第 2 期。

[147] 张士斌:《衔接与协调:失地农民"土地换保障"模式的转换》,载于《浙江社会科学》,2010 年第 4 期。

[148] 张晓玲、卢海元、米红:《被征地农民贫困风险及安置措施研

究》，载于《中国土地科学》，2006 年第 1 期。

[149] 张学英：《可持续生计视域下的被征地农民就业问题研究》，载于《贵州社会科学》，2010 年第 4 期。

[150] 张燕、熊玉双、潘胜莲：《试论武汉城市圈建设中失地农民社会保障权的实现》，载于《中国农业资源与区划》，2009 年第 5 期。

[151] 张银银、马志雄、丁士军：《失地农户生计转型的影响因素及其效应分析》，载于《农业技术经济》，2017 年第 6 期。

[152] 张友德：《我国失地农民问题十年研究回顾》，载于《上海大学学报（哲学社会科学版）》，2008 年第 3 期。

[153] 赵立娟、康晓虹、史俊宏：《农地流转对农户生计转型影响的实证分析》，载于《中国农业资源与区划》，2017 年第 8 期。

[154] 赵曼、张广科：《失地农民可持续生计及其制度需求》，载于《财政研究》，2009 年第 8 期。

[155] 郑雄飞：《破解"土地换保障"的困境——基于"资源"视角的社会伦理学分析》，载于《社会学研究》，2010 年第 6 期。

[156] 中国社科院：《2011 年中国城市发展报告》，2011 年。

[157] 钟俊生、王伶、贾芳：《我国失地农民社会保障的政府责任》，载于《江西社会科学》，2014 年第 2 期。

[158] 钟水映、李魁：《征地安置满意度实证分析》，载于《中国土地科学》，2008 年第 6 期。

[159] 周诚：《农地征用中的公正补偿》，载于《中国土地》，2004 年第 1 期。

[160] 周建新、于玉慧：《橡胶种植与哈尼族生计转型探析——以西双版纳老坝荷为例》，载于《广西民族大学学报（哲学社会科学版）》，2013 年第 1 期。

[161] 周建新、张勇华：《新农村建设背景下的乡村生计模式转型探析——以客家古村三僚文化生态旅游为例》，载于《广西民族大学学报（哲学社会科学版）》，2008 年第 6 期。

[162] 周立军：《失地农民生活风险及其治理研究》，载于《探索》，

2012 年第 5 期。

［163］周其仁：《农地产权与征地制度——中国城市化面临的重大选择》，载于《经济学（季刊）》，2004 年第 1 期。

［164］周义、李梦玄：《失地冲击下农民福利的改变和分化》，载于《农业技术经济》，2014 年第 1 期。

［165］朱冬亮：《农村失地青年女劳力的转移与就业——厦门市海沧区调查与思考》，载于《中国青年研究》，2005 年第 7 期。

［166］朱冬梅、方纲：《城郊失地农民就业意向、就业选择与社会支持网研究——以成都市龙泉驿区、郫县、都江堰市为例》，载于《城市发展研究》，2008 年第 1 期。

［167］朱明芬：《浙江失地农民利益保障现状调查及对策》，载于《中国农村经济》，2003 年第 3 期。

［168］Adato M. and Meinzen-Dick R. Assessing the Impact of Agricultural Research on Poverty Using the Sustainable Livelihoods Framework. EPTD Discussion paper, International Food Policy Research Institute, 2002 (3).

［169］Amelina M. Why Russian Peasant Remain in Collective Farms: A Household Perspective on Agricultural Restructuring. Post-Soriet Geography and Economics, 2000 (7).

［170］Bebbington A. Capitals and Capabilities: A Framework for Analyzing Peasant Viability, Rural Livelihoods and Poverty. World Development, 1999 (12).

［171］Berry A. When do Agricultural Export Help the Rural Poor? A Political-Economy Approach. Oxford Development Studies, 2001 (2).

［172］Butler S. Comments: Making the Legal Basis for Private Land Rights Operational and Effective. Budapest: the World Bank Land Workshop, 2002.

［173］Cernea M. and McDowell C. Editors, Risks and Reconstruction: Experience of Resettles and Refugees. Washington D. C. : The World Bank, 2000.

［174］Chambers. Editorial Introduction: Vulnerability, Coping and Policy. Institute of Development Studies Bulletin, 1989 (2).

［175］Chambers R. and Conway G. Sustainable Rural Livelihoods: Practical

Concepts for the 21st Century. Institute of Development Studies, Brighton, UK, 1992.

[176] DFID. Sustainable Livelihoods Guidance Sheets. London: Department for International Development, 1999.

[177] Downing E. Creating Poverty: the Flawed Economic Logic of the World Bank's Revised Involuntary Resettlement Policy. Forced Migration Review, 2002 (1).

[178] Ellis, F. Household Strategies and Rural Livelihood Diversification. Journal of Development Studies, 1988 (1).

[179] Ellis F. Rural Livelihoods and Diversity in Development Countries. New York, Oxford University Press, 2000.

[180] Fearnside P. M. Land-tenure Issues as Factors in Environmental Destruction in Brazilian Amazonia: the Case of Southern Para. World Development, 2001 (8).

[181] Hamilton-Peach J. and Townsley P. An IFAD Sustainable Livelihoods Framework. http://www.ifad.org/sla/framework/sla.pdf, 2004.

[182] Hart. Informal Income Opportunities and Urban Employment in Ghana. Journal of Modern African Studies, 1973 (1).

[183] Herring R. J. Persistent Poverty and Path Dependency-Agrarian Reform: Lessons from the United States and India. IDS Bulletin, 1999.

[184] Jalan J. Ravallion M. Are the Poor Less Well insured? Evidence on Vulnerability to Income Risk in Rural China. Journal of Development Economics, 1999 (1).

[185] Jeffrey Bury. Livelihoods in Transition: Transnational Gold Mining Operations and Local Change in Cajamarca, Peru. The Geographical Journal, 2004, 170 (1): 78 -91.

[186] Kironde L. Comments on Management of Peri-urban Land and Land Taxation. Kampala: the World Bank Regional Land Workshop, 2002.

[187] Mabogunje A. L. Perspectire on Urban Land and Urban Management

Policies in Sub-Sabaran Africa. Washington D. C. : Technical Paper, 1992.

［188］ Mabogunje A. L. Perspective on Urban Land and Urban Management Policies in Sub-Sabaran Africa. Washington D. C. : Technical Paper, 1992.

［189］ Marc Lindenberg. Measuring Household Livelihood Security at the Family and Community Level in the Developing World. World Development, 2002, 30 (2): 301－318.

［190］ Michael Cernea. Involuntary Resettlement in Development Project. World Bank Technical Paper, 1998.

［191］ Moser C. The Asset Vulnerability Framework: Reassessing Urban Poverty Reduction Strategies. World Development, 1998 (1).

［192］ Muller C. F. Economic Costs of Illness and Health Policy. American Journal of Public Health, Vol, 70, No. 12, 1980.

［193］ Mutuc M. M. , Pan S. and R. M. Rejesus. Farm Level Impacts of Bt Corn Adoption in a Developing Country: Evidence from the Philippines. Paper for American Agricultural Economics Association Annual Meeting, Porland, 2007.

［194］ Pearce D. W. Methodological Issues in Economic Analysis for Involuntary Resettlement Operations. The World Bank Working Paper, 1999.

［195］ Popkin S. The Rational Peasant: The Political Economy of Rural Society in Vietnam. University of California Press, California, USA, 1979.

［196］ Salafsky N. and Wollenberg E. Linking Livelihoods and Conservation: A Conceptual Framework and Scale for Assessing the Integration of Human Needs and Biodiversity. World Development, 2000 (8).

［197］ Schoneveld G. Livelihood Reconstruction in a Developing New Urban Space: the Case of Persons Affected by Hyderabad International Airport. Master Thesis, Faculty of Geosciences, Utrecht University, The Netherlands, 2008.

［198］ Scoones I. Sustainable Rural Livelihoods: A Framework for Analysis. IDS Working Paper No. 72, 1998.

［199］ Sen A. K. Editorial: Human Capital and Human Capability. World Development, 1997.

［200］ Sinha and Lipton. Damaging Fluctuations, Risk and Poverty: A Review, Background Paper for the World Development Report 2000/2001. Poverty Research Unit, University of Sussex, 1999.

［201］ Stefan Dercon. Vulnerability to Poverty: A Framework for Policy Analysis. DFID Working Paper, 2001.

［202］ Tao T. and Wall G. Tourism as a Sustainable Livelihood Strategy. Tourism Management, 2009 (1).

［203］ Toufique K. Sustainable Rural Livelihoods in Bangladesh: Summary of Research Findings, Research Report 45. Institute of Development Studies, Brighton, UK, 2000.

［204］ Vishal N. Growing City, Shrinking Hinterland: Land Acquisition, Transition and Conflict in Per-urban Gurgaon, India. Environment and Urbanization, 2009 (21).

［205］ Zaman Mohammad. Resettlement and Development in Indonesia. Journal of Contemporary Asia, 2002 (2).